『十三五』大学生素质教育丛书

（第三版）

大学里不可或缺的安全Style

——大学生安全教育读本

主　　编：何卫华　李振杰

副 主 编：（以姓氏笔画为序）

卢维新　李惠强　李　强　吴武清

林　峰　梁少华　曾　艳　蓝德森

编　　委：（以姓氏笔画为序）

王五虎　陈龙木　陈冬阳　林伟杰

林辉城　林鹏程　项义方　莫小平

高　登　郭昱辰

厦门大学出版社
XIAMEN UNIVERSITY PRESS
国家一级出版社
全国百佳图书出版单位

图书在版编目(CIP)数据

大学里不可或缺的安全 style：大学生安全教育读本/何卫华，李振杰主编. -- 3 版. -- 厦门：厦门大学出版社，2020.8(2022.8 重印)
("十三五"大学生素质教育丛书 / 何卫华总主编)
ISBN 978-7-5615-7856-8

Ⅰ. ①大… Ⅱ. ①何… ②李… Ⅲ. ①大学生－安全教育－高等学校－教材 Ⅳ. ①G641

中国版本图书馆CIP数据核字(2020)第150906号

出 版 人 郑文礼
策划编辑 张佐群
责任编辑 郑 丹
封面设计 李嘉彬
技术编辑 许克华

出版发行 厦门大学出版社
社 址 厦门市软件园二期望海路 39 号
邮政编码 361008
总 机 0592-2181111 0592-2181406(传真)
营销中心 0592-2184458 0592-2181365
网 址 http://www.xmupress.com
邮 箱 xmup@xmupress.com
印 刷 厦门集大印刷有限公司

开本 787 mm×1 092 mm 1/16
印张 16.25
字数 378 千字
版次 2013 年 8 月第 1 版 2020 年 8 月第 3 版
印次 2022 年 8 月第 6 次印刷
定价 39.00 元

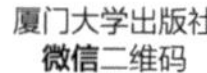
厦门大学出版社
微信二维码

厦门大学出版社
微博二维码

“十三五”大学生素质教育丛书编委会

总　主　编：何卫华

编委会委员：（按姓氏笔画为序）

叶国通　田　瑾　朱志宏　刘文体

许永辉　李永松　何卫华　林茂溪

钟远南　施水成　梁少华　崔筱力

蔡添寿

总 序

教材是教学目的和教学内容的基本载体，是实施教学的基本手段和依据。教材建设是高校内涵建设的重要组成部分，是教学基本建设之一，是教学改革的突破点。教材质量的好坏，直接影响教学效果和人才培养质量。随着高职教育的迅速发展，社会对高职人才的需求越来越大，要求也越来越高。高职教材建设必须与高职教育的发展相适应，必须满足高端技能型、应用型人才的培养要求，体现高职教育的特点和优势。

高等职业院校的学生有其特殊性，他们思想敏锐，头脑聪明，个性张扬，更希望得到尊重与鼓励；他们对关爱、赞扬有更强的渴求和反应；他们活泼好动，有强烈的“动手”参与兴趣。他们具有比普通本科高校的大学生更明显的多方面能力，却存在着理论学习兴趣不高、心理素质欠佳等弱点。因此，组织编写一套切合他们实际的素质教育教材非常必要，也非常迫切。

“‘十三五’大学生素质教育丛书”由厦门南洋职业学院、厦门华天涉外职业技术学院、厦门软件职业技术学院、厦门东海职业技术学院、厦门安防科技职业学院等高职院校联合组织编写。目前已编辑出版《大学生党课教程》《开启职场之路——大学生就业与创业指导》《成长心灵　给力人生——大学生心理健康》《大学你好——大学生入学教育读本》《大学里不可或缺的安全Style——大学生安全教育读本》《大学生劳动教育理论与实践教程》《大学体育》等教材。

本系列教材以高等职业院校学生为对象，结合厦门实际，突出高职特点，编写形式力求灵活多样；内容力求实用，避免理论说教；语言风格力求生动活泼、通俗易懂；案例选取力争真人真事。适合大学生自学，也适合作为高校辅导员和有关教师的教育教学参考用书。

本系列教材将科学性、实用性、通俗性、趣味性融为一体，既为高职院校培养具有基本理论素养，又具备一定实践操作能力的通识型人才提供有益的帮助，也为大学生的全面发展和健康成长提供有益的指导。

由于编者水平所限，本系列教材可能存在某些不足，诚望专家和同行不吝赐教，以便我们把大学生的教育教学工作做得更好。

何卫华

2020年6月

前　　言

安全是生命之源，幸福之本。人无论处于生命的哪个阶段，都与安全朝夕相伴。安全能节约并创造财富，安全会使人终生受益。随着社会的发展、经济的繁荣、高校的扩张，大学生面临着急剧变化的安全形势。因此安全教育成为高校维护校园稳定的一项重要手段，是预防大学生安全事故的重要措施。

大学生顺利完成学业需要安全保障，大学生成长、成才，毕业后走向社会、报效祖国也需要安全知识和技能来武装。具有较强的安全意识和较多的安全知识技能，是大学生综合素质与能力的重要体现。虽然党和国家以及各级教育主管部门，包括高校都比较重视大学生的安全教育与管理，但是仍然存在着许多安全问题。2013 年 4 月下旬，南昌某大学学生宿舍发现一具腐尸；南京某大学学生宿舍因同学之间发生口角和肢体冲突，一同学用水果刀将另一同学捅死；上海某大学研究生黄某遭室友投毒抢救无效死亡；山东某大学一女研究生从窗口跳下身亡等。几天时间发生多起高校学生死亡事件，这些花季年龄的学生还来不及报效祖国与家庭就凋谢人世，确实令人痛心与惋惜。一所高校少则几千、多则数万学生，而对于一个家庭来说，一名学生就是一个家庭的百分之百。

为了贯彻落实科学发展观和以人为本的理念，增强大学生的安全防范意识，提高大学生的安全防范能力，维护大学生人身与财产安全，维护高校的安全与稳定，根据国家的法律法规和学生安全教育工作的需求，我们针对高等学校目前的治安现状，特别是暴力恐怖犯罪分子紧盯学校的犯罪活动等突出问题，在去年出版的基础上，重新组织修订编写了本书。

本书修订后除保留原有的校园环境安全、人身与财产安全、大学生出行安全、社会实践安全、网络与信息安全、食品安全等内容外，对第九章“大学生应对突发事件的处置措施”中新增对于新冠肺炎疫情的防护及突发公共卫生事件下的大学生心理健康调节的相关内容，对第十二章“大学生心理安全”组织重新编写，增加了“暴力恐怖事件与大学生的心理安全”内容。在十三章“维护高校安全稳定，构建文明和谐校园”中，增加了“预防暴恐犯罪活动，维护自身安全与学校稳定”等内容。第十四章“坚持总体国家安全观”对总体安全观的基本含义、基本内容，坚持总体国家安全观的意义，当前国际战略安全形势与趋势进行了介绍。每章开头还增加了学习导入，结尾增加了阅读拓展和思考题。本书修订后更加与时俱进；逻辑结构更加合理、实用；内容更加丰富、充实；形式更加活泼、多样。

本书有良好的理论性、知识性和实用性，适合广大在校大学生自学，也可作为高校党政领导、辅导员、保卫干部进行安全教育的参考书。期望本书的出版能对大学生的安全教育工作发挥积极作用。

安全无小事，警钟需长鸣。期待同学们都能够以安全知识和技能充实自己，平安地度过一段丰富多彩的、有意义的大学生活。

编　者

2021 年 7 月

目 录

第一章 绪 论

大学生安全无小事。有人说大学生的安全是“1”,其他所有的方面就应该是“0”,如果没有前面这个“1”,后面的“0”再多也还是“0”,这足以说明大学生安全的重要性。

本章从大学生安全教育概念、内容、现状和安全问题的类型出发,着重在大学生安全教育的必要性、重要性以及方法与途径等方面进行了简明扼要的叙述,旨在加深读者对大学生安全教育内容的总体了解。

第二章 校园环境安全问题的预防与应对

高校校园环境涉及学生的主要包括教室和实验、实训室,学生宿舍和食堂、操场等。环境安全又分为各种设施设备的硬件安全,教学、实践、体育活动和日常生活的人身与财产安全。

宿舍是大学生日常生活时间最长、矛盾最集中、问题最多、最容易引发安全问题的重点场所。体育运动和学生的各种活动也是容易发生安全问题的地方,特别需要引起大学生们思想上的高度重视,要求大学生们切实增强安全意识,落实安全防范措施,确保人身与财产安全。高校教室和实验、实训室也是学生比较集中的地方,安全问题同样不能放松和忽视。

第三章 大学生财产安全

大学生人身和财产安全是学校安全工作的重点。而大学生的财产安全相对人身安全来说，应该摆放第二位。大学生要牢固确立生命第一、财产第二的观念，不能为了保全财产而忽视自己的人身安全。

本章节主要内容有防范盗窃、应对抢劫和敲诈勒索、预防诈骗等。当今社会高科技技术日益发展，信息传播迅速广泛，诈骗手段与方法不断翻新，让人目不暇接，要想不发生意外，最主要的是坚信“天上不会掉馅饼”，采取切实有效措施捂紧自己的钱包和“物袋”。

第四章 校园食品安全

随着社会的进步和人们生活水平的提高，人们对食品花色品种、外包装，质量安全的需求也越来越讲究。学校的食品安全关系广大师生的身体健康，也越来越被重视。

本章节主要内容有校园食品安全概述、食物中毒预防和发生食物中毒事件的应对机制等。我们一方面希望校园经营食品、食物者讲究经营道德，确保食品、食物生产操作过程中的质量与安全。另一方面也希望广大师生自我约束，不吃“三无”食品、食物；少吃没有质量安全保证和来路不明的食品、食物；少吃各种外卖和路边小店食物、餐点；不贪吃不撑吃，防止“病从口入”，维护好自身健康。

第五章 强化高校防火观念 积极预防火灾发生

高校是人员比较集中的场所，一旦发生火灾事件，带来人员伤亡，将损失惨重，影响重大。虽然发生火灾事件的几率不高，但不可掉以轻心，必须高度重视，切实做好预防工作。

本章节主要内容有火灾及其预防、火灾的扑救、火灾中的逃生自救与互救等，希望广大大学生读者力求掌握一些火灾预防、灭火和逃生自救互救的知识、技能、技巧。

第六章　大学生出行安全

大学生出行安全包括校内外交通安全、旅游安全、住宿安全、购物安全和外出各种活动安全，是大学生安全的重要组成部分。我们时常可以看到或听到大学生在校园内外的道路上发生交通事故，在春、秋游过程中发生迷路而报警求助，在购物和住宿时发生这样和那样的安全问题。本章节主要有交通安全、旅游外出安全以及在遭遇各种安全事故时如何自救等内容，更偏向于实际操作技能的说明。

第七章　安全使用网络　预防网络侵害

随着通讯技术和信息网络技术的飞速发展，3D、4D、5D的广泛应用，特别是高校大学生这个年轻群体，他们已经非常得心应手地玩转起这门新兴且时髦的前沿技术。所谓“一机在手，无所不能”，几乎在所有的高校课堂、报告厅、实验室，甚至白天和晚上的绝大多数时间，他们中的多数人都在玩游戏、听歌、购物、看电影、发短信，等等。他们不是在玩手机网络，确切地说，他们已经被手机和网络给控制了，有的同学已经付出十年美丽光阴的代价，有的甚至付出了生命的代价。

本章节主要内容有上网的生理健康和心理健康、网络不良信息对大学生的侵害及预防、信息安全、计算机网络违法犯罪与预防等。通过学习本章知识，应该充分引起广大学生读者的高度重视，你可以玩手机与网络，但不要被你的手机或网络给控制了。

第八章　社会实习和实践活动安全

社会实习与实践活动是大学生学业的重要组成部分，是高校教育教学提升大学生的专业知识与能力素质，毕业后尽快就业和适应社会工作的重要环节。本章节主要内容是叙述大学生在校外的实习、实践活动，包括大学生的顶岗实习、专业实训和大学生集体组织与分散的勤工助学、社会调查等活动过程中的安全注意事项。

第九章　大学生应对突发事件的处置措施

大学校园属于人员密集型场所，很容易引发除自然灾害类以外的各类突发事件。教育广大师生正确妥善处置校园各类突发事件，控制事态的扩大与减少损失，是高校大学生安全教育的重要任务。

本章节内容主要有火灾、踩踏、爆炸、打架斗殴、运动场骚乱、电梯事故等公共突发事件，食品中毒、投毒，各类传染病、禽流感和SARS等突发性公共卫生事件。通过学习，使广大师生增强安全意识，提高应对突发事件的能力，一旦校园发生突发事件时，能够及时采取措施，有效地应对处置。

第十章　预防自然灾害　保障人身与财产安全

自然灾害频发是危害人类安全与财产损失的重要方面。本章节主要内容有台风、洪水、地震、雷电等灾害情况的介绍。通过学习要了解掌握各类自然灾害的基本常识，危害情况以及发生自然灾害时我们的应对措施。在灾害发生时，遵守安全注意事项，保障人身安全，减少财产损失，尽快恢复正常的学习、工作、生活和校园管理秩序。

第十一章　大学生求职与就业安全

大学毕业生由于思想单纯，缺少社会经验，在求职与初次就业过程中，时有发现虚假不实的招聘广告，克扣工资待遇，有的还受到人身侵害，甚至误入非法传销等上当受骗现象。为了防止和减少这种现象的发生，本章节编有毕业生慧眼识别就业骗局，就业安全渠道先行等相关内容，告诫高校毕业生在思想上、行动上要重视求职与就业安全，防止在应聘和就业过程中发生各种上当受骗等的安全问题。

第十二章　大学生心理安全

当前高校大学生普遍存有心理问题，据有关心理调查显示，高职院校80%的学生存有一般心理问题，其中5%～10%的学生存有比较严重的心理问题，民办高职院校学生的心理问题甚至更加严重。这不得不引起高校各级学生工作干部和广大学生的重视，也要引起广大学生家长和社会的重视。

本章主要内容有大学生心理问题与安全、心理问题的预防、大学生心理危机、心理危机干预、暴力恐怖事件与大学生心理安全等。通过学习使我们大学生能够预测自己存在的心理问题，掌握一些自我疏导排解负面情绪的方法，或者主动咨询心理老师帮助疏导自己的心理问题，促使广大学生身心健康地成长、成才。

第十三章　维护高校安全稳定　构建文明和谐校园

安全与稳定是高校的头等大事。高校的安全稳定都得不到保证，谈何保障正常的教学、管理和生活秩序？我们大学生又如何完成学业与成长成才？所以，高校的安全稳定是学校教育教学和正常管理秩序的基础，是学校人才培养和建设发展的根本保证。

本章节内容主要有维护高校安全稳定、构建文明和谐校园、崇尚科学反对邪教、增强安全意识保障人身安全、远离毒品预防毒品侵袭、预防暴恐分子犯罪活动等。通过学习，使我们广大学生进一步明确维护高校安全稳定的意义，增强安全稳定意识，同时在思想上和行动上自觉维护学校的安全稳定。

第十四章 坚持总体国家安全观

提到国家安全，我们可能会联想到间谍，特工等，往往会认为这些离我们很远，但是您知道吗？随手拍一张照片，回国带份特产，转发一条视频，您的这些行为就可能危害到国家安全，您了解什么是国家安全吗？哪些行为会危害国家安全？维护国家安全，我们又可以做些什么呢？

本章主要内容有总体国家安全观概述，包括总体安全观基本含义、基体内容，学习和坚持总体国家安全观的意义，国家安全的基本原则，以及当前我们国家的安全形势与发展趋势，当前国际战略安全形势与趋势等内容。通过学习教育，进一步增强大学生的国家安全意识，在思想上和行动上自觉维护总体国家安全。

附录

参考文献

第一章 绪 论

学习导入

大学生安全无小事。有人说大学生的安全是“1”,其他所有的方面就应该是“0”,如果没有前面这个“1”,后面的“0”再多也还是“0”,这足以说明大学生安全的重要性。

本章从大学生安全教育概念、内容、现状和安全问题的类型出发,着重在大学生安全教育的必要性、重要性以及方法与途径等方面进行了简明扼要的叙述,旨在加深读者对大学生安全教育内容的总体了解。

第一节 大学生安全教育概述

一、大学生安全教育概念

安全是人类社会生存和发展的前提,随着社会的发展、经济的繁荣、高校的扩张,大学生面临着急剧变化的安全形势。因此,安全教育成为高校维护校园稳定的一种重要手段,是预防大学生安全事故的重要措施。

大学生安全教育是指高校管理者和教育者,以国家相关安全法律法规和高校相关规章制度为依据,以提高大学生综合素质为目的,以大学生的安全法制文化、事故防治能力、心理健康等教育内容,采用课堂教学与日常宣传相结合的手段,使大学生增强安全意识,掌握安全事故预防及处理技能。

二、大学生安全教育的内容

安全教育按其内容分,主要分为安全文化教育、安全法制教育、危机处理教育以及心理健康教育。

(一)安全文化教育

作为全面发展的21世纪人才,各方面素质都应得到综合培养。安全知识作为一项基本素质应当纳入高校的培训内容范畴，即应当被列为一门基础文化课程，成为文化教育的一部分。在平时的社团活动、讲座中，高校要积极开展安全文化活动，并与其他课程教学相结合，发挥潜移默化的教化功能。

(二)安全法制教育

安全法制教育主要包括国家相关法律法规，如《普通高等学校学生安全教育及管理暂行规定》以及高校安全规章制度的教育宣传工作。学校要严格按照规章制度办事，学生要了解相关规定，并在日常生活学习中以之为准绳。学校应该对全体学生反复进行法制宣传教育，学习宪法、行政法、刑法、民法、经济法、商法和诉讼法等知识，学习学校的规章制度，使每一个学生都知法、懂法和守法，正确认识公民的权利和义务，完善自己的知识结构，增强学生的法律意识和民主法制观念，将法律知识和理论转化成自己牢固的信念，并真正体现到维护社会主义民主法制的行动上。让大学生真正认识到在行使权利的时候，个人不得损害国家的、社会的、集体的和他人的权利和自由，只有这样，人们才能维护自己的权利和自由，才能保证自己的人身和财产安全。

(三)危机处理教育

在较常发的安全事故中，往往是因为大学生缺乏正确的处理常识，而造成人身伤害和财产损失。因此，学校要加强这方面的具体教育和培训，减少事故损失。例如火灾中的自救与他救措施、车祸中的现场急救方法、运动损伤中应做的简单处理等。

(四)心理健康教育

“5·12”地震中有一部分幸存者，在震后轻易结束了自己宝贵的生命，这是因为他们不能从丧亲之痛中调整心理平衡，在巨大的精神压力下走向了不归路。大学生面对突发的安全事故也会产生这种状态，因此在安全事故发生后应当做好大学生的心理工作，缓解其强烈的恐惧感，使其达到心理的平衡并调整生活状态，增强其对生活的信心。此外，提前做好心理健康教育，是大学生以积极的心态面对、解决安全事故的重要保证，是高校安全宣传教育的一项重要任务。

三、大学生安全教育的现状

(一)大学生安全教育意识淡薄，缺乏安全防范及应对知识

长期以来，部分大学生对安全教育的重要性认识不足。现在的大学生多是“90后”，对于人身、财产安全等方面的防备意识比较薄弱。一部分大学生认为安全教育可有可无，思想上不重视，对安全教育讲座和活动很少参加，甚至不参加，对学校编写分发的安全教育材料连看都不看一眼就扔到一旁。他们认为自己已经成人，因而存在麻痹、侥幸心理，意识不到侵害或事故随时有可能发生在自己身上，普遍缺乏安全防范意识和必要的安全知识。

在校园中，随处可见学生在道路上打打闹闹，不注意身边的车辆行人；在宿舍中，有些学生无视学校规定，违规使用较大功率的电器、点蜡烛、抽烟、酗酒，有的甚至夜不归宿，故意损坏消防设备设施等。

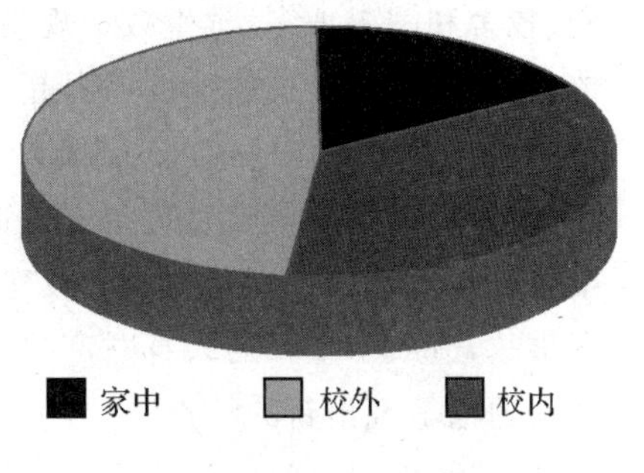

安全事故发生地点

(二)高校缺乏大学生安全教育的完善机制

一些高校对安全教育重视不够，没有将安全教育纳入学校的整个教育体系中，没有形成安全教育的长效机制，制度不健全，责任不落实，措施不到位；即使高校有安全教育计划，也不够科学合理，与本校的实际结合不紧，生搬硬套；安全教育的人力、设施、经费等方面投入很少，安全教育时有时无，时紧时松。有的学校安全教育与安全管理结合不够紧密，不能针对学校存在的安全问题进行扎实的教育与管理，安全教育和管理工作还存在严重的漏洞和隐患。

即使是大学生安全教育较好的高校也问题重重。如，安全教育的形式单一、方法简单、效果不理想等。目前，大部分高校的安全教育只是以讲座的形式集中进行，这种灌输方式无法适应新形势新要求，缺乏时代特征，无法使教育者和受教育者进行面对面的答疑和交流，对学生缺少吸引力，时间长了就会使一部分师生员工参与安全教育的热情递减，学习安全教育的积极性下降。安全教育中存在实用主义倾向，形式大于内容。这种实用主义倾向，主要体现在三个方面：一是上级安排了，就组织进行教育，上级不强调，就搁置在一边；二是上级进行检查时，就集中力量应付，检查过后就万事大吉；三是发生重大案件和灾害事故时就急于进行教育，事情过后就放松不管。这些做法最终致使大学生安全教育流于形式，往往等到发生了事故才来总结、反思，不能真正落实大学生安全教育工作。

第二节　大学生安全问题概述

一、大学生发生安全事故的原因

(一)高校扩张给大学生的安全管理带来的新的难点

自 2001 年开始，近十多年来，中国高等教育加速了扩张的脚步，招生规模以每年百万的速度递增。当前高校在校生数量近 2400 万，每 5 个适龄青年中就有 1 个能够上大学。全国共有 50 多个大学城正在兴建，目前校园面积超过 5000 亩的大学已经不在少数。扩张使中国高等教育在短短几年间，完成了由精英化到大众化的转变。

高校扩张为更多的学子踏入高等学府求学提供了机会，但前台规模幅度增大，后台的服务环境建设却未能及时跟上，致使校园安全不稳定形势日益严峻，严重影响到师生员工正常的工作、学习和生活，影响到高校的高速发展，如高等学校的仪器设备不断添置，师资、校舍和图书增多，学生数量规模扩张，而公共资源、公共服务并没有随之跟上等。但总体上，高等学校扩招的速度明显超出了我国高校师资的队伍建设、征地与校舍扩建等办学条件提高所能允许的速度。因此，学生中因为抢占图书馆座位而发生争执甚至打架斗殴事件，老师对于众多学生疏于管理造成学生的安全问题不能得到及时解决而引发的安全事故时有发生。特别是很多高校建立多校区，学生往返于各校区的过程中发生的盗窃、交通事故，造成了重大的人身财产损失。处于城乡接合地带的院校，周边地区人员复杂，安全问题也呈现出新的特点：一方面由于校园面积较大，教学区、生活区、生产区、活动区较分散，校区保卫部门力量有限，给存有不良动机的人留下了可乘之机；另一方面，随着近几年的持续扩招，学校人手已明显偏紧，原来高度集约化的管理已逐步过渡为现在较为粗放的规模化管理。

（二）社会经济和科学技术的进步给大学生的安全带来新的挑战

随着我国经济迅猛发展，人民生活水平日益提高，大学生一族也开始追求更高的生活品质。据调查，经济发达地区的高校部分学生每月生活费竟高达2000元。为了寻求更加宽敞明亮、设备齐全以及生活自由的居住条件，很多学生选择在校外租房。然而从小生活在父母羽翼之下，自我保护意识十分薄弱的他们往往忽视了身边存在的安全隐患。如使用电器时不加注意而引发火灾；外出时大门敞开造成财物损失；无节制的上网、泡吧，不仅耽误了自己的学业，也给身心健康带来危害等。

经济体制的转型、文化思想的碰撞、社会结构的转换，使社会形势急剧变化，大学生面临着各种新的问题。同时，独生子女一直在家长的保护之下，学校和家庭的安全教育都未能跟上时代发展的脚步，使之无法适应目前的安全形式。

网络是一把“双刃剑”，一方面，它成为人们收集信息、传播文化、交流思想最便捷的平台；另一方面，由于其海量的容纳性，难免存在一些消极、不健康甚至反动的内容，大学生的价值观、人生观仍处于不稳定阶段，面对良莠不齐的各种观点，难以做出正确的判断和取舍。

不少色情、暴力、赌博等不良网站的内容对一些自制力不强的大学生是极大的诱惑和误导。很多大学生因为警惕性不高，容易掉进那些精心布置的网络交友诈骗陷阱里。同时，网络带来了人与人之间的许多纷争。因为对于网络，相应政策不够完善，所以有许多关于知识产权的问题在源源不断地产生。例如一些文章在网上发布以后，被人多次复制、修改，纳为己用后又重新发布，严重侵犯了原创作者的版权。网络带给人们的不仅是思想上无形的伤害，对于许多网民的健康也造成了不可忽视的伤害。由于电脑对人体有辐射，如果人长时间地坐在电脑前不活动，就极容易造成身体伤害，最显著的就是对视力的损害。经数据统计显示，长时间从事电脑工作的人总体视力比很少接触电脑的人的视力差很多。据资料显示，自互联网风靡世界以来，全球至少发现了2亿～3亿整天沉溺于网络的“成瘾”者。近年来，中国媒体也不时出现有关落入网络陷阱一类事件的报道。因此，我们必须加强大学生网络安全教育工作。

（三）大学生自身安全意识不高

当代大学生思想单纯、社会阅历单一，缺乏自防自救意识、社会公德意识和应急策略意识，不能完全适应复杂的社会环境。他们的自由意识、自我意识日益增强，但自我保护意识却逐渐下降。具体表现为：安全意识淡薄，安全知识贫乏，不自觉遵守有关安全规则，自我掌控能力差。有些在校大学生由于学习任务重、压力大，长期处于高度紧张的状态，故每逢周末或节假日就会结伴外出游玩，使紧张的精神得到缓解，但由于缺乏安全意识，在外出过程中忽视安全问题，做出一些对自身安全不利的事，使自己处于危险之中，甚至导致人身伤亡事故的发生。

二、大学生主要安全问题的类型

(一)火灾、盗窃

大学校园尤其是学生宿舍区，人员较为密集，学生宿舍使用电器的种类和用电量也有相应增加，夏冬季尤为明显。这些情况对做好消防工作提出了更高的要求。因此，该阶段的学校要以防火为主要内容，教育学生自觉保护宿舍楼的所有消防设施，不使用违规电器，在遇到火灾事故时要学会逃生自救。

在防盗方面也要加强安全教育。如教育学生妥善保管贵重物品(如电脑、手机、现金与银行卡等)，既要防止外来人员入室盗窃，又要防止内部人员伺机作案。

(二)人际交往安全

人际交往是学习社会化过程中的重要组成部分。当代学生人际交往的内容主要包括在校与师生的交往、社会交往、勤工助学、求职择业、宗教活动等。学校在组织各种重大活动时，对人员的管理与控制往往不像课堂教学那样容易，因此，在开展重大活动前要增强学生在人际交往中的个人安全防范意识和应急策略意识，防止因公共秩序混乱造成挤压事故。

(三)交通安全

现在很多学校由于多校区办学，校区之间的往来与车辆不断增多，且高校建新校区期间施工队伍多，施工车辆杂，管理难度大，潜在的交通安全隐患很多。因此学校要以防范交通事故为主要内容，教育学生自觉遵守道路交通管理规定。

(四)突发事件

突发事件即日常生活中突然发生、不在人们预料范围内的事情。一方面事件发生、发展的速度很快，出乎意料；另一方面事件难以应对，必须采取非常规方法来处理。一般可以分为自然和人为两方面，如地震、气象灾害以及食物中毒等。

(五)心理健康

近几年来发生在大学生中的自杀、打架斗殴、偷盗等行为，多数是由心理问题引起的。因此，学校要特别重视大学生的心理安全教育，培养大学生健康的心态。

(六)国家安全问题

国家安全是关系到国家存亡的大事,没有国家安全就没有和平稳定的生活环境,就没有社会主义的现代化。因此,各高校应积极做到抓好法律法规宣传教育,提高守法意识,使每个大学生在对外交往中能自觉遵守各项保密制度和规定,自觉保守党和国家的秘密。

第三节　大学生安全教育的意义

加强大学生安全教育是大学生专业学习、安心度过大学生活的重要保障,这不仅关系到大学生人身和财产安全、关系到大学生身心健康和全面发展,而且还关系到学校各项事业的蓬勃发展,关系到社会的安全稳定。

一、大学生安全教育的必要性

(一)当前高校的安全形势仍十分严峻

近几年高校治安问题仍较突出,刑事、治安案件多有发生,盗窃、意外伤害、食物中毒、自杀等严重刑事案件也在国内某些高校发生。高校人员流动性大,周边部分地区道路容易拥堵,围绕高校周边的小贩摊点繁多,人员混杂,素质层次不一,容易引起摩擦,治安形势十分严峻。

对大学生进行安全教育,让大学生对社会治安形势有真实的认识和理解,自觉地学习安全知识技能,做好自身的安全防范工作,是预防和减少高校违法犯罪案件发生的有效途径。进行大学生安全教育是适应日益严峻的社会治安形势的需要。随着现代科技和互联网技术的发展,大学生从不同主体、不同途径获得的不同倾向的思想意识越来越多,越来越复杂,其信息摄取经历也愈显个体化、隐蔽化,接受信息的自主性也越来越强。因此,加强大学生安全意识教育是十分必要的。

(二)大学生自身的安全意识淡薄和安全预防知识贫乏

当代大学生从小生活在学校环境中,思想单纯、社会阅历少,安全意识较弱。大学生一般对安全知识的了解面窄,层次较低,对实际的安全技能知识掌握得太少,遇到一些突发性的安全事故时,往往不知所措,甚至盲目施救,造成更大的不良安全后果。

二、大学生安全教育的重要性

(一)高校是国家栋梁的集中培养地,社会地位十分重要

高校是学生集中学习、生活的地方,也是我们国家、民族培养未来和希望之才的基地。

高校基础地位突出，人口相当密集，高校发生安全事故，处理措施不当，后果将更加严重。大学生作为高等院校的主力军，历史和现实要求他们必须全面提高素质，系统地掌握科学文化知识，为毕业生走向社会、奉献祖国打下牢固的基础，而没有安全稳定的学习环境，又是很难实现学习目标的。

侵害的主要方式

高校对学生进行安全教育，也是贯彻依法治国理念的基本体现。同时，创建平安和谐校园是当今高校的普遍要求和目标，而平安和谐校园的建设离不开校园主体，校园主体对平安校园建设起着决定性作用。大学生是学校主体构成的重要组成部分，而大学生安全意识的强弱、防范技术能力的高低、安全法律知识的多少、安全责任素质的高低等直接影响着校园的治安和秩序，关系着校园的安全和稳定，影响着平安和谐校园的建设。因此，加强安全教育，也是创建平安和谐校园的基本需要。

（二）安全知识和防范技能是大学生知识结构的重要组成部分

安全知识是大学生基本素质的一部分。安全知识和防范技能是大学生知识结构的组成部分，安全意识和安全责任是大学生人文素养的重要内容。学会适应社会和求得生存，学会正确处理各种社会矛盾，脚踏实地地做人做事，学习安全知识、提高自我防范能力是大学生成才和适应社会的基本要求。因此，加强安全教育，增强大学生安全防范意识和防范技能，具有十分重要的意义。

第四节　大学生安全教育的方法与途径

一、提高高校和大学生对安全教育工作的认识

安全文化教育可以促进大学生安全观的形成，培养大学生正确的安全态度和行为，创造并维持一个良好的安全舆论氛围。通过安全教育教学活动，使学生树立维护国家安全的公民意识、对社会治安形势和校园安全状况的认识意识、主动的自我防范意识、面对突发事件的应变意识、遵纪守法的自律意识、积极应对挫折的健康心理意识等。

对于学院或部门而言，不仅要组织开展一定的安全教育活动，更要着力培养学生的竞争和创新意识，锻炼学生开展自我工作的能力，激发自我安全教育的热情，并努力创造条件使成功的经验和做法成为共享资源。同时，在人员、资金、场所等方面，应尽可能予以满足，从而使他们的积极性和创造性得到较好的发挥和体现，促使他们养成浓厚的自我安全教育意识。

二、建立健全高校安全教育机制

(一)开设安全教育课程,编写相关教材

课堂作为学校育人的重要渠道,在教学活动中发挥着不可替代的作用。一方面,课堂教育对于学生系统地掌握各种科学文化知识是必不可少的。对大学生进行安全教育也需要利用课堂这个教学主阵地。另一方面,课堂可以提高大学生对安全重要性的认识。为了使安全教育更具有系统性,要尽快编写出以思想教育为基础、法治教育为依据、典型案例为辅助的安全教育教材,保证授课效果。

(二)舆论与实践相结合,增强安全教育的实用性

目前,高校主要借助"消防日""安全月"及典型安全事件等形式对大学生进行安全教育,增强大学生安全保护意识,创建平安校园。这种教育内容及形式在推动大学生安全教育方面具有针对性强、内容贴切等特点。高校有关部门将这些安全事件作为反面典型教材在广大学生中进行宣传,对大学生进行警示教育,有力地促进了大学生安全教育工作。

在社会治安的严峻形势下,火灾、爆炸、恐怖活动及各种自然灾害都有可能发生,因此教会学生保护自己、掌握安全逃生的知识与技能十分重要。高校在大学生安全教育课程安排上,一定要有计划地组织安排学生进行逃生演习,让学生在假设发生各种事件后的紧急情况下得到安全逃生体验。

(三)安全教育应系统全面并注意突出重点

要通过各种途径,提高教学效果和质量,使大学生通过安全教育课的教学,真正地学到许多有用的安全知识和常识,不断地增强法治观念、安全意识和抵御各种非法侵害的能力,提高自身素质,要把大学生安全课堂教育和普法教育、入学教育、日常安全教育有机结合起来,并贯穿于学生生活的全过程。

(四)强化"十个"方面的安全预防

安全教育工作实际上是一种全方位的让我们做在安全问题发生之前的预防工作。我们大学生应该熟悉和掌握维护各种安全,预防发生安全问题。厦门市教育局领导在安全工作实践中不断摸索总结出"十个"方面的安全预防,具体如下:

1. 制度预防。安全工作应该不断建立和完善各种法律法规、规章制度,做到安全工作有法可依,执法严格。并且把安全工作融入到各项工作和日常生活中去,做到同计划、同落实、同检查、同总结、同奖惩。

2. 观念预防。安全工作预防要更新观念,正常情况下个人遭遇到侵害或伤害时特别要牢记"生命第一,财产第二"的观念,不作无谓的抵抗,甚至生命的付出。

3. 全面预防。我们大学生在日常学习、工作和生活中要全面预防各种安全问题，包括交通、溺水、网络、暴力、运动、毒品、盗窃、诈骗和各种自然灾害等的安全预防。

4. 重点预防。就是要突出在重要时段、重点人员、重点地域、重要活动和重要任务中，一定要做好重点安全预防工作。

5. 科学预防。安全预防工作要讲究科学，不要蛮干。

6. 人人预防。各级领导、教师、职工、广大学生和家长都应增强安全意识，做到人人预防安全问题，做好安全工作。

7. 处处预防。做到在每一件事情，每一项工作和每一处地方上，都要十分注意做好安全预防工作。

8. 时时预防。在时间上做到时时刻刻不忘安全、注重安全。忘记安全之时就有可能是安全问题发生之时。

9. 创新预防。安全预防工作在思维上、在方法和措施上要根据不断变化的情况，不断创新，才能取得较好的效果。

10. 人文预防。安全等于生命，安全等于效益。要坚持以人为本，居安思危。

阅读拓展→

大学生安全文化

书　　名：大学生安全文化

作　　者：吴超

出 版 社：机械工业出版社

出版时间：2005 年 8 月

I S B N：9787111169901

内容简介→

安全是生命之源、幸福之本。大学生具备较高的安全文化，不仅能够使自己终生受益，而且能为社会消除安全隐患和减少事故损失做出更大的贡献。本书是为提高我国大学生安全文化知识而专门编撰的教材。内容涵盖了基本安全文化和专业安全文化，全书包括安全与安全文化、基础安全知识、心理和生理保健、职业卫生知识、职业安全知识、抵御危机知识、安全文化综合测试题等内容。本书采用科普性的创作写法，同时，为了提高其可读性和趣味性，书中插入上百幅精选的安全幽默漫画，每页的页边都插入一些富有哲理的安全警句谚语和名言，每节结尾还配有一些安全谜语、幽默段子，以起到增强安全文化氛围的效果。本书是高等院校大学生安全文化素质教育全校性选修课的首选教材，也可供广大青年朋友阅读。

思考题

1.大学生安全教育概念和意义是什么?

2.大学生安全教育内容有哪些?

3.大学生安全教育的途径与方法是什么?

4.应该强化安全预防的“十个方面”具体内容是什么?

第二章　校园环境安全问题的预防与应对

学习导入

高校校园环境涉及学生的主要包括教室和实验、实训室,学生宿舍和食堂、操场等。环境安全又分为各种设施设备的硬件安全,教学、实践、体育活动和日常生活的人身与财产安全。

宿舍是大学生日常生活时间最长、矛盾最集中、问题最多、最容易引发安全问题的重点场所。体育运动和学生的各种活动也是容易发生安全问题的地方,特别需要引起大学生们思想上的高度重视,要求大学生们切实增强安全意识,落实安全防范措施,确保人身与财产安全。高校教室和实验、实训室也是学生比较集中的地方,安全问题同样不能放松和忽视。

高校校园是大学生共同学习、休息和娱乐的重要场所,是对学生进行思想政治工作和素质教育的重要阵地,也是一所学校文明程度和集体风貌的展示。学校校园安全管理事关学生人身和财产安全,校园环境安全状况关系到学校正常的教学、生活秩序,关系到学校和社会的稳定。教室、宿舍、食堂、操场等公共校园环境的安全,在整个高校安全管理工作中占有重要地位。因此,加强宿舍、实验室管理的规范化、加强户外体育活动安全意识是本章将重点阐述的问题。

第一节　校园环境安全概述

一、校园环境安全问题概述

(一)校园环境的范围

校园环境主要包括教室、宿舍、食堂、操场等与大学生学习生活密切相关的几个校内场所。教室是师生共同上课、探讨学问的场所,是大学生最主要的活动区域之一;宿舍是大学生的休息场所,大学生有一半的大学时光在这里度过;食堂是大学生就餐的场所,人口密度大,汇聚时间短,往往爆发式集中;操场是大学生师生进行体育活动的场所,是大学生活动场所的重要组成部分。近年来，随着高校招生人数的增多，高校各活动场所人口密度进一步加大，人均场地占有面积减少，矛盾产生几率增加的同时安全隐患也在增多。

图 2-1　校园环境

(二)高校校园环境安全常见问题

1. 教室安全

教室是大学师生共同研讨学习的场所，是大学学习的主要活动场所。教室的安全隐患颇多，如建筑安全、防盗问题、上下课秩序问题、教室用电问题、突发自然灾害问题、公共卫生安全，等等。

2. 宿舍安全

宿舍管理中的问题，如物业管理与人的管理相脱节、宿舍管理工作者与思想教育工作者严重不合拍、宿舍功能综合化问题，等等。随着高校的扩招，宿舍的功能日益综合化，宿舍已不再是学生单纯的栖息之地，也是学生交流、学习、娱乐的主要场所。宿舍管理现在在各高校脱离监管现象严重，也造成宿舍中的安全隐患难以及时排除，从而易造成更大的安全事故。宿舍中常见的安全隐患，如盗窃、打架斗殴、酗酒、心理疾患、夜不归宿等。总之，宿舍安全问题已经成为高校安全工作中首要的安全防范课题。

3. 食堂安全

食堂是学生快速聚集的场所，聚集密度大，时间短，安全隐患多。如：食堂就餐秩序、食品安全、就餐时财物安全等。

4. 操场安全

操场是广大师生上课、休闲娱乐的场所，安全问题多以竞技产生的问题为主，如：竞技冲突、运动伤害、活动中矛盾冲突等。

此外，校园内环境安全问题，发生的范围很广，如厕所偷窥事件；环境嘈杂，影响学习和休息，易引发冲突，甚至非正常死亡事件；随着交通的便利，进入校区的车辆增多，交通事故多发，隐患增大，等等。

二、校园环境安全问题的预防

学生既是安全教育的对象，又是安全教育的直接受益者，更应该是安全教育的积极参与者。学校要尽可能调动和激发学生的主观能动性和创造性，使其投身安全教育活动，这样不仅可以使部门或学院集中精力规划全校的安全教育活动，制定中长期的安全教育规划，而且会使安全教育的成效更加显著。

(一)组织安全知识的学习

作为现代大学生要掌握丰富的法律知识，养成良好的依法履行职责的习惯。要做到学法、知法、守法，更要依法办事。要掌握现代高科技防火、防盗技能，运用现代技术同违法犯罪分子作斗争，预防校园安全事故，维护校园的安全。针对学校高新技术多，高层建筑多，安全技术要求高的特点，各高校必须勤于学习现代科学技术知识，提高运用高新技术防范和管理的水平。

在课程中，勤于学习安全知识。对于安全消防知识的学习，要安排消防部门的相关同志上课，对于学校周边治安情况及预防措施，要定期聘请公安部门到校讲课。学校要定期开展安全知识竞赛、安全知识考试，及时和老师交流沟通，排解心理上的困惑，处理好学习生活中的各种问题，务必认识到安全是贯穿于我们校园生活的一条主线。

(二)进行安全防卫的实战演练

对于学院或部门而言，不仅要组织开展一定的活动，更要着力培养学生的竞争和创新意识，锻炼学生开展工作的能力，并努力创造条件，使成功的经验和做法成为共享资源，在人员、资金、场所等方面也尽可能予以满足。这样才能使他们的积极性和创造性得到较好的发挥和体现，推进他们在实践中掌握安全知识。要善于用好学生会、学生社团等群众性组织，引导他们从维护广大学生的切身利益出发，使他们成为安全演练活动的组织者。

例如，每年的“119”的消防安全宣传周组织安全知识竞赛和消防演练。学校邀请当地公安消防部门到校举办消防实战演习，结合学生宿舍的具体情况，让学生亲身参加，从发生火警报警，怎样从宿舍内向安全地带疏散，到怎么样使用灭火器等方面进行教育。

(三)在日常生活中加强警醒意识宣传

要广泛宣传安全防范的重要性，利用安全教育月对同学们，特别是新生，以教育课授课形式对有关防盗防火等安全知识进行宣讲，使他们认识校园安全事故的特点，提高安全防范意识。

1. 校园宣传位置张贴安全海报

充分利用校园的特点，在每个活动场所张贴安全温馨提示标语，在走廊橱窗内绘制安全知识小漫画等。此外学校保卫部门在学校重点要害部位，设立醒目的安全标志，强化同学们的安全意识；在各个教室、宿舍、食堂等区域建立规范的海报宣传栏和橱窗，设有固定的通报栏和警示栏。

2. 发生安全事故后在全校通报，以增强学生的防范意识

每当出现内盗或其他失窃现象，或媒体披露高校安全隐患和险情时，立即组织各院区通报每个师生，将被损坏、烧毁的物品当众展出，以增强学生的防范意识。介绍近年来全国发生的特大校园安全事故及其造成的危害，强化师生的安全观念；各班级、团委也利用各种场合讲授安全知识，通报近期安全情况，学校利用广播站、宣传栏等宣传阵地，对安全重要性进行大力的宣传教育。

第二节　宿舍安全

一、宿舍安全管理现状

（一）我国高校宿舍安全管理的防范措施

我国高校宿舍安全管理的防范措施包括人员防范和机械防范。

1. 人员防范

高校主要通过门卫保安值勤、校园校卫巡逻队、干部值班及安全检查等方式来防范各类事件的发生。目前我国每栋大学生宿舍楼的日常管理都只有1～2人，而且管理人员只是起到门卫的作用，这使得学生管理工作者很难对学生在宿舍的生活状态有比较全面的了解，学生在宿舍遇到问题也很难及时寻找到帮助。虽然我国现在已经有不少大学正在积极推行指导员和辅导员进宿舍的制度，但这种做法仅有少数大学真正在施行。

2. 机械防范

高校主要通过安装防盗门、在较低楼层安铁栅栏等方式来防范各种违纪违法人员的行为。现在有部分高校的学生宿舍已经配有电子锁和监控系统。有些高校开始加强技术防范系统的投入，但这些防范措施还是无法适应日益变化且较为严峻的高校治安形势。

（二）目前我国大学生宿舍管理较为分散

我国大学生宿舍管理责任和权力大多都是分散的，学生宿舍调配以及宿舍的纪律管理等由学生工作部门负责，而日常的卫生、安全则都是后勤部门负责。由于这种体制上的脱节，学工处与后勤处沟通不畅，容易产生摩擦。针对学生违纪行为，后勤处缺乏相应的惩罚手段，从而使得在日常的管理和服务过程中常常会出现协调不到位的现象。

（三）现行的管理规章制度不够完善

当前在大学生宿舍管理上，规章制度建设备受重视，但也存在不足与缺漏。例如，这

些规章制度在内容上禁止性条款多，授权性条款少；义务性条款多，权利性条款少；在管理层面上更强调服从、执行，从而或多或少地忽略了大学生的认同与接受。怎样界定学生因住宿设施不善而受到人身伤害的责任问题，如何处理学生由于校外租房所引发的纠纷问题（教育部已明文规定禁止学生在外租房），对于近年来日趋普遍的问题，在现行的管理规章制度中能否找到解决的问题依据，对区分制度的完善性尤其重要。

二、常见宿舍安全问题的分类

（一）火灾

每年发生在学生宿舍的火灾可达数千起之多，烧毁同学们的财物，烧伤烧死学生的事例屡见不鲜。具体火灾起因体现在学生们违规点蚊香、吸烟、使用大功率电器、宿舍内私拉电线等。

宿舍火灾的特点主要表现在：

1. 人员居住集中，疏散较为困难，易造成重大伤亡

高校在学生住宿问题上都是实行集中住宿管理，人员居住集中度高。大多数高校在兴建学生宿舍时，虽也考虑到消防安全需要而留有消防安全通道，但是随着社会不安定因素的增加，部分学校从防盗的角度和日常学生的人身安全方面考虑，关闭了大多数消防安全出口或者是加设了防盗门，仅留有一两个出口用于日常进出，其他的安全出口形同虚设。如此大密度的人员聚集场所，面对仅有的少数疏散通道，一旦发生火灾，造成的人员伤亡可想而知。

2. 高层建筑密集，火灾扑救及预防较为困难

高校因扩招而生源大增，为了容纳众多的学生，一般选择建设高层建筑，目前国内各高校学生宿舍建筑面积一般每栋都在3000平方米左右，有的甚至更大。这些高层建筑一旦发生火灾，难防、难救、人员疏散困难成了新难点。而有些高层宿舍楼消防设备落后、消防投资不足，一旦火灾发生，就会给消防人员施救带来一定的困难。

3. 火灾原因复杂，火灾事故突发性强

部分高校学生违反校方的管理规定，在宿舍内使用违禁电器极易引发火灾，如使用“热得快”烧水，不注意场所的消防环境，或因为突然有事、自行离开，使火源引燃周围的可燃物造成火灾。高校学生中，男生吸烟后乱丢烟头，女生夏季点蚊香，都是引发火灾的重要原因，还有人为故意纵火或者是宿舍管理员疏忽而造成的火灾等。总之，任何时间的疏忽都可能造成宿舍内的火灾。

高校消防安全管理是一项系统工程，尽管在新形势下，消防安全管理难度增加了，但只要我们与时俱进，重视营造消防安全氛围，坚持“预防为主，防消结合”的方针，建立健全各项消防安全规章制度，做到消防部门重点管理，及时整改火险隐患，并严格落实消防安全责任制，就能更进一步确保校园安全稳定。消防安全知识的教育要全面深入。新生入学时高校把消防安全教学列入大学生安全教育的重要内容，向大学生灌输消防安全观念；利用学校宣传栏，介绍防火知识和疏散自救，等等。

→→→→→

【案例】

2009年2月9日下午18时20分，兰州大学医学院校区2号女生公寓4楼409宿舍发生火灾，广场消防中队在接警后，出动2台消防车赶到现场将大火扑灭。据调查，寒假期间，该宿舍内的一名女生由于兼职没有回家，当日这名女学生私用电热棒烧水后突然接到同学电话，在未拔下插头的情况下便离开宿舍。电热棒的线路长时间受热起火，又引燃了一旁床铺上的棉被引发火灾。

2008年11月14日早晨6时10分左右，上海商学院一学生宿舍楼发生火灾，火势迅速蔓延导致烟火过大，4名女生在消防队员赶到之前从6楼宿舍阳台跳楼逃生，不幸全部遇难。火灾事故初步判断原因是，寝室里使用"热得快"引发电器故障并将周围可燃物引燃所致。

←←←←←

在宿舍内不得使用"热得快"、电炉、电炒锅、电茶壶、电热毯等大功率危险电器，应及时制止或上报其他同学使用类似威胁大家安全的电器。

(二)盗窃

近年来随着高校规模的扩大，高校在办学模式和管理模式上都有很大的变化，社会化程度愈来愈高，校园内人员越来越复杂；另外，学生宿舍区往往是学校治安巡逻的盲区；在学生内部，有些学生受社会不良因素的影响而监守自盗。学生安全防范意识薄弱和学生宿舍盗窃案件的低破案率等，导致了大学生宿舍的盗窃发生率高，如盗窃放在桌子等明处的贵重物品，作案时间短，手法隐蔽，几乎不留任何线索，破案难度大。据统计，内盗案件占整个盗窃案件的70%以上，而且这一比例仍有上升的趋势。

宿舍盗窃不仅给学生带来了财产损失，也破坏了高校安全稳定的环境。因此，加强这方面的安全保卫工作，对提高大学生的防盗窃意识非常重要。

→→→→→

【案例】

2013年4月凌晨2时许，厦门某大学，盗贼趁学生宿舍阳台门未关之机，从宿舍一楼宿舍攀爬到二楼宿舍201的阳台，之后连续闯入14间宿舍，共计盗窃笔记本6台，手机14台，人民币500元。

←←←←←

不在宿舍时请关好宿舍门窗，贵重物品请妥善保管。

(三)隐性安全问题

在大学生宿舍安全问题中，还有很多容易被人们忽视的隐性安全问题。由于大学生涉世不深，阅历较浅，对国情了解不够，对社会环境的复杂性知之甚少，因此看问题难免偏激，容易被一些表面现象所迷惑。这种未经有效引导和控制的谈论容易走偏方向，成为宿舍的一种病态文化现象。如，个性发展的随意性，容易使学生在追求个性、自我价值实现的同时显示个人至上的恶性膨胀，存在着价值导向混乱的现象。

个人不良的生活习惯不仅影响环境卫生，也极大地影响着同学们的身心健康，造成的直接后果是影响室友的正常生活和学习。如有的大学生由于沉迷于电脑游戏、上网聊天等，与其他人的交流减少，影响了宿舍内其他同学的作息规律以及舍友之间的和睦关系。具体表现为：晚归和夜不归宿的安全问题；无故旷课滞留宿舍的安全问题；在宿舍饮酒、吸烟、互串宿舍的安全问题；生活上互相攀比的安全问题；以及由于大学生心理不成熟、不健全，大学生之间存在的利益竞争，大学生匮乏的人际交往知识技能和大学生群体在价值观念、生活习惯方面存在差异所导致的人际交往冲突等隐性安全隐患。

三、学生宿舍发生安全事故的原因

高校学生宿舍是大学生住宿、生活、学习和课外活动的重要场所，同时也是各种治安、刑事案件尤其是盗窃案件的多发区。据统计，在高校发生的各类治安、刑事案件中，盗窃案件所占比例约为80%，其中绝大部分发生在学生宿舍内。影响学生宿舍安全稳定的因素是多方面的，有直接因素也有间接因素，存在于学校领导、教师、学生自身、社会家庭等各个层面之中，存在于设施建设、服务质量、管理教育等各个方面之中。

(一)学生安全意识淡薄，对宿舍安全缺乏足够的认识

现在的大学生大多是独生子女，在家依赖父母已成习惯，初入高校，脱离父母的庇护，具有思想单纯、警惕性低、缺乏社会经验等特点，他们的安全防范意识十分淡薄，自我保护能力差。有的同学在寝室内私自留宿外来人员，引狼入室，以致被盗；有的同学将贵重物品随意放置于明显处，离开宿舍时不锁门，甚至夜间睡觉不关门，给犯罪分子以可乘之机。统计资料显示，高校的盗窃案件有80%以上是因没有做好防范工作造成的。有些师生员工防范意思淡薄，对钱财和贵重物品保管不严，缺乏警惕性，为盗窃分子打开了方便之门。

许多学生对安全问题存在侥幸心理，认为着火、被盗事件不可能发生在自己身上，这也是安全知识宣传、教育不到位的结果。很多学生违反安全规定，无视安全要求：一方面，一些学生在宿舍经常使用一些较大功率的电器设备如电脑、饮水机等，再加上宿舍供电线路老化，造成电力设备常常处于高负荷运转状态，很大程度上增加了火灾发生的可能性；

另一方面，一些学生在宿舍内违规使用电热杯、"热得快"，乱拉乱接电线，使用蜡烛、酒精炉，乱扔烟头，等等，这些违规行为极易引发火灾。

宿舍规章制度的教育十分薄弱，很多高年级的学生对宿舍管理的规定在思想上不重视，导致他们常常违纪违规。这些大学生走入社会后不知道怎样保管好自己的财物，遇到一些突发事件，也不知如何处理，对于身边不安全因素根本察觉不到，因此也会影响他们将来的工作和生活。

（二）学生法律意识淡薄，素质参差不齐

高校的扩招使得学生人数急剧增加，且来源复杂，有应届生、往届生、在职生等。学生招生种类涵盖民办生、高职生、成教生，等等。他们来自全国各地，素质参差不齐，极少数在入校前就有恶劣行为或恶劣习性，随着大学生的物质生活水平大幅提高，手机、电脑、MP3 等贵重物品在学生中的拥有量也逐年提升，部分学生依靠家庭经济优势超前消费，个别学生受扭曲价值观的影响，相互之间攀比，当钱不够消费时就萌生了偷盗的动机。

当代大学生自主性强，功德和守规意识淡薄。一方面，他们对周边的不道德和违纪行为深恶痛绝；另一方面，又希望自己的日常行为不受任何约束。社会公德和守规认知的双重标准使大学生的道德认知与道德实践、遵章守纪与现实中的行为出现脱节。因此，他们对损坏公物、深夜吵闹、捡东西不还甚至偷窃东西、在公寓内使用违禁电器等诸多行为不以为意。个别学生不遵守学校宿舍规章制度，夜不归寝而到学校周边网吧、游戏厅活动，交友不慎，和社会人员发生矛盾，这些行为不但影响学习，而且容易引发社会问题。这些社会问题带到宿舍之后又会影响宿舍治安环境。

虽然法制教育早已纳入高校教育计划，是大学生的必修课，但部分同学却忽视了政治思想、道德、法律教育等方面素质的提高，学业上不思进取，敷衍了事，对违纪违法的界限十分模糊，贪图小利，以身试法，直至步入违法犯罪的境地。有些大学生法制观念淡薄，道德水准低下，把违法犯罪视为一般的道德问题，因而极易走上犯罪道路。

（三）宿舍管理部门对安全措施的建设没有足够重视

宿舍管理部分没有对基础设施进行定时维修和管理，造成了安全设施的陈旧和老化、宿舍电线老化等一系列严重情况。宿舍安全存在隐患，如安全应急出口堵塞，消防栓陈旧，灭火器数量不足或失效；宿舍基础设施建设和安全设施配备不完善，不符合安全标准；校舍、设备、水、电、路网的滞后及经费投入的相对不足等，而由于体制和经费等多方面的制约，给安全隐患的整改带来相当大的难度。

从高校保卫人员配备情况来看，大部分高校不能按照规定进行人员配备，保卫力量不足，学生宿舍往往成为各高校治安巡逻的盲区。部分安全管理人员责任心不强，经常发生漏岗、缺岗的现象，对于学生宿舍安全检查不深入、不细致，对存在的不安全因素不能及时发现并予以清除，使得事故更加容易发生。有些管理人员在发生火灾时自己都不知先做什么、后做什么，不会使用灭火工具，不知如何逃生，更加谈不上指挥、引导学生及时疏散和救火；甚至有些管理人员带头违反规定，擅自使用违规电器设备，容许外来人员出入宿舍楼，这些行为都暴露了安全隐患问题。

高校中安全事故报案以后，破案率低，打击不力。这是因为高校盗窃案件多数属于小偷小摸，破案难度大；有的案件虽然破了，但赃物追不回来，达不到打击的目的。另外，高校保卫部门没有侦查权力，给破案造成了一定的困难，案发后不能及时侦破，盗窃分子逍遥法外，致使此类案件一再发生。

有些安全管理制度虽然制定了，但执行起来不认真不严肃，安全检查走形式，不注重效果，不解决实际问题。对于检查出的问题不能够严肃处理，只是给予批评或简单的处罚，没有通过典型案例进行认真分析研究，或对学生开展有效的安全教育，因而没有真正起到处理一件事，教育一批人的目的，反而在一定程度上增加了学生寝室各类事件发生的可能性。

(四)高校发展迅速，规模扩大带来新的宿舍安全问题

最近几年，通过各级政府的组织和支持，由两所以上高校合并而重新组建的特别规模高校，已是高校改革中的一种普遍现象。这种合并组建过程给学校宿舍的安全保卫工作带来了许多新的特点和难点。许多高校都将校区迁往远离市区的地方或城乡接合部，并单独设立学生公寓以满足日益增长的居住需求。学生分散住在校园内外以及周边，这当中既有公寓又有民房。高校学生数量及外来务工、经商人员急剧增加，学生公寓及周边商铺林立，宿舍与社会相互交融，如此复杂的校园及周边环境极易引发学生公寓的治安问题。如，校园中流动人员复杂，很容易发生盗窃等事故；校园周边流动商贩增多，易引发学生出行安全事故等。

(五)新时期的社会化宿舍物业管理存在安全漏洞

随着高等教育的改革，高校办学规模的扩大，校园将由封闭或半封闭向全面开放发展，大学将成为没有围墙的校园。特别是后勤社会化后，管理工作由校园内部向社会化发展，一方面，引进社会力量进入校园竞争，这会对提高服务质量带来益处；但另一方面，各服务实体追求利润与师生员工接受服务的愿望之间的矛盾会更加明显，如处理不当，会导致这个原已存在的热点问题升温。

从目前的情况看，公寓管理和服务人员思想观念和素质一下子还难以适应学生提出的要求，如果处理不好就可能产生矛盾，长期得不到解决就会激化矛盾。

四、宿舍安全事故的应对措施

(一)学校提高责任意识，加强安全保卫工作

1. 做好相关的物质保障工作及服务工作

为构建安全和谐的学生宿舍环境，各高校应采取措施，筹措经费，大力改造学生宿舍，如整线路、修门窗、装玻璃、订购合格的床具、配备各种消防用品、开设安全通道等。做好大量的物质保障工作，如宿舍生活设施的提供，床位的安排调配，维修服务，卫生服务及其他服务等。

多校区、大规模高校的校园环境与独门独院的高校相比，其复杂程度是不言而喻的。必须加快实现安全保卫工作装备现代化的步伐。以人力资源为主的人防办法已很难适应当今学校的发展了，特别是对于国家重点建设的百所学校，国家和地方各级政府在资金投入上力度很大，短短几年时间，学校的工作、学习和生活环境及配备设施都得到了很大的改善，教学和科研方面的仪器设备在数量及现代化程度上都在发生着极大的变化。如果学校的安全保卫工作跟不上，一旦发生不测，后果将不堪设想。因此，高校安全保卫工作装备现代化的建设，特别是技术防范的装备和设施的现代化建设方面更应引起高校领导和广大保卫工作者的重视。

例如在防盗上，采用个性化设计，降低盗窃案件的发生率。学生宿舍家居用品的配备，在美观实用的基础上，尽量使用防盗功能科学设计，柜门、抽屉门锁部位结实牢固的家具。有些高校的家具在使用一段时间后，损坏、损毁的现象比较严重，同时又疏于维修，这样这些家具就丧失了防盗功能。楼层较低的宿舍阳台可以安装外开式的防盗网，平时用锁在室内锁住，这样不但可以防盗，而且在万一发生火宅的情况下又能快速地打开防盗网，有利于逃生。另外宿舍楼的落水管、围墙灯设计要不利于攀爬，降低攀爬入室盗窃的可能性。

2. 健全并严格执行安全管理制度

良好的秩序是学生学习、生活的前提条件，而良好的秩序需要严格、完善的规章制度来维持，尤其是学生集体生活的地方更为必要。在学生宿舍管理中，要健全各项管理服务支付，充分体现“以人为本”的管理理念。一方面，以约束服务工作人员为核心的宿舍管理制度，使规章制度细化、量化、系统化、科学化；另一方面，以引导学生自觉进行宿舍文明建设为核心的规章制度，力保规章制度的合法性、合理性，既不能与国家现行的法律法规相抵触，又能从学生进行自我教育的实际出发。只要有一套完善的、行之有效的规章制度，就能保证每位大学生有一个良好、有序的学习生活环境。

健全宿舍管理的各项规章制度，为入住的学生提供一套完善的具有约束性的法律或行政管理的诸多文本，如《宿舍安全管理制度》、《会客制度》、《吸烟制度》等宿舍管理制度，特别是对那些可能引发火灾、盗窃、诈骗、斗殴、流氓案件的行为要明令禁止，使学生人人皆知。学生也应认真学习以制度来不断提高自己的思想道德素养、做人的责任及人际关系自我管理水平。同时，有了制度的约束，可以在客观上遏制少数图谋不轨者的违法犯罪动机，从而达到优化学生养成教育的目的。

3. 妥善处理安全事故中的相关学生

对于学生的管理应当重点抓人的教育，即那些存在安全隐患的人，比如对有心理障碍、性格孤僻的学生多关心，帮助他们解决心理问题，教导其妥善处理与宿舍同学之间的关系，避免马加爵之类的学生再次出现。大学生中最常见的心理障碍有如焦虑、抑郁、消沉、暴躁、嫉妒、报复、冷漠、偏执等，对这些心理隐患如果不及时发现、及时疏导，就极容易导致安全事故，甚至引发悲剧发生。又比如对经常违反宿舍安全管理规定的学生要重点教育、经常提醒，防止因严重违纪而酿成事故或走向犯罪。各高校要树立用90%的精力做好10%的问题学生工作的观念。

当学生中出现宿舍安全事故时，管理人员要能及时地进行调查，分析案情，适时处理，通报全体。对于违规现象要既坚持原则，又耐心教育并采取书面检讨、上黑板报自我批评、扣分和适度经济处罚的方法处理，但每件违纪处理都要公布于众，对学生“警钟长鸣”。

4. 各部门通力合作，建立紧密的安全网络

要做好高校学生宿舍的安全防范工作必须动员上下各级的力量，各有关部门之间必须协调、配合，齐抓共管，实行综合治理，在教师干部方面，建立党政各级干部轮流下学生宿舍巡回检查制度，直接了解学生的学习、生活状况和学生的愿望与要求；安排班主任和一定数量的青年教师、辅导员深入各学生宿舍，与学生感情融洽，及时发现宿舍内的不良倾向，预防犯罪案件的发生；科学地进行学生宿舍的组合安排；在评奖评优方面，将学生宿舍的安全工作列为评比内容，做到奖优罚劣，起到示范和警戒作用。

巨大的“打架成本”

让大学生参与到学校的安全教育管理中，组织动员学生中的治保积极分子，结合他们情况熟、接触学生面广、隐蔽性强、发现问题快的优势条件，与宿管部门和保卫部门联防，走群防群治的道路，共同搞好学生宿舍的安全防范。在与校保卫处的合作中，要体现出鱼水般的紧密关系，部门之间从不推脱，当保卫处接到险情通报时，一定要在第一时间赶到现场，这对破案和阻止事件的扩大蔓延起决定性的作用。这种多部门、多人员合作网络的建立将有力地加强学生宿舍的安全文明建设。

5. 提高管理人员素质、加大安全投入，把人力防范与技术防范相结合

对宿舍管理人员实行从业资格制度，实现管理队伍的专业化。长期以来，我国高校安全管理队伍普遍存在学历低，无职业培训经验，没有达到从业资质要求，难以胜任高校安全管理工作等问题。因此，一方面要加强高校安全管理队伍的职业培训，实行从业资格制度，使高校安全管理人员的职业培训制度化、规范化、法制化；另一方面要督促高校重视对高校保卫队伍的建设，建立健全安全管理制度，加强安全管理，减少盗窃案件的发生。学生宿舍管理人员、值班人员及保卫人员要经常进行安全检查，保卫力量薄弱的高校可成立学生校卫队，补充到学生宿舍的安全工作中去。

同时在新形势下，加大技术防范力量的投入，是维护高校治安稳定的迫切需求，也是实现安全防范现代化的必然要求。在学生宿舍安装多媒体监控系统，能随时知道学生宿舍人员的出入情况，既可对不法分子起到威慑作用，又可以为公安保卫部门抓获盗窃和侦破案件提供证据，从而在打击盗窃犯罪方面掌握主动权。

在技术方面的投入有如下方面：

(1)多功能电子监控系统

在宿舍走道等重要部位安装监视器，设立集监控、警报、调度、救助为一体的监控中心。

(2)设置专门报警电话

接受各类报警和紧急求助电话。报警电话与监控中心直通,通过监控系统锁定有关区域,并视情况调度人员前去处理。

(3)安全防火技术系统

在宿舍内安装自动喷淋装置,配备灭火器材,室内外消火栓数量足够,保证提供充足的灭火源。将消防报警系统与监控中心直接相连,一旦发生火情,能够立即将报警信息传递到监控中心或地方消防部门。

(4)防盗、防侵入系统

在一楼入口采用电子门禁系统。门禁系统直接由监控中心控制,重要通道安装电子锁,师生刷卡开启,确保万无一失。

(二)隐性安全事故的处理

一个能时刻保持被褥叠放规范整齐、物品摆放井然有序、生活用品清洁卫生、窗明几净、空气清新的宿舍,其成员必定具备良好的行为习惯,如果这些成员还能做到遵规守纪、按时作息,那么他们在学习上也必然能保持高效率。高雅健康的宿舍文化,是学生高尚情操、审美能力、思想境界和创新能力的体现;反之,不健康的、低俗的宿舍文化则可能破坏和谐的环境,因此,大学生还要学会正确的处理方式。

1. 抵制不良生活习惯的影响,形成合理的生活方式

大学生进入校园后,没有父母的管束,有些控制力差的学生往往无法合理地安排自己的时间和生活,如寝室卫生状况十分差,通宵上网等,这些生活习惯不仅给自己的身心造成了巨大的伤害,还会影响身边同学的正常生活和学习。面对有不良生活习惯的室友,首先保证自己不能受其影响,其次要对其进行劝阻。可以根据其性格进行适当的处理,如性格豁达的可以直接提出,希望其能顾及同寝室人的生活习惯,进行适当调适;如果是性格内向型的,则可以通过委婉的方式使其认识到自己的错误,共同建立和谐的生活环境。

2. 接受正确的政治思想,树立良好的人生观、世界观

当代大学生担负着建设中国特色社会主义事业的伟大使命,只有具备全面的素质才能担此重任。“人之初,性本善”,人的思想品德素质的高低也不是先天固有的,而是要通过后天培养的,思想品德代表人的素质,能够反映人的生活能力。一个完善的人是一个德才兼备的人,作为当代的大学生,我们要不断地学习和加强自己的思想政治理论水平,并把它付诸实践,这样才能成为德才兼备的人,成为社会所需要的人。

然而当前有些大学生自身素质不高,而且经常在宿舍中传递政治方向有偏差、思想不健康甚至是反动的内容。面对这样的同学,应当及时对其进行观念纠正,如果无力纠正,也不要受其影响,尽快报告老师,由老师对其进行教育和处理。即使有思想观念上的冲突,适当的争辩是可取的,但不要因为争论而产生过激行为,影响同学之间的关系。要以宽广的胸怀接受别人的观念,以友好的姿态去帮助他人。

第三节 实验室安全

在生物化学实验室中，要经常与毒性很强、有腐蚀性、易燃烧和具有爆炸性的化学药品直接接触，会常常使用易碎的玻璃和瓷质器皿以及在煤气、水、电等高温电热设备的环境下进行着紧张而细致的工作，在电机电路实验、实习时，经常要使用高压电器设备，因此，必须十分重视安全工作。高校实验室的安全事故，按其发生的原因可分为 4 种类型：(1)因人员操作不慎、仪器设备使用不当和粗心大意酿成的事故；(2)因仪器设备和各种管线年久失修、老化损坏酿成的事故；(3)因自然现象酿成的自然灾害事故；(4)因心理失常引发的非法侵害事故(如计算机病毒或黑客攻击等)。在高校的实验室里，这些事故的表现形式为火灾、爆炸、毒害及机器、电伤人等。

一、实验室火灾、爆炸事故的预防

学生在实验室内用火动电，接触易燃液体和气体，如果违反规定和处理不当极易引发火灾和爆炸事故。如某大学实验课组织同学参加爆炸演示，一位同学未按老师要求站在规定的方向和距离以外，擅自进入危险区，被爆炸时飞出的物体击倒，当场身亡。还有某大学化学系实验室生产车间突然发生爆炸，现场操作员 21 岁的杨某当即身亡。经勘查，抽真空作为吸附生产的一道程序，按操作规程必须要开启节门。但从爆炸现场看，杨某当天却忘了这一关键步骤，因而埋下了致命的隐患。做好实验室火灾、爆炸事故的预防措施如下：

(一)了解爆炸物的性能

在接触爆炸物之前，必须了解爆炸物的基本性能，如它在什么条件下会爆炸，有多大的威力，可能会造成什么样的伤害后果等。

危险 DANGER
易燃液体存储区
FLAMMABLE LIQUID
STORAGE AREA

易燃液体警示标识

(二)在与爆炸物品接触时，要做到“八防”

防止可燃气体粉尘与空气混合，防止明火，防止摩擦和撞击，防止中毒，防止电火花，防止静电放电，防止雷击，防止化学反应。

(三)严格遵守各项法律、法规和规章制度

对于爆炸物的使用、管理、运输，国家有关部门都有严格规定，单位也有规章制度。如爆炸演示、实验、参观等，未经领导和指导教师允许，不得擅自参加；实验剩余的爆炸物，必须如数上交，不得私拿、私用；不允许私带、私藏、转让、转借爆炸物品；乘坐车、船和飞机，邮寄包裹，托运行李，不得夹带爆炸物。这些规定必须严格遵守，切不可大意。

(四)要严守岗位职责

同学们在进行实验、实习时,常常是分组活动,几个人共同进行操作,这就要严格按操作规程行事,听从统一指挥,协调行动,恪守职责。

(五)要依靠组织,解决异常问题

如发现丢失爆炸物品或有违反国家关于爆炸品管理规定的行为,不要自行处理,更不能听之任之,必须及时报告老师、学校保卫部门或当地公安机关,以便于组织上采取措施,防止危害事故发生。

(六)定期检修

定期做好实验各种设备、电线、开关,特别是压力容量的检验维修。

二、实验室安全操作规程

(一)实验室安全知识

1. 进入实验室开始工作前应了解煤气总阀门、水阀门及电闸所在处。离开实验室时,一定要将室内检查一遍,应将水、电、煤气的开关关好,门窗锁好。

2. 使用煤气灯时,应先将火柴点燃,一手执火柴紧靠近灯口,一手慢开煤气门。不能先开煤气门,后燃火柴。灯焰大小和火力强弱,应根据实验的需要来调节。用火时,应做到火着人在,人走火灭。

3. 使用电器设备(如烘箱、恒温水浴、离心机、电炉等)时,严防触电;绝不可用湿手或在眼睛旁视时开关电闸和电器开关。应该用试电笔检查电器设备是否漏电,凡是漏电的仪器,一律不能使用。

4. 使用浓酸、浓碱时,必须极为小心地操作,防止溅出。用移液管量取这些试剂时,必须使用橡皮球,绝对不能用口吸取。若不慎溅在实验台上或地面,必须及时用湿抹布擦洗干净。如果触及皮肤应立即治疗。

5. 使用可燃物,特别是易燃物(如乙醚、丙酮、乙醇、苯、金属钠等)时,应特别小心。不要大量放在桌上,更不要放在靠近火焰处。只有在远离火源时,或将火焰熄灭后,才可大量倾倒易燃液体。低沸点的有机溶剂不准在火上直接加热,只能在水浴上利用回流冷凝管加热或蒸馏。

禁止烟火

6. 如果不慎倾出了相当量的易燃液体,则应按下法处理:

(1)立即关闭室内所有的火源和电加热器。

(2)关门,开启小窗及窗户。

(3)用毛巾或抹布擦拭洒出的液体,并将液体拧到大的容器中,然后再倒入带塞的玻璃瓶中。

7. 用油浴操作时,应小心加热,不断用温度计测量,不要使温度超过油的燃烧温度。

8. 易燃和易爆炸物质的残渣(如金属钠、白磷、火柴头)不得倒入污物桶或水槽中,应收集在指定的容器内。

9. 废液,特别是强酸和强碱不能直接倒在水槽中,应先稀释,然后倒入水槽,再用大量自来水冲洗水槽及下水道。

10. 毒物应按实验室的规定办理审批手续后领取,使用时严格操作,用后妥善处理。

(二)实验室灭火法

实验中一旦发生了火灾切不可惊慌失措,应保持镇静。首先立即切断室内一切火源和电源。然后根据具体情况正确地进行抢救和灭火。常用的灭火方法有:

1. 在可燃液体燃着时,应立即拿开着火区域内的一切可燃物质,关闭通风器,防止扩大燃烧。若着火面积较小,可用抹布、湿布、铁片或沙土覆盖,隔绝空气使之熄灭。但覆盖时要轻,避免碰坏或打翻盛有易燃溶剂的玻璃器皿,导致更多的溶剂流出而再着火。

2. 酒精及其他可溶于水的液体着火时,可用水灭火。

3. 汽油、乙醚、甲苯等有机溶剂着火时,应用石棉布或砂土扑灭。绝对不能用水,否则反而会扩大燃烧面积。

4. 金属钠着火时,可把砂子倒在它的上面。

5. 导线着火时不能用水及二氧化碳灭火器,应切断电源或用四氯化碳灭火器。

6. 衣服烧着时切忌奔走,可用衣服、大衣等包裹身体或躺在地上滚动,以达到灭火目的。

7. 发生火灾时应注意保护现场。较大的着火事故应立即报警。

(三)实验室急救

在实验过程中不慎发生受伤事故,应立即采取适当的急救措施。

1. 受玻璃割伤及其他机械损伤时,首先必须检查伤口内有无玻璃或金属等物的碎片,然后用硼酸水洗净,再擦碘酒或紫药水,必要时用纱布包扎。若伤口较大或过深而大量出血,应迅速在伤口上部和下部扎紧血管止血,并立即到医院诊治。

2. 烫伤时,一般用浓的(90%~95%)酒精消毒后,涂上苦味酸软膏。如果伤处红痛或红肿(一级灼伤),可用橄榄油或用棉花沾酒精敷盖伤处;若皮肤起泡(二级灼伤),不要弄破水泡,防止感染;若伤处皮肤呈棕色或黑色(三级灼伤),应用干燥而无菌的消毒纱布轻轻包扎好,急送医院治疗。

3. 强碱(如氢氧化钠、氢氧化钾)、钠、钾等触及皮肤而引起灼伤时,要先用大量自来水冲洗,再用5%乙酸溶液或2%乙酸溶液涂洗。

4. 强酸、溴等触及皮肤而致灼伤时,应立即用大量自来水冲洗,再以5%碳酸氢钠溶液或5%氢氧化铵溶液洗涤。

5. 如酚触及皮肤引起灼伤,应该用大量的水清洗,并用肥皂和水洗涤,忌用乙醇。

6. 若煤气中毒时，应到室外呼吸新鲜空气，若严重时应立即到医院诊治。

7. 水银容易由呼吸道进入人体，也可以经皮肤直接吸收而引起积累性中毒。严重中毒的征象是口中有金属气味，呼出气体也有气味；流唾液，牙床及嘴唇上有硫化汞的黑色；淋巴腺及唾液腺肿大。若不慎中毒时，应送医院急救。急性中毒时，通常用碳粉或呕吐剂彻底洗胃，或者食入蛋白（如 1 升牛奶加 3 个鸡蛋清）或蓖麻油解毒并使之呕吐。

8. 触电时可按下述方法之一切断电路：

（1）关闭电源；

（2）用干木棍使导线与被害者分开；

（3）使被害者和土地分离，急救时急救者必须做好防止触电的安全措施，手或脚必须绝缘。

第四节　体育运动安全

一、体育运动安全要求和防范措施

1. 有特殊病的学生应向老师报备，体育老师对任教班患有特殊病，如心脏病、哮喘等学生记录在案，运动全过程密切关注，如有异常立即处理。

2. 运动前涉及老师应主动了解，观察学生有无异常，如有则妥善处理。

3. 运动前涉及老师必须安排准备活动，并向学生讲授自我安全保护注意事项，学生应认真听讲，并做好准备工作。如是体育课则教案中有体现，如体育活动则方案中有体现。

4. 运动全过程涉及老师必须做好保护工作。

5. 运动中发生意外事故，学生、老师立即报告有关部门，并作相应处理。

6. 需实施大运动量或剧烈活动的项目，提前一个阶段安排适应性渗透训练。

7. 游泳课必须有班主任、体育老师、行政三方带领，并做好泳前和陆上训练工作。

8. 运动前，学生、体育老师负责检查运动所需器具，保证安全无危险。

二、体育器材伤害的预防

在体育锻炼中经常会涉及体育场地或者器械伤害人体的事故。如场地不平整，容易崴脚，扭伤脚腕；投掷器械时不注意会砸、扎伤人；单双杠螺钉松动、器械不牢固，人容易从器械上摔下来受伤。例如在 2007 年国际田联黄金联赛罗马站，就发生了一起标枪意外伤人事件。因此，在体育锻炼中一定要注意以下几点。

1. 参加体育锻炼时尽量选择平整的场地。如果在不平整的场地锻炼时，要始终保持脚腕有一定的紧张度，防止踏踩在不平的地方脚腕松弛造成扭伤。通过锻炼提高脚腕的力量，也可以防止在不平整的场地上扭伤脚腕。

2. 参加体育锻炼时一定要先做好准备活动，使身体逐渐进入运动状态，防止人体没有活动开，肢体僵硬，导致器械碰伤、撞伤。

3. 参加投掷项目的锻炼时，要注意观察器械下落地区的情况，有无行人穿过，确定安全后再将器械投出手。一些通过旋转技术投掷的器械，如投掷铁饼等，一定要在有护笼的场地里进行投掷，防止铁饼出手飞行的落点超出预定的范围。

4. 使用单双杠、杠铃等器械进行锻炼时，要先检查器械的螺钉、卡扣等是否牢固，避免发生意外。

5. 在球类运动中，不要强迫自己做出没有练习过的动作。要注意防止头顶足球时砸在鼻子或者眼睛上，使鼻子出血、眼睛撞伤；防止打篮球抢篮板球时手指挫伤，打排球传球时手指扭伤等。只要通过锻炼，技术熟练了，球技提高了，就可以最大限度地降低或防止以上各种受伤的发生。

6. 参加长跑运动时要选择比较松软的衣服、运动鞋，防止不合适的衣服、鞋子在跑步中磨破皮肤或脚腕。

7. 参加滑冰或滑雪运动时，要注意在失去平衡时顺势摔到、团身，保护自己。不要用硬力对抗，防止由于冰刀、雪仗的碰撞、击打而意外受伤。

三、体育运动中发生损害事故的处理方法

一旦发生损害事故，当事者一定要镇静，在场的同学要发扬团结友爱和人道的精神，及时处理。在这一过程中掌握下述几个原则：

1. 消除紧张和顾虑，积极进行抢救。

2. 如有大量出血和休克现象，应首先止血和抗休克。

3. 在不明伤情时，切忌毫无急救常识地实施拉、扯、复位等处置，以免加重伤情。

4. 尽快护送到医院。为帮助医生了解受伤经过和病情，应该将受伤及急救情况告诉医生。

四、游泳安全注意事项

游泳是一项水上运动，是许多人比较喜欢的体育运动项目，经常游泳对锻炼身体有好处。但水火无情，游泳中不幸溺水死亡的事故经常发生，必须十分注意安全。据统计，2006 年厦门市就有 26 名大、中、小学生被“水患”夺去了生命，有的甚至在游泳馆淹亡。对于大学生的淹亡，主要是结伴旅游时，不识游泳场地的地理条件和水暗流方向，下海游泳的不了解潮汐时间和流向，造成淹亡事故。所以，未经批准不得擅自下海、湖、池、库游泳。对确有安全保障的游泳，一定要注意以下几点：

1. 了解游泳场所的情况，确定是否安全。一般情况下，游泳场所应该有救生条件、卫生设施以及较为严格的管理措施，这才是比较安全的游泳场所。

2. 游泳者入水前要做好充分的准备活动。没有做足够的热身运动就突然跳到水里，受过冷水温的刺激，皮肤、肌肉的血管大量收缩，血流减少减慢，不能满足肌肉活动的需要，就会引起抽筋。

3. 学习游泳时一定要由浅入深，循序渐进，逐渐完成各个环节，从熟悉水性、漂浮、换气、划水，到学会一种游泳的姿态，然后再扩展到学习各种游泳姿势。

4. 要选择质量有保证的辅助器材，如救生圈等。使用漏气的救生圈很危险。

5. 不论是游泳的初学者还是游泳的熟练者，在游泳的过程中都严禁在水中打闹、嬉戏。否则，非常容易将水珠吸入气管或者肺部，通常称作“呛水”。由于呛水后气管被水堵住，人体失去呼吸的条件，很容易造成大脑缺氧性休克，甚至直接导致死亡。

6. 游泳最理想的水温是 27 ℃。游泳持续时间一般不应超过 2 小时。入水过久，如果出现身体不适的情况，皮肤出现鸡皮疙瘩和寒战现象，应该马上离开水池，上岸缓解或接受救护。

7. 睡眠不足，身体过于疲劳，或情绪激动，或在水中停留时间过长，体内能量消耗过大，导致肌肉疲劳，也能引起抽筋，这些情况都不宜游泳。

8. 不要饭前、饭后游泳。空腹游泳会影响食欲和消化功能，也会在游泳中发生头昏乏力等意外情况；饱腹游泳亦会影响消化功能，还会产生胃痉挛，甚至呕吐、腹痛现象。

9. 在海、河、湖、库等自然水域游泳，安全系数比较低，未经批准的不得去游泳。无论是初学者还是游泳爱好者都不准独自到上述自然水域中去游泳，必要时结伴前往。首先要了解和熟悉该处环境，水深不宜过脖子；不要在不熟悉的自然水域中潜泳或者跳水；更不要到禁止游泳的水域游泳，以免发生意外。

10. 在开放的海滨浴场游泳时，要首先了解该水域海底地形，涨、退潮时间和水温情况；未经批准不得去游泳；游泳时正确估计自己的水性，量力而行；体力和技术不强的，不要到深水区域游泳；不到警戒海域外游泳；不独自一人下海游泳；退潮时不得下海游泳；不得到未开放的海水浴场游泳；不到情况复杂的浴场游泳，避免发生意外事故。

11. 万一在水中抽筋时亦不要慌张，可以先吸一口气，然后站在水底用手按摩抽筋的部位，并且尽量把脚掌向上翘，逐渐就可以恢复正常了。若还未有好转，则可以尝试仰浮水面，用臂划水慢慢游返岸边。如果自己没有把握游回岸边，就应及早呼救。

12. 发现有人溺水要大声呼喊，积极抢救，不要害怕逃走。对没有自主呼吸能力的溺水者，要立即施行人工抢救。

阅读拓展

校园住宿安全手册

书　　名：校园住宿安全手册
作　　者：张俊红
出 版 社：新疆美术摄影出版社
出版时间：2012 年 5 月
I S B N：9787546923574

内容简介→

学生宿舍是学生学习、生活和人员密集的场所，也是容易发生重大安全事故的地方。住校学生除了上课时间之外，其余大部分时间都在学生宿舍度过，因此一个安全温馨的学生宿舍能为学生提供更好的学习环境，也能使家长放心、社会放心。本书对学生宿舍生活所涉及的方方面面可能出现的安全问题都给出了提示。

思考题

1.校园安全环境存在的主要问题有哪些？

2.学生宿舍安全主要存在哪些安全问题或安全隐患？

3.做好实验室安全主要有哪些预防措施？

4.保证大学生体育运动安全主要有哪些预防措施？

第三章 大学生财产安全

 学习导入

大学生人身和财产安全是学校安全工作的重点。而大学生的财产安全相对人身安全来说，应该摆放第二位。大学生要牢固确立生命第一、财产第二的观念，不能为了保全财产而忽视自己的人身安全。

本章节主要内容有防范盗窃、应对抢劫和敲诈勒索、预防诈骗等。当今社会高科技技术日益发展，信息传播迅速广泛，诈骗手段与方法不断翻新，让人目不暇接，要想不发生意外，最主要的是坚信"天上不会掉馅饼"，采取切实有效措施捂紧自己的钱包和"物袋"。

大学生的财产安全，主要是指大学生在学校期间所带的现金、存折、购物卡、学习及生活用品等不受侵犯。

由于大学生涉世不深，不善于保管自己的钱物，又是集体生活的特殊群体，大学生的财产就成了盗窃、抢劫、诈骗、敲诈勒索等不法分子侵害的重点对象。目前，校园发生的各类案件中，侵害大学生财产案占到首位。大学生财产一旦受到侵害，不但给家庭带来一定负担，而且给大学生的学习、生活、心理造成一定影响。大学生为保障自己专心致志地学习，愉快地生活，就有必要学会、掌握保障自己财产安全的常识。

第一节 防范盗窃

近年来随着高校规模的扩大，高校在办学模式和管理模式上都有很大的变化，社会化程度愈来愈高，校园内人员越来越复杂；另外，学生宿舍区往往是学校治安巡逻的盲区；在学生内部，有些学生受社会不良因素的影响而监守自盗、学生安全防范意识薄弱和学生宿舍盗窃案件的低破案率等，导致了大学生宿舍的盗窃发案率居高不下。据统计，目前在高校校园内所发生的盗窃案件占高校各类案件总数的60%～70%，并呈上升趋势。

一、大学盗窃案件的主要形式

(一)内盗

内盗是指盗窃作案分子为学生内部人员及学校内部管理服务人员实施的盗窃行为。根据有关资料统计,在高校发生的盗窃案件中,内盗案件就占一半以上。作案分子往往利用自己熟悉盗窃目标的有关情况,寻找作案最佳时机,因而易于得手。这类案件具有隐蔽性和伪装性。

→→→→→

【案例】

2012年厦门某民办高校李某参加学校组织的新生接待,一日李某帮新生提行李至学生宿舍后在返回接待处途中,路经323学生宿舍时见门开着,但里面空无一人,书桌上放着一部苹果手机,李某顿时心生邪念,走进宿舍迅速将手机拿走。后经学校保卫科调查系李某所为。

伸手困住自己

2013年厦门某高校张某向保卫科报案,其放在宿舍内的300元现金丢失。经调查发现张某以前曾将一把宿舍钥匙给了好同学李某。正是李某趁张某等人外出,宿舍无人时,开门入室盗窃。

←←←←←

开学时是学校人流、物流较为集中的时候,一定要注意财物安全。

(二)外盗

外盗是相对内盗而言的,是指盗窃作案分子为校外社会人员在学校实施的盗窃行为。他们利用学校管理上的漏洞,冒充学校人员或以找人为名进入校园内,盗取学校资产或师生财物。这类人员作案时往往携带作案工具,如螺丝刀、钳子、塑料插片等,作案时不留情面。

→→→→→

【案例】

2013年厦门某民办高校保卫科接到报案，学生宿舍三楼多间宿舍被盗，丢失手机十余部、电脑9台。经查系校外人员凌晨趁学生熟睡时从一楼栏杆爬上三楼阳台，从阳台窗户伸手去将阳台门打开后入室盗窃。

←←←←←

(三)内外勾结盗窃

即学校内部人员与校外社会人员相互勾结，在学校内实施的盗窃行为。这类案件的内部主体社会交往关系比较复杂，与外部人员都有一定的利害关系，往往结成团伙，形成盗、运、销一条龙。

→→→→→

【案例】

某高校学生聂某在学校附近网吧上网时结识了周边无业青年蔡某，并很快成为了好朋友。一天蔡某问聂某有没有什么来钱的方法，聂某说自己学校自行车好偷，并答应自己在本系同学中低价销售自行车，蔡某非常高兴，于是很快达成一致。蔡某用同样的方法在不远的另一学校也找到了郭某，三人臭味相投立刻行动，三天工夫聂某到手8辆自行车交给蔡某，蔡某又交给聂某由郭某转移过来的5辆自行车销售。几天时间内两个学校被闹得人心惶惶，造成被害同学生活不便，心情极为烦躁。后经校保卫科、辖区公安机关联手破获这起恶性案件，并追回被偷自行车。

←←←←←

二、大学校园盗窃案件的主要特征

一般盗窃案件都有以下共同点：实施盗窃前有预谋准备的窥测过程；盗窃现场通常遗留痕迹、指纹、脚印、物证等；盗窃手段和方法常带有习惯性；有被盗窃的赃款、赃物可查。由于客观场所和作案主体的特殊性，高校盗窃案件还有以下特点：

(一)时间上的选择性

作案人为了减少违法犯罪风险，在作案时间上往往进行了充分的考虑，因而其作案时间大多在作案地点无人的空隙实施盗窃。

1. 上课时间。学生以学习为主，每天都有紧凑的课程安排，没有上课的学生大部分也在图书馆学习或进行课余活动。因此在上课期间，特别是上午一、二节课，学生宿舍里一般无人，盗窃分子一般都深知此规律，并抓紧这一时间作案，因此这一期间是外盗作案的高峰期。

2. 课间时间。课间休息仅10分钟,学生在下课后一般都会走出教室轻松,很少有同学回寝室,作案分子特别是内盗作案人员会利用此时机,在盗窃得手后继续回教室上课,给人以没有作案时间的假象。

3. 夜间熟睡后。经过一天的学习、活动,大家都比较疲惫,而且学校一般都有规定的熄灯时间,所以上床后很快入睡。盗窃分子趁夜深人静,室内人员熟睡之际行窃,特别是学生睡觉时不关寝室门窗,这更是给小偷创造了有利条件。

4. 新生入校时。新生刚入校时,由于彼此之间还不太熟悉,加之防范意识较差,偶尔有陌生人到寝室来也会以为是其同学的老乡或熟人,不加盘问,这给作案分子有可乘之机。

5. 其他还有军训、学校举办大型活动等期间,学生宿舍活动人员少,易被盗;校园发生和处置突发事件时,往往人们注意力集中到某一点上而无暇顾及其他,盗窃分子往往是乘虚而入,混水摸"鱼"。

(二)目标上的准确性

高校盗窃案件特别是内盗案件中,作案人的盗窃目标比较准确。由于大家每天都生活、学习在同一个空间,加上同学间互不存在戒备心理,东西随便放置,贵重物品放在柜子里也不上锁,使得作案分子盗窃时极易得手。

(三)技术上的智能性

在高校盗窃案件中,作案主体具有特殊性,高智商的人多,有的本身就是大学生。在实施盗窃过程中对技术运用的程度较高,自制作案工具效果独特先进,其盗窃技能明显高于一般盗窃作案人员。

(四)作案上的连续性

"首战告捷"以后,作案分子往往产生侥幸心理,加之报案的滞后和破案的延迟,作案分子极易屡屡作案而形成一定的连续性。

(五)手段上的多样性

盗窃分子往往针对不同环境和地点,选择对自己较为有利的作案手段,以获得更大的利益。

顺手牵羊——是指作案分子趁人不备将放在桌椅上、床铺上等处的钱物信手拈来而占为己有。

乘虚而入——是指作案分子趁主人不在、房门抽屉未锁之机行窃。较之"顺手牵羊",其手段更为毒辣,行窃胃口更大,往往造成的损失更惨重。

窗外钓鱼——是指作案分子用竹竿、铁丝等工具,在窗外或阳台处将室内衣物、皮包钩出,有的甚至利用钩到的钥匙开门入室进行盗窃。

翻窗入室——是指作案分子利用房屋水管等设施条件翻越窗户入室行窃。作案人窃得钱物后往往是堂而皇之地从大门离去。

撬门扭锁——是指作案分子利用专用工具将门上的锁具撬开或强行扭开入室行窃，入室后作案人又用同样的方法撬开抽屉、箱柜等。这是外盗分子惯用的主要手段，他们下手毒辣，毫不留情，只要是值钱的东西都不放过。

盗取密码——是指作案人有意获取他人存折与信用卡密码并伺机到银行盗取现金。这类手法常见于内盗案件，并且以关系相好的同室或"朋友"作案较多。如某高校学生李某报案称她在建设银行的存款 3800 元被人分四次盗取了 3700 元，经过调查认定作案嫌疑人为桂某。桂某与李某同住一寝室，平时关系不错，在一次结伴到银行取钱的过程中，有心的桂某记住了李某的银行卡密码，于是伺机作案并得手。

行窃方式

顺手牵羊	乘虚而入
窗外钓鱼	翻窗入室
撬门扭锁	盗取密码

非法行窃方式

三、大学盗窃案件的防范措施

(一)居安思危，提高自我防范意识

一般防盗的基本方法是人防、物防和技防。其中"人防"是预防和制止盗窃犯罪唯一可靠有效的方法。对大学生而言，提高防范意识，做好防盗工作，这不仅是个人的事，也是全校师生共同关心的大事。只有人人参与其中，群防群治，才能真正有效控制和防范盗窃案的发生。事实上发生在大学生周围的盗窃案件大部分是由于大学生自身的防范意识淡薄而引起的，不注意对自身财物的保管，将给盗窃作案分子以可乘之机。在日常生活中，大学生应从以下几个环节上加强安全意识培养，提高防盗能力。一是对于大额现金不要随意放在身边，应就近存入银行，同时办理加密业务，将存折和印鉴、密码、身份证分开存放，最好不将自己的生日、手机或家庭电话号码、学号作为自己的存折或信用卡的密码，防止被他人发现盗取。二是对贵重物品如手机、电脑、照相机等，不用时最好锁起来，以防顺手牵羊者盗走。三是不要怕麻烦，随手关窗锁门。四是相互关照，勤查勤问，对陌生人要多留一个心眼。五是积极参与安全值班，共同维护集体利益。

(二)遵守纪律，落实学校安全规定

为营造一个安全学习环境，学校有关部门制定了相关的管理制度来规范大家的日常行为，但有些同学常常为了自己个人的一时之便，置学校的纪律于不顾，违反规定，结果给自己和大家造成财物损失。同学们应注意以下两点：一是不随意留宿他人。大学生因在宿舍违规留宿造成被盗的例子很多，应该从中吸取教训。日常生活中，同学、老乡、朋友来访本是很正常的，但有些同学对来访的人并不十分了解，又碍于情面，宁可违反学校的有关规定，也不做对不起朋友、老乡的事，江湖义气实不可取。来客一时无法离校，学校和周边都有招待所可以接待，万一客人要在宿舍留宿，也应向有关部门报告，并办理相关登记手续，这应该是大学生很正常、有礼貌的行为。二是爱护公共财物，保护门窗和室内设施完好无损。有些同学在平时忘带门钥匙后为图省事，毁锁开门，还有部分学生将衣柜、书桌损坏。这些公物损坏后又不报修，使寝室的门、柜形同虚设，起不到任何保护财物的作用。

(三)提高修养,养成良好生活习惯

有关调查研究表明,盗窃作案分子盗窃欲望的产生在许多情况下一般是受到了盗窃目标的诱惑与刺激,加上我们日常生活中的不良习惯给盗窃作案分子提供了机会。如大额现金有意无意在别人面前显现,价值贵重的单反相机、平板电脑(笔记本电脑)任意摆放在室内等,这都是盗窃案件易于产生的原因,所以加强自身财物保管是减少被盗的有效途径。同学们应注意以下两点:一是注意团结,与人友好相处,形成互相帮助的风气。二是谨慎交友,克服讲哥们义气,少交酒肉朋友,防止引狼入室,甚至同流合污,成为盗贼的帮凶。因此大学生在交友过程中要特别慎重,擦亮眼睛,以免留下终生悔恨。

四、遇到盗窃时如何对付

在宿舍时,要保持基本的警惕性,对于不明身份的人员要加以盘问和观察,锁好门,尽量不让可疑人员进入室内。要发挥同学们的集体力量,宿舍内如果出现盗贼,应当向其他同学求救,共同应付。如果撞见盗贼正在作案,要勇于斗争,因为作案分子往往做贼心虚,不敢做出过激行为。这时当事者应尽快拿到身边的自卫工具,如棍子、凳子等,同时大声呼喊警告,形成威慑并取得其他同学的帮助。如果盗贼是集体作案,或者援兵未到,要尽量和盗贼保持一定的距离,以防其狗急跳墙、行凶伤人。

如果抓住了盗贼,要将其控制住,不可以殴打辱骂,做出过激行为,如果失手将其打伤或者打死,是要负法律责任的。要及时报告学校保安部门或者公安机关,必要时将其送至保卫处或者公安机关。如果未能抓住盗贼或者让其逃脱,应当记住他们的体貌特征,如身高、胖瘦、性别、年龄、衣着、口音等,以便报告公安保卫部门,协助他们破案。

五、案件发生后的应对方法

很多学生发现自己的宿舍被盗时,往往会翻箱倒柜

看看有什么东西被盗,一些学生因为好奇或者处于关心同学的心理,赶来围观询问。结果,等到公关部门赶到现场时,部分的现场状态已经被扰乱,和盗窃有关的痕迹、物证都被破坏,导致公安人员很难做出正确的判断,从而影响了破案进程。所以大学生要学会正确处理盗窃事件的方法。

(一)保护现场,及时报案

一旦发生被盗案件以后,不要惊慌失措,应迅速组织在场人员保护好现场,并及时向学校保卫部门报告,不得先翻动、查看自己掉了什么东西,否则容易破坏现场有关的痕迹物证,不利于调查取证。

(二)发现可疑,及时控制

如果自己发现可疑人员,一定要沉着冷静,应主动上前询问,一旦发现其回答有疑问,

要设法将其稳住，必要时组织学生围堵，及时向有关部门报告，防范盗贼狗急跳墙，伤及学生。在当场无法抓获盗贼的情况下，应记住盗贼的特征，包括年龄、性别、身高、胖瘦、相貌、衣着、口音、动作习惯、佩戴首饰等，以便向公安保卫部门提供破案线索。

(三)及时报失，配合调查

如发现银行卡、存折被盗，应当尽快到银行挂失。知情人员应当积极配合公安保卫部门的调查取证工作，有的人对身边发案采取事不关己、高高挂起、不愿多讲的态度；有的人在调查人员询问时不敢提供有关情况，怕别人打击报复，怕影响同学的关系等等，这些都是错误的，给侦查破案工作带来许多困难，往往也贻误了破案的最好时机，使犯罪分子逍遥法外、继续害人。

第二节　应对抢劫、敲诈勒索

一、抢劫

抢劫，是指以非法占有为目的，以暴力胁迫或者其他方法施行将公私财物据为己有的一种犯罪行为。抢夺，则是指以非法占有为目的、乘人不备公然夺取他人的财物的一种犯罪行为。这两类犯罪行为都会侵害他人的人身权利，且容易转化为凶杀、伤害、强奸等恶性案件，比盗窃犯罪更具有社会危害性。地处城郊结合部的学校附近遭抢劫的可能性会更大些。

校园内发生的抢劫案件在时间上多发生在夜晚，地点大多是僻静处。尤其是正在恋爱的同学，不要在光线不好的僻静处行走和逗留，即使是光线好的地方，如路面已无人，也不要逗留。如果必经偏僻路段，要三人以上结伴同行。

→→→→→

【案例】

某高校的一对恋人，吃完晚饭在学校的林荫小道漫步，不知不觉地天色已黑，两人又在远离人群的路边坐下聊天，突然窜出三个歹徒，强行将二人的书包、现金、手机等物品抢走。

←←←←←

他们被抢的原因一是没有防范意识，以为学校校内就是安全的地方。二是远离人群，被抢后连报案的人都没有，更不用说是救援的人了。三是逗留在无人的地方，给歹徒作案的机会。

→→→→→

【案例】

2003 年 4 月，学生陈某在回寝室的路上突然被一迎面过来的民工打扮的男子拦住，让其将钱拿出来。陈某意识到遇到了抢劫，立即将书包给了该男子，同时记下了该男子的体貌特征。之后陈某大声呼喊救命，该男子见已得手，便慌忙逃跑。陈某立即拿出手机报警，并观察作案人逃跑的方向，结果实施抢劫的犯罪嫌疑人张某在逃跑的途中被迅速赶来的保卫人员抓获。

←←←←←

陈某被抢，结果他只是受了一点惊吓，而没有受到任何损失和伤害。事发现场是一僻静的地方，他应该和其他同学结伴而行。但他的处置方法是得当的：马上将少量的钱物交出，避免人身受到伤害，及时报警及提供线索，也使公安保卫人员能够快速抓获犯罪嫌疑人。

→→→→→

【案例】

某校一男一女两名大学生正在一僻静的树林中漫步，忽然，一群小混混围上来要强行搜身。当时，女生吓得直发抖，男生则镇静自若，取出香烟、打火机和身边的数百元钱，假说自己也是同道上混的，愿意和他们交个朋友。小混混一见他那么“爽快”，也没有过多地为难他们，拿了钱便扬长而去了。等他们走了一段间隔以后，男生急忙叫女生去报案，自己却静静跟在小混混后面。不久，有说有笑正在分享“战果”的小混混便全部被警察抓获了。

←←←←←

这位男生临危不惧、处事不慌、随机应变、巧转话题、化险为夷，既保护了自己又捉拿了罪犯。可见，万一遭遇抢劫、抢夺时，大学生应当保持精神上的镇静，根据所处的环境，对比双方的气力，针对不同的情况采取不同的对策。

(一)大学生遭遇抢劫的应对措施

大学生若遭遇抢劫，应针对不同的情况采取不同的对策。

1. 在遭遇持械抢劫时，同学们尽量不要抵抗，避免人身受到伤害。

2. 不要过于惊慌，但要装作很害怕的样子快速将少量的钱物交出，尽量减少损失。

3. 一定要尽量看清作案分子的体貌特征和逃跑方向。

4. 在案发现场附近寻找电话，以最快的速度报警，以便为公安机关破案提供时间和线索。

5. 不论在什么情况下，只要有可能，就要大声呼救或故意与作案人高声说话。

（二）预防抢劫的注意事项

1. 外出时不要携带过多的现金和珍贵物品，特别是必须经过抢劫、抢夺易发生地段，假如因购物需要必须携带大量现金或较多的珍贵物品时，应邀请同学随行。

2. 现金或珍贵物品最好贴身携带，不要置于手提包或挎包内。

3. 不暴露或向人炫耀珍贵物品，应将现金、珍贵物品藏于隐蔽处。

4. 尽量不要在午休、夜深人静时单独外出，特别是女同学；不要在僻静、阴暗处行走、逗留。如必须通过僻静阴暗处时，最好要结伴而行，或者携带一些防卫工具。

5. 发现有人尾随或窥视，不要紧张，不要露出胆怯神态，可以大胆回头多盯对方几眼，或哼首歌曲，或大叫同学、教师的名字，并改变原定路线，立即走向有人、有灯光的地方。

6. 不要单独滞留或行走在偏僻、阴暗处。女生独自外出或回校时，穿着不要过于时髦、暴露。

二、敲诈勒索

敲诈勒索指以非法占有为目的，对公私财物的所有人、保管人使用威胁或者要挟的方法，强行索取财物，且数额较大的行为。

（一）大学校园敲诈勒索的主要类型

1. 学生敲诈勒索学生。

（1）同校学生敲诈勒索；

（2）外校学生敲诈勒索。

2. 校外人员敲诈勒索学生。

（二）应对敲诈勒索的方法

1. 反抗法

当对方与你相当或不及你时，可猛的用手脚反击，制服对方；当对方有一薄弱处时，你可出其不意揪住不放以控制对方；当你发现地上有反击物（如石块、木棒）时，可佯装蹲下系鞋带捡起来震慑对方，欺软怕硬是歹徒的共同特点。

2. 感召法

通过讲道理，晓以利害，启发对方；或义正词严地怒斥对方，使其自我崩溃，自动放弃违法行为。因为打劫者中也有初犯、偶犯者，其心理较为脆弱。

3. 周旋法

佯装服从，稳住对方，分散对方注意力，松懈对方警惕性，拖延时间，寻机报警。

4. 号叫法

突然倒在地上打滚，喊叫号哭，引来旁人围观，令歹徒惊慌失措，你可趁机报警。或者突然大吼"救命啊……"引来旁人关注，令对方惊恐不安，趁机脱身。

5. 认亲法

当不远处有大人时，你可佯装惊喜万分，跑过去高呼"表哥"或"二叔"，把歹徒吓走。

6. 抛物法

把书包或身上值钱的物品向远处抛去，并生气地说："给你！给你！全部给你！"当歹徒忙于捡钱、物时，快速脱身报警。

总之，遇到歹徒敲诈勒索，不能急躁，不能硬拼，也不能一味顺从。硬拼的结果会导致无谓牺牲，一味忍让顺从将会招致无穷后患。要牢记，遭遇打劫一定要告诉学校老师和家长，一定要报警。

第三节 预防诈骗

诈骗罪是指以非法占有为目的，用虚构事实或者隐瞒真相的方法，骗取数额较大的公私财物的行为。当今社会诈骗罪主要以电信诈骗的形式发生。

现今诈骗活动较为猖獗。诈骗分子利用大学生社会经验不足、同情心强等弱点，将黑爪伸入高校，大学生上当受骗的案例时有发生。由于诈骗案件取证难、侦破率不高，所以对付诈骗主要靠同学们主动了解一些诈骗手段，掌握防范诈骗的一些方法，提高防诈骗意识。

电信诈骗是指通过电话、网络和短信方式，编造虚假信息，设置骗局，对受害人实施远程、非接触式诈骗，诱使受害人打款或转账的犯罪行为。那么电信诈骗常见的类型有哪些？下面让我们一起来看看吧。

一、常见诈骗类型

根据某市公安局刑侦支队对 2019 年 1 至 10 月的接处警系统中电信、网络、盗储诈骗数据进行分析，排名前五位的诈骗类型分别是：网上贷款类、冒充客服类、网上购物类、兼职刷信誉类、交友投资或赌博类等。而且，近几年的诈骗犯罪类型也都多数集中在这五个类型。

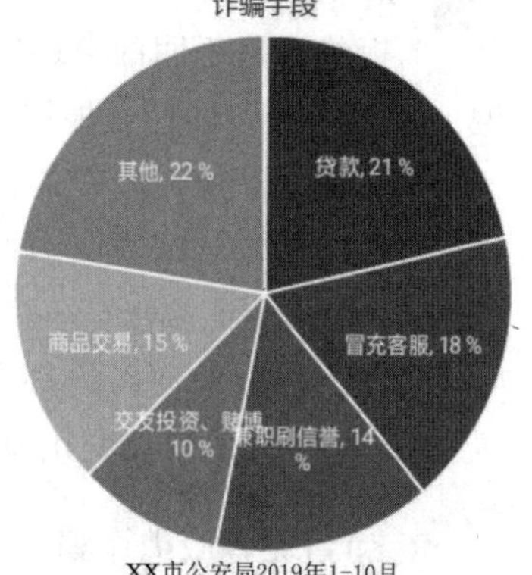

诈骗手段

(一)网上贷款类诈骗

诈骗分子通过各种渠道发布虚假的网上贷款信息，后以需提前支付利息、保证金、证明还贷能力为由要求事主汇款实施诈骗。

→→→→→

【案例】

2020 年 3 月 5 日，家住新化县上梅街道的居民刘某接到自称是某金融公司客服人员的电话，称可以提供贷款服务，一万元一个月的利息只需要 60 元。刘某因资金周转困难，碰到这样的"好事"立刻心动了，按照对方提示下载了一个"诺亚金融"的 APP，注册好账号，上传身份信息后，申请了一万元的贷款，在 APP 里面显示贷款成功。但是 3 分钟后，"客服"称其提交的银行卡账号识别错误，贷款的一万元不能到账，需要先交一万元定金，并强调等放款后定金是可以返还的。刘某由于急于用钱，相信了对方的话。随后，"客服"又先后以需要缴纳保证金、征信有问题等为由让刘某向指定账户转账，刘某共计被骗走 97000 元，可是，他申请的"一万元贷款"始终到不了账。当刘某意识到自己被骗后报案，公安机关立即启动快速止付机制，但骗子早已将赃款转移。

←←←←←

案例分析

1.主动勾联：当事人自行上网时浏览的贷款广告。被动勾联：诈骗分子以电话、短信方式进行勾连，后添加当事人的 QQ、微信。

2.博取信任：发送网址链接、二维码诱导当事人下载伪造的贷款 APP（如：蚂蚁借贷、平安普汇等）。

3.诱导说辞：以各种名目收取费用（如：手续费）、卡号输错、信用分不够、预存验资）。

4.收网：当事人直接转账，或者让当事人将钱先存入银行卡，后将验证码报给诈骗分子。

提醒建议

1.拒绝来路不明的 APP，如需贷款，请通过正规途径下载贷款 APP，切勿通过扫码、网址下载安装。即使是根据投放广告进入的，也应先做好相关调查再填写个人信息贷款。

2.任何放款前先收费的都是诈骗，正规贷款不会在放款前先收款。

3.任何要求转账验资的都是诈骗，贷款评估的是资产以及信用记录，不需要转钱进任何账户验资、验证流水。

4.任何索取验证码的都是诈骗，短信验证码是个人的授权凭证，将验证码交付予别人，就是将账户的安全交由别人控制。

（二）冒充客服类诈骗

诈骗分子冒充网购、银行等平台客服，以退款、理赔、解除账户异常为由实施诈骗。

→→→→→

【案例一】

称订单缺货,要退款

某日下午,林先生接到一个自称是淘宝客服人员的电话,称林先生昨天购买的钱包他们因暂时缺货要退款给林先生,对方的语气非常诚恳,林先生并未怀疑对方,随后对方让林先生把银行卡卡号给他,他们直接把钱退到林先生卡上,于是林先生把其一张信用卡的卡号报给了对方,接着其手机就收到了几条验证码,对方说把收到的验证码告诉对方就能办好退款了,于是林先生把收到的4个验证码全部告诉了对方,接着其卡内的9998元通过网上银行被转走,林先生再次回拨电话时,已无法联系。

【案例二】

称订单异常,要退款

某日,某大学学生小苑在咖啡店时接到一个自称是淘宝店家的电话,说小苑刚购买的商品付款出现异常了,要把货款退还给小苑,并发了一条短信链接给小苑,让小苑按照里面的提示操作,小苑点击进去后,输入了自己的身份证号,银行卡和密码以及银行短信验证码,操作完后,小苑的手机收到了一条银行扣款11489元的短信,才发现自己被骗了。

←←←←←

案例分析

1.主动勾联:当事人自行上网搜得的假电话。被动勾联:诈骗分子以电话、短信方式进行勾连,后添加当事人的QQ、微信。

2.冒充身份:购物网站客服、金融平台客服、快递客服等。

3.诱导说辞:退款赔偿、取消错误设置、取消扣款业务、清除不良征信。

4.收网:当事人直接转账,或者当事人将验证码报给诈骗分子。

提醒建议

1.任何索要验证码的电话和链接都不要轻易相信,更不能轻易透露个人隐私信息。

2.如需退款,要仔细和原购买的卖家进行核实,并认清网站域名。

3.网上搜索认准认证标签,如果没有认证标签,则需到官网进一步核实,同时将搜索到的"客服电话"再次输入一遍核实。

(三)网上购物类诈骗

诈骗分子通过在网上发布虚假的交易信息,诱使当事人以没有保障的交易方式,支付货款后不发货的方式实施诈骗。

→→→→→

【案例】

某大学生小林通过抖音APP购买了面膜产品。不久就有自称客服人员来电说:“面膜产品存在质量问题,可以为她退款理赔120元。”小林按照对方要求操作,用支付宝搜索备用金,并将备用金里的500元全部提取出来。小林万万没想到,所谓的客服人员退款理赔,其实就是诈骗分子设计的圈套。被害人把支付宝里面500元备用金全部取出来,客服说你要把多取的钱返还回来。被害人在客服引导下,下载了借贷平台软件,并在嫌疑人指引下,先后通过借贷平台向嫌疑人的账户转账11500元。转账之后,被害人才意识到被骗了,实际上这11500元是以她的名义向平台借的钱,然后转给嫌疑人。

←←←←←

案例分析

1.主动勾联:当事人作为买家在交易平台、朋友圈看到低价商品,主动联系。被动勾联:诈骗分子伪装成买家高价收购商品。

2.拖入陷阱:引导当事人直接以没有保障的方式支付、下载伪造的交易平台APP、点击伪造网页支付。

3.诈骗升级:等当事人被诈骗第一笔钱时,利用当事人挽回损失的心理,进一步以“解套”等理由实施诈骗。

提醒建议

1.网上购物须在正规平台交易商品,并通过担保支付完成交易。即使已是好友并有联系人之间的交易,尽量在有保障的情况下进行支付。

2.在钱款已经付出去的情况下,及时止损!不要听信骗子任何关于“返还”的说法,这个时候骗子的诈骗才真正开始。

3.拒绝来路不明的APP。下载安装网上交易APP,应先调查好APP的信誉,以免出现“吞钱”“吞账号”的情况。

(四)兼职刷信誉类诈骗

诈骗分子发布虚假的兼职信息,以刷单返还本金和佣金为诱,逐渐加大任务量骗取当事人投入钱款。

→→→→→

【案例】

2020年2月15日,小静上网通过某知名招工网站浏览时看到了一则兼职刷信誉的广告,于是在上面留下了自己的联系方式,16日下午小静就收到了一个短信通知说小静通过了面试,并让小静加了一个客服QQ,于是小静开始工作了,用自己的支付宝账号向对方支付了第一笔125元,后对方即刻将小静付款的125元加上佣金返还给了她,小静开始放松了警惕,于是小静又先后在对方指定的付款订单上付款了十笔1250元,之后小静一直询问对方为什么这十笔没有返还本金和佣金,对方表示让小静再刷八笔1250元后就会全部返还,殊不知小静再刷完这最后六笔后,要问对方返还佣金及本金时,却发现已被对方拉黑,怎么也无法联系了。小静前后共计被骗22625元。

←←←←←

案例分析

1.诱导当事人扫码付款后返还小额佣金,反复操作降低当事人的戒备,然后实施大额诈骗。再以“未足额完成”等理由,进一步骗走当事人的钱财。

2.通过虚假支付平台(如小海代付)获取支付宝账户信息、验证码,从而直接套取钱财。

3.通过虚假APP(如礼品策),声称购买商品后返利,最后无法提现,是兼职刷信誉与非法集资的结合体。

4.虽然是在正规购物平台上下单付款,但是下单付款的物品为无法退款的物品。

提醒建议

1.兼职刷信誉扰乱市场秩序,是违法行为,无论任何兼职刷信誉行为都不应参与。

2.拒绝来路不明的APP,任何直接通过网址、二维码扫描安装的手机APP都有可能是诈骗分子套取个人信息的工具。

3.任何要求转账到私人账户的都是诈骗,只要转账到私人账户,就是肉包子打狗,有去无回!

4.免付款也是诈骗,越是诱人的条件,就越存在陷阱。

(五)交友投资或赌博类诈骗(“杀猪盘”诈骗)

诈骗分子通过婚恋交友、理财指导等方式勾联当事人,后以内幕消息、系统漏洞为诱,吸引当事人到虚假的投资理财平台、赌博平台上投资,通过后台控制实施诈骗。

→→→→→

【案例】

某日，家住厦门市的杨某，女，本科学历，报警被诈骗 14.8 万：其通过百合网认识对方，后添为微信好友聊天，一段时间沟通后产生好感，后对方主动提及自己得知一个博彩平台漏洞可以带事主赚钱，杨某小资金尝试几次均盈利并提现成功遂放松警惕，后多次充值累积 14.8 万余元，之后在平台赌博，全部输光，事主察觉被骗遂报警。

←←←←←

案例分析

1.勾联：通过常用社交平台（如微信群、QQ、抖音）恋爱交友网站（如陌陌、探探）征婚网站（如世纪佳缘、珍爱网等）添加好友。

2.进入平台：让当事人直接扫二维码、下载 APP、点击网页进入。诈骗分子让当事人“替”其打理账号的名义诱使当事人进入平台。

3.平台类型一般为：博彩网站（如 XX 国际、XX 彩）投资平台 APP（如 XX 金融、XX 理财、XX 宝，一般套用一些大型企业的关键词来迷惑受害人）。

4.诱导说辞声称知悉系统漏洞、内幕消息等，先诱使当事人完成交易提现，获取当事人的信任，之后让当事人自行操作。

5.收网：引导当事人大额投入，等当事人投入之后，再通过操纵后台数据，使当事人输掉所有的本金，或者让当事人无法提现，并以需要解套为由进一步对当事人实施诈骗。

提醒建议

1.赌博是违法行为。任何博彩活动以及具有赌博玩法的投资理财平台都是非法性质，参与即违法。

2.所谓“内幕消息”都是诈骗的诱饵。任何主动介绍、声称有“系统漏洞”“内幕消息”的投资信息都是诈骗。

3.任何要求转账到私人账户的都是诈骗。只要转账到私人账户，就是肉包子打狗，有去无回！

4.网上婚恋陷阱多。诈骗侵害的是人与人之间的信任，而爱情里最不缺的就是被冲昏的头脑。

二、其他诈骗类型

(一)利用求助进行诈骗

→→→→→

【案例】

厦门某民办高校刘某外出回校时在大门口遇到一男子说其是来自香港,因手机和钱包等被偷,现在急需与家人联系,他向刘某借用手机打电话,后又向刘某谎称家人要向其汇款,但其银行卡、身份证等都被偷了,想借刘某银行卡接收汇款完后立即归还。刘某即将银行卡借与他使用并告知密码。该人谎称自己马上去提款就拿着刘某的银行卡去银行提款,刘某则在校门口等。时间过去许久仍不见返回,刘某感觉不对劲,此时手机提示银行卡内的钱已被取出,他这才发现上当受骗。

【案例】

四川某高校王某报案称:在校门附近遇到一个年龄在20岁左右的小伙子,他主动与小王搭话,相谈甚欢,自称是四川大学某专业的学生,因为来宜宾找同学玩,手机话费打完了。该男子得到小王的同情后,便向小王借手机假意给宜宾的同学打电话,并让小王接听,对方证实了该情况,得到小王信任后,以需要接收考试资料邮件为由,向小王借手提电脑,说就在校门口收邮件。拿到手提电脑后,该男子给了小王10元钱,让他买两瓶饮料一起喝。小王到不远的学校超市买饮料,回来该男子早已不知去向,小王方知受骗。

←←←←←

对陌生人的搭讪,要保持警惕。若对方提出借钱或借用手机的要求,应予以回绝,注意保护好自己的银行卡账号和密码,如无法判断情况或已经被骗,可向学校保卫处和警方咨询、求助。

(二)谎报学生发生意外进行诈骗

→→→→→

【案例】

福建某高校学生张某到保卫处报案,一男子给其母亲打电话,自称是张某的同学,并称张某在校外被车撞伤入院治疗，现急需3500元，他给张某的母亲一个账号，让其母亲往这个账号汇款。张母听后非常着急，又因其提供的关于张某的自然情况和地址完全一致，张母确信不疑，便往那人提供的账号上汇了3500元。半天后，张母往张某的寝室打电话询问张某的病情并准备到学校看望张某时才知被骗。

犯罪嫌疑人缘何对张某及其家里的情况了如指掌，通过对张某的询问得知。张某在2007年返校的火车上曾遇到一男子，两人谈得很投机，便如实说了自己的情况，并给那人留下家里和学校的联系方式，以备以后联系。张某放松了自己的警惕，向完全不熟悉的人告知了自己的基本资料，不料被作案分子所利用，使自己和家里受到损失。

(三)虚假短信诈骗

【案例】

福建某高校陈某到学校保卫处报案称：前几天收到一条手机短信，内容是陈某的手机号在某公司举行的SIM卡抽奖活动中获得了一等奖，有丰厚的奖品让他通过所留下的咨询电话(手机)与该公司联系领取奖品的事宜。在陈某与对方联系时，对方告诉他中的是一台电脑，公司将按所提供的地址给陈某邮寄过去，但要先将邮寄费、个人所得税等费用共计1000元汇到公司的账号上，收到汇款后即邮寄电脑。陈某信以为真，便往对方提供的账号上汇了1000元。过了两天，当陈某打电话询问是否收到汇款时，对方告诉陈某，由于公司职工弄错了，他中的是特等奖，奖品是一辆价值30余万元的汽车，让他补交邮寄费、个人所得税等几项费用26000元，款到发货，陈某才觉得可能上当被骗，遂决定报案。

目前手机在大学生中的使用相当普遍，短信业务也成了手机业务的重要组成部分。一些不法之徒经常大量地发送代办文凭、证照及中奖之类的诈骗短信息，有些社会经验不足的同学便轻易相信，一步一步地走到犯罪分子事先设置好的陷阱中。俗语说“天上不会掉馅饼”，商品经济社会也不会有那样的好事发生，同学们在遇到类似情况时，千万不要相信，也不要去理会这类短信息。

(四)利用推销进行诈骗

通常诈骗分子会混进学生寝室,以搞宣传、做广告、促销新产品甚至勤工助学的名义,直接上门向同学推销文具用品或化妆品,其大多为假冒伪劣产品,价高质低,还有的承诺如果买了他们的产品,公司可以为其免费美容、免费培训等,骗学生购买其产品。

有人上门进行推销的话,要保持清醒,先核实其身份,要求其出示证件,同时向校保卫处报告,切勿相信对方许下的各种优惠承诺,更不要轻易购买其推销的产品,以免花冤枉钱。

(五)变形“丢地捡”诈骗

主要发生在出租车内,特别是陌生人主动邀请拼车时。有人假装在车内丢掉钱包,声称内有巨款,强烈要求搜身。若你身带现金,便用调包手段弄走;若有银行卡,便以查账名义威逼你说出密码,随后迅速下车取走卡内现金。

外出最好能结伴而行,身边不要携带太多现金,若乘坐出租车,经济允许的话,尽量不要选择拼车,并要随时记住车牌号和车上人员的体貌特征,以防发生意外时,可以向警方提供线索。

(六)网络诈骗

犯罪分子利用网络游戏和即时通讯等平台,发布诸如网络游戏账号、QQ、淘宝旺旺用户等中奖提示信息。当用户拨打指定“客服中心”电话联系领奖事宜时,犯罪分子往往以缴税为借口骗取汇款。

→→→→→

【案例】

女大学生网恋被骗9万

对方自称集团副总,精心编造环环相扣的谎言,骗取涉世未深的女大学生9万元。2007年3月5日,在厦门王庄新村某单元房内,今年才21岁、涉嫌网络诈骗的林某被警方网监部门抓获。经突击审问,林某供认自去年6月开始,通过网络认识网友——成都某大学在校学生小莉(化名)。经网络交流双方产生好感,之后,林某吹嘘自己3年前跟3个哥哥一起创业，现在是福建盛华科技集团行政部副总经理，家族企业庞大，生意遍及美国和中国台湾、香港等地。为了赢得小莉信任，林某还说自己可能会到成都分公司巡查，并在该地招聘人员。随着谎言力度的加大，小莉渐渐对他敞开了心胸。随后，双方开始网恋。见时机成熟，林某开始行动，“被人绑架”“外出缺钱”……一个个借口层出不穷，每次都索要数千元，先后骗走了小莉 9 万多元。

案发后，根据受害人提供的线索，警方网监部门迅速抓获林某。目前，林某已被刑拘，案件在进一步审理中。警方提醒，一些不法分子会通过互联网上聊天赢得网友的信任进而骗取钱财。骗子通常都具有一定的表演能力，能言善辩，在实施骗术中，环环相扣的谎言有相当大的“迷惑性”，常常让受骗者在事后才恍然大悟。在校学生不可轻信网友，应注意加强自我保护意识，切忌将个人的私密信息随意向他人透露。

1. 请勿轻易相信网络游戏和即时通讯等平台里的中奖提示信息。

2. 犯罪分子利用受害人占便宜的心理往往以多种借口骗取受害人多次汇款，若被骗，应立即停止汇款并向当地公安机关报案。

（七）ATM 机虚假告示诈骗

犯罪分子预先堵塞 ATM 机出卡口，并在 ATM 机上粘贴虚假服务热线告示，诱导银行卡用户在银行卡被吞后，与其联系进行诈骗。一旦用户与犯罪分子联系，犯罪分子即设计套取用户银行卡密码，待银行卡用户离开后即到该 ATM 机处，取出堵塞出卡口的异物及银行卡，从而盗取用户卡内的现金。

如有同学遇到银行卡被 ATM 机吞卡的情况后，不要离开柜员机，不要轻易与陌生电话联系，更不能透露自己的银行卡信息，应该及时与该银行固定客服电话联系，寻求帮助。

（八）使用“呼通即停”手段进行诈骗

部分用户手机收到只响铃一声即挂断的陌生电话，当用户回拨电话时，经常会听到以电脑模拟语音提示的如“电话中奖”“六合彩透码”“退税”“退费”等诈骗信息，若按提示操作，往往被套取个人账户资料而造成损失。

请同学们不要轻信不明来历的各种电话语音提示，不要轻易透露个人账户资料，并及时拨打保卫处电话报案。

以下是警方公布的7种高发的诈骗形式，请同学们特别留心。

1. 退税退费型

“尊敬的客户，国家金融财政中心有政策要退还汽车购置税”或“国家税务总局准备给你的轿车退税，请速与我们联系，号码×××××××××××”。

分析：在此类骗术中，诈骗分子可能掌握了车主的手机号、姓名、车型等信息，然后冒充税务局工作人员，给一些购车用户打电话、发短信，称可退购车税，然后以便民为由要对方到ATM自动取款机上，在其诱导下进行转账操作。

2. 假绑架真诈财型、假交通事故真诈财型

“你的孩子被绑架了，请在某银行卡内存入××万元，否则……”

“你的家人(或朋友、同学)因交通事故住进医院，情况紧急现正在抢救，请转×万元手术费、住院费到××账户。”

分析：“假绑架、假交通事故真诈财型”的起因是，您家人的手机可能被盗，通信信息泄露；或者犯罪分子掌握了您的家庭成员信息，反复电话骚扰直至他(她)关机，并利用关机期间，以医生或警察名义向您家里打电话，谎称这名家庭成员因生病或车祸住院抢救，甚至谎称他(她)遭到绑架，骗您汇钱到指定账户。

3. 骗取话费型

“您的朋友13×××××××××为您点播了一首××歌曲，以此表达他的思念和祝福，请您拨打9××××收听。”

分析：一旦回电话听歌，可能造成高额话费或被视为订制某项付费短信服务。

4. 银行卡消费型

“银联卡务部通知：您×月×日在×××消费××元，将在您的账户上扣除，已经确认。如有疑问，咨询电话×××××××。”

分析：此类骗术是利用人们的恐慌心理设计迷局，逐步引入“转账陷阱”。如用户回电，犯罪分子便谎称该银行卡可能被复制盗用，要求用户到ATM机上进行所谓的更改数据信息的操作，实际上是让受害人进行转账业务，将受害者卡内大部分现金转到犯罪分子指定的账户。

5. 六合彩透码型

屡次听到铃声，一接电话又挂。按照号码回拨，对方的录音提示：“欢迎致电香港六合彩……香港中心为广大彩民爱好者提供信息，透露特码。联系电话×××××××××××。”或者直接发送有关六合彩透码的诱惑短信。

分析：这种骗术是以非法“六合彩”招揽客人，如果回电人有参与六合彩赌博，就会向其索取特码，犯罪分子以要交好处费、报码费、会员费等行骗。

6. 销售廉价违法物品型

“本集团有九成新套牌走私车(桑塔纳、本田、奥迪、帕萨特等)在本市出售。同时可提供高息贷款、防身武器。电话××××××××××××。”

分析:此类骗术是利用人们贪便宜的心理,谎称有各种海关罚没的走私品等,可低价邮购,先引诱你进来,之后以交定金、托运费等进行诈骗活动。

7. 中奖型

“尊敬的客户,××公司庆祝成立10周年庆典,您的手机号码中了二等奖,奖金××万元,兑奖热线×××××××××××。”

分析:此类骗术的特点是利用人们的贪利心理设计“巨奖陷阱”。如对方信以为真与兑奖电话联系,犯罪分子就编造谎言,以领奖要交手续费、邮寄费、个人所得税为由,要求对方往指定的银行账户汇款进行诈骗。

除以上几种较为典型的诈骗形式外,还有返还电话费、水电费,代办各种证件文凭公章以及发布虚假征友求婚、生意合作、招聘广告、色情迷信赌博信息等多种形式的诈骗。

三、大学生如何预防诈骗

(一)提高防范意识,防止上当受骗

诈骗分子的骗人手段是多种多样的,除上述列举的案例外,还有利用非法传销、招聘广告等进行诈骗的案件,为减少或杜绝此类案件的发生,请同学们在生常生活中做到:不贪图便宜,不谋取私利;在提倡助人为乐、奉献爱心的同时,要提高警惕,不要轻信陌生人的花言巧语;不要把自己的住址、班级、姓名、电话号码等随便告诉陌生人,以免上当受骗。

(二)交友要谨慎,避免以感情代替理智

交友最基本的原则有两条:一是择其善者而从之,真正的朋友应建立在志同道合、高尚的道德情操基础之上,是真诚的感情交流而不是简单的利益关系;二是严格做到“四戒”,即戒交低级下流之辈,戒交挥金如土之流,戒交吃喝嫖赌之徒,戒交游手好闲之人。与人交往要区别对待,保持应有的理智。

(三)加强个人道德修养,增强法制观念

加强个人道德修养,增强法制观念是防止上当受骗的最有效方法。从上述案例可以看出,除少数大学生被骗是出于同情心理以外,大部分同学是因有利可图而造成的。特别是近年来,随着社会上非法传销活动日益向校园渗透,部分大学生在参与过程中,既成为受害者又是害人者。究其主要原因还是利益驱使,法制观念淡薄。

(四)保持警惕性,学会识别诈骗分子

从上述案例中不难看出,诈骗分子的伎俩并不是多么高明,只要稍加思索即可识

别。一是遇到陌生人对你过分热情时,你要多问几个为什么;二是不要存有侥幸占便宜的心理,往往是小便宜没占着,吃大亏的是自己;三是大学生外出上街、择业以及收到陌生人发来的中奖短信时要慎重对待,在听其言、观其行的过程中识别诈骗分子;四是遇事要冷静,当你遇到有人向你求助时,不要轻易与其对话,请他与学校保卫处或当地公安机关联系。

(五)关注、下载、注册"国家反诈中心"

同学们,你是否分不清诈骗APP和钓鱼网站?不敢接听陌生电话?转账给陌生人时忧心忡忡?担心自己被诈骗。现在不用担心啦!国家级唯一反诈防骗系统:"国家反诈中心"APP于2021年年初正式上线了。这款APP由公安部刑事侦查局组织开发,旨在帮助用户维护电信网络安全,为用户建立电信网络涉案举报渠道,增强防范宣传,致力于构建良好的电信网络环境。这款APP集齐诈骗预警、快速举报诈骗、防诈反骗知识学习等重磅功能。还没关注、下载、注册的,现在马上拿起手机扫码或到各大官方应用商店下载安装,并关注图中的人民号、微信视频号、微博、抖音、快手等。全民参与,携手反诈!请转告身边的亲人和小伙伴们下载使用哦!

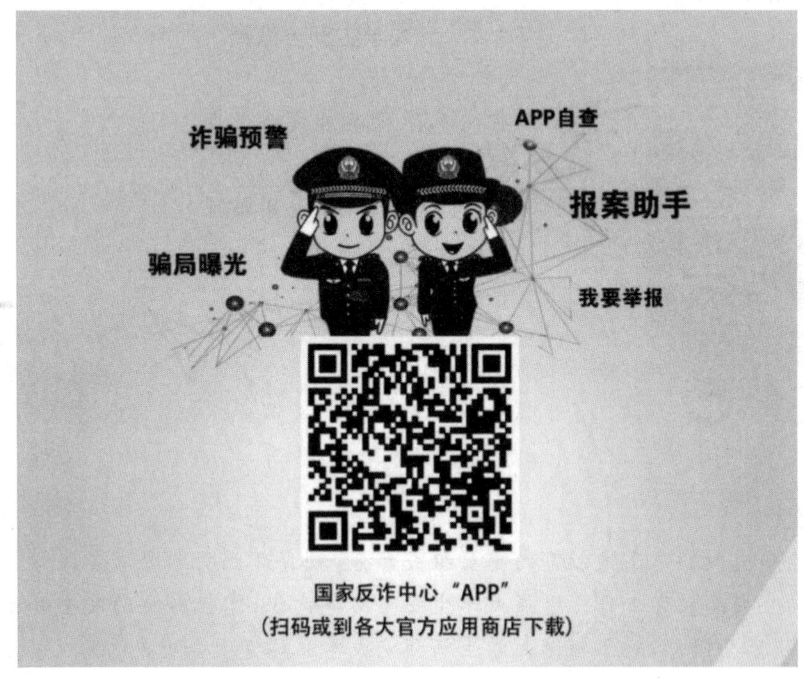

国家反诈中心

让我们一起打开"国家反诈中心"APP,看看它都有什么神通广大的功能吧。

1. 检测手机可疑应用。你可以在"国家反诈中心"APP里快速检测手机已安装应用和未安装应用安装包,精准识别手机内可疑诈骗应用。

2. 在线提交涉案线索。报案人电话报案或在公安机关现场报案后,可以通过这款APP上传涉案线索。

3. 举报非法可疑电信网络诈骗行为。用户使用手机过程中，如发现可疑的手机号、短信，赌博、钓鱼网站，诈骗 APP 等信息，可以在“我要举报”模块进行举报。

4. 验证交易对方身份真实性。在社交软件转账时，验证对方身份的真实性，防止财产损失。在社交软件交友时，防止对方冒充身份进行诈骗。

5. 支付风险核验。给好友或他人转账时确认对方是否为涉诈账号，避开资金被骗风险。社交场景下确认聊天对方账号是否涉诈，提高警惕避免点击或观看钓鱼网址等诈骗信息。

6. 提前预警。收到可疑诈骗分子来电、短信、或可疑网址、可疑 APP 时，可智能识别骗子身份，提前预警，大大降低被骗风险。

7. 收获专属防骗知识。根据不同年龄、职业等人群特点，测试你的被骗风险指数，防患未然；查看最新的诈骗案例，提升防骗能力。

还等什么！赶紧让自己和身边的同学、亲人、朋友都安装吧，守护自己、守护身边的人，防范电信网络诈骗，我们一起努力，全民反诈、全社会反诈，需要你我共同参与。

阅读拓展→

大学生安全教育

书　　名：大学生安全教育
作　　者：杨新生
出 版 社：机械工业出版社
出版时间：2010 年 8 月
I S B N：9787111311515

内容简介→

大学生安全教育是高校教育的重要组成部分，教育部已明确要求各级学校要高度重视学校和学生安全教育工作。增强大学生安全防范意识，掌握必要的安全知识和安全防范技能，减少家全隐患，对于确保大学生顺利完成学业具有十分重要的意义。本书从大学生学习安全、生活安全、人身安全、财产安全、网络安全、遵纪守法、心理健康等方面，通过列举近年来在全国大学校园内发生的典型案例，全面、系统地介绍了有关法律、法规和安全知识，旨在提高大学生的安全防范意识和自我保护熊力。该书集理论性、知识性、实用性于一体，说理透彻、深入浅出、贴近学生、贴近生活，具有较强的针对性和可操作性。本书适用于本科及高职高专院校教学，也可作为广大学生的课外读物。

思考题

1.大学财产被盗案件的主要特点有哪些？

2.大学生个人财物安全防盗的主要方法和措施有哪些？

3.大学生遭遇抢劫时应怎么办？

4.当前社会上的诈骗类型有哪些？如何识别和预防诈骗？

第四章　校园食品安全

学习导入

随着社会的进步和人们生活水平的提高，人们对食品花色品种、外包装，质量安全的需求也越来越讲究。学校的食品安全关系广大师生的身体健康，也越来越被重视。

本章节主要内容有校园食品安全概述、食物中毒预防和发生食物中毒事件的应对机制等。我们一方面希望校园经营食品、食物者讲究经营道德，确保食品、食物生产操作过程中的质量与安全。另一方面也希望广大师生自我约束，不吃“三无”食品、食物；少吃没有质量安全保证和来路不明的食品、食物；少吃各种外卖和路边小店食物、餐点；不贪吃不撑吃，防止“病从口入”，维护好自身健康。

第一节　校园食品安全概述

食品安全问题一直是社会的热点问题，校园食品安全更是直接关系到青年学生的身心健康，而学校具有群体性、人群特殊性的特点，所以校园食品安全的防范工作是一项艰巨任务。

一、食品安全的定义

食品安全是指确保食品消费对消费者健康没有直接或潜在的不良影响，是食品卫生的重要组成部分。而具体到校园食品安全，主要是指确保校园内外的食品消费对全校师生的健康没有直接或潜在的不良影响。食品消费存在着相对安全和绝对安全两类。

二、食品的相对安全和绝对安全

1. 绝对安全性：指消费者食用某一食品不会发生危及健康的问题。

2. 相对安全性：指某一食品在合理食用和正常食量情况下，不会导致对健康的损害，但若过量，就会产生危害。如：食盐过量、饮酒过量等会对健康产生危害。

绝对的食品安全性是不存在的，食品安全的工作就是把食品控制在相对安全的范围内。

第二节　校园食物中毒预防与控制

学校人群密集，是食物中毒等食源性疾病的多发地。学校发生食物中毒事故的危害性极大，轻则引起师生的人体不适，重则造成多脏器损害，严重的甚至可危及生命，给学校、社会和家庭造成不可估量的损失。

一、食物中毒预防与控制意义

食物中毒是指因摄入含有足够数量的毒物或含有致病菌及其毒素的食品而导致的疾病，它是食源性疾病当中的一种。因食用不洁水源污染的食物而引发的甲肝、急性肠胃炎、痢疾等是食源性疾病，不是食物中毒。

常食新鲜健康的蔬菜

积极预防与控制食物中毒关系到每位师生的健康，关系到家庭的幸福，关系到学校的发展，关系到社会的和谐与稳定，因而是关系到构建平安校园与和谐社会，践行“科学发展观”的具体体现，是反映学校师生的物质、文化生活水平的一个重要标志，是维护正常教学及行政管理秩序的需要。

二、食物中毒发病原因分析

(一)食物中毒的基本特征

1. 两人或多人在同一地点进餐；
2. 食用同一种食物；
3. 中毒症状相同或相似；
4. 无传染性。

(二)食物中毒主要原因

卫生部疾病控制专家通过对集体食堂发生的中毒事件进行统计分析，结果表明食物中毒发生主要原因有以下几种：

1. 致病性微生物及其毒素污染

加工直接入口食品在任何环节都有可能遭受有毒、有害物质污染。主要包括原料、加工用具及设备、从业人员生病和不卫生行为造成的污染；生产加工单过程的交叉感染。此外，因烹调方法不适当、回锅食品的加热温度不够、生吃食物、冷藏不适当、售前存放的时间过长、保温不适当等造成未消除或污染微生物而引发食物中毒也是常见原因。其中，人员对直接入口食品的危害最大，可以说一切的污染均来自人员：健康带菌、生病不离岗、便后不洗手消毒、接触直接入口食品不消毒、对着直接入口食品打喷嚏、皮肤感染化脓、生熟混放、容器混用以及不规范的操作方法等各环节均可导致食品受到微生物污染。

2. 杀虫剂、杀鼠剂污染

杀虫剂、杀鼠剂既有杀灭病虫害的正面作用，但也存在威胁人类生命安全的严重隐患。如果保管、使用不当，人为投毒等极易污染食品而造成食物中毒。

→→→→→

【案例】

2001年黄梅小池镇某小学大面积投放杀鼠剂"三步倒"后污染了面粉，导致600余名学生中毒；2002年9月14日，南京江宁区汤山镇某中学遭遇特大投毒事件，其中38人经抢救无效死亡。

←←←←←

3. 烹调方法不当及误食

部分食品本身含有有毒生物成分，如四季豆等豆类含有红细胞凝集素和皂素两种毒素，土豆含有龙葵素，黄花菜含有秋水仙碱毒素，这些毒素在高温下均招致破坏，不会对人体产生不良影响，若烹调方法不当极易引起食物中毒。误食有毒食物最常见的是毒蘑菇、野菜、河豚等。

4. 食品原(辅)料带有致病性微生物

主要指食品原料在种植、养殖、储运、销售、加工等过程中受到肥料、环境、水质、车辆、工用具、人员等各种因素的影响而带有致病性微生物。如黄瓜因施肥而带痢疾杆菌；毛蚶因水质污染而带有甲肝病毒；禽畜产品带有沙门氏菌；水产品带有副溶血性弧菌等，生吃或凉拌这些食品就有可能导致大规模食物中毒。

三、食物中毒的预防

学校预防食物中毒的关键是其加工食品本身无毒无害，储存方法得当，加工方法正确，处理过程无污染。其中，最重要的是要做好以下几项工作：

质量安全

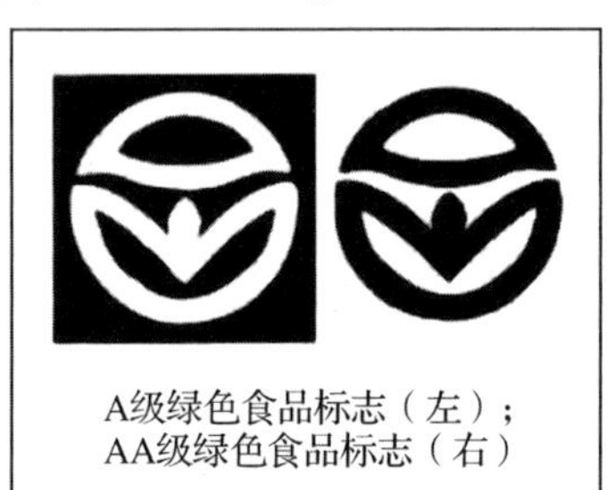

绿色食品标志

(一)把好采购关

不采购腐败变质的食品(如已酸败的油脂,已霉变、生虫、污秽的不洁食品),不采购未经兽医卫生检验或检验不合格的肉类及其制品。不采购来源不明、食品标签不清、超过保质期限等不符合食品卫生标准和要求的食品。

(二)把好制度关

落实食品原料采购索证和进货验收制度,建立台账。

(三)把好贮存关

1. 注意食品的贮藏卫生,防止尘土、昆虫、鼠类等动物及其他不洁物污染食品。

2. 食品贮存场所严禁存放有毒、有害物品及个人生活物品。鼠药、农药等有毒化学物要标签明显,存放在专门场所并上锁。加强亚硝酸盐的保管,避免误作食盐或碱面食用。

3. 建立严格的食堂安全保卫措施。严禁非食堂工作人员随意进入学校食堂的食品加工操作间及食品原料存放间。厨房、食品加工间和仓库要注意上锁,防止投毒。

4. 储存食品要在 5 ℃以下,生、熟食品分开储存。

(四)把好加工关

1. 蔬菜加工前要先用食品清洗剂(洗洁精)浸泡 30 分钟,再用清水反复冲洗;一般要洗 3 遍,温水效果更好;烹调前再经烫泡 1 分钟。水果宜洗净后削皮食用。

2. 加工食品必须做到烧熟、煮透,需要熟制加工的大块食品,其中心温度不低于 70 ℃。

3. 食品在烹饪后至出售前一般不超过 2 个小时,若超过 2 个小时存放的,应当在高于 60 ℃或低于 10 ℃的条件下存放。

4. 加工食品的工具、容器等要做到生熟分开。加工后的熟制品应当与食品原料或半成品分开存放,半成品应当与食品原料分开存放。

5. 剩余食品必须冷藏,冷藏时间不得超过 24 小时,在确认没有变质的情况下,必须经高温彻底加热后,方可食用。

6. 烹调四季豆时先将四季豆放入开水中烫煮 10 分钟后再炒。

7. 不吃生芽过多、黑绿色皮的马铃薯;生芽较少的马铃薯应彻底挖去芽的芽眼,并将芽眼周围的皮削掉一部分。这种马铃薯不宜炒着吃,应煮、炖、红烧着吃。烹调时加醋,可加速破坏其中的有毒物质。

8. 将豆浆彻底煮开后饮用,生豆浆烧煮时将上涌泡沫除净,煮沸后再以文火煮沸 5 分钟左右。应注意豆浆加热至 80 ℃时,会有许多泡沫上浮,出现假“沸”现象。

(五)做好食堂的卫生管理

1. 食堂必须有有效的餐饮服务许可证。

2. 食堂要建立食品安全管理制度，设有专(兼)职食品卫生管理人员。食品加工操作场所要保持清洁。

3. 每餐要对供应的食品成品留样。留样食品应按品种分别盛放于经清洗、消毒后的专用密闭容器内，每餐的各种凉菜应各取不少于100克的样品留置于冷藏设备中保存48小时以上，以备查验。

4. 食堂应遵守国家制定的操作规范及卫生要求，对公用餐具、容器、用具应进行严格的清洗和消毒。

(六)做好食堂从业人员的管理

1. 学校每年必须组织食堂从业人员进行健康检查。凡患有痢疾、伤寒、病毒性肝炎等消化道疾病(包括病原携带者)，活动性肺结核、化脓性或者渗出性皮肤病以及其他有碍食品卫生的疾病的，不得从事接触直接入口食品的工作。

2. 食堂管理人员每天要对食堂从业人员进行晨检，发现食堂从业人员出现咳嗽、腹泻、发热、呕吐等有碍于食品卫生的病症时，应要求其立即脱离工作岗位，待查明病因、排除有碍食品卫生的病症或治愈后，方可重新上岗。

3. 食堂管理人员对食堂从业人员日常的卫生操作行为要进行指导和监督，食堂从业人员要做到：工作前、处理食品原料后、便后，用肥皂及流动清水洗手；接触直接入口食品之前要洗手消毒；穿戴清洁的工作衣、帽，并把头发置于帽内；不得留长指甲、涂指甲油、戴戒指加工食品；不得在食品加工和销售场所内吸烟。

(七)对学生进行食品安全知识的宣传教育

学校每年要对学生进行食品安全知识的宣传教育，提高学生的食品安全意识和自我保护能力，防止由于食用不洁食品或误食有毒、有害物质所导致的食物中毒事件的发生。

学生要做到合理膳食，不吃不洁食品、过期食品，不在无证摊店、路边摊店用餐，不向流动摊贩购买食品，不要食用生食或外购散装的直接入口食品，以免导致胃肠道疾病。

四、食物中毒的控制

控制食物中毒最切合实际的方法是危险因素分类控制，即根据食物中毒发生的因素综合分析，将学校食堂经营过程中的常见问题按危险程度分类，抓住危险度高的环节开展有针对性的监督管理。

(一)一类危险因素

一类因素直接威胁食品安全，是我们高度重视的控制因素。如工用具及容器混用、熟食在专间外切配、熟食专间不专、熟食切配前后工用具容器不进行消毒、凉拌菜在粗加工处加工、熟食冰箱不制冷、食物中心温度小于70 ℃、人员不按规定洗手消毒等。

(二)二类危险因素

二类因素间接威胁食品安全,是我们中度重视的控制因素。主要指烧制加工前、直接入口食品加工前、工用具餐饮具消毒和熟食专间的环境因素等问题。如熟食专间无紫外线消毒、空调设施;动植物洗涤水池混用;原料冰箱温度偏高;餐具无保洁设施;半成品、生熟食品混放;从业人员无健康证,工作人员衣帽口罩佩戴不规范等。

(三)三类危险因素

三类危险因素指环境卫生问题,通常对食品安全威胁不大,是我们轻度重视的危险因素,但这类问题的存在让人感觉不舒服。例如地面积水油腻、瓷砖油腻、垃圾桶未加盖、墙角蜘蛛网、饮料着地存放、生原料着地存放、纱门纱窗敞开,等等。

将危险程度分成三类,有利于节省有限的监督力量,提高监督检查的针对性和有效性。发现危险因素并将其合理分类是靠经验和水平,能够解决危险因素靠的是能力和实力,人为分类需要对问题有正确判断,解决问题需要卫生监督员、卫生管理人员指导和管理相对人实施,有时还要资金的投入。

此外,硬件改造升级也是一个关键控制因素,主要是加大基础设施建设资金投入,创造规范的经营环境。按照国家有关学生食堂卫生设计规范要求,食堂建筑设计必须经过卫生行政部门预防性卫生学审查。确保“区域分离、功能分块、布局合理”的食品制售流程,以杜绝二次污染或交叉污染。

综上所述,预防与控制食物中毒需要一定的专业知识,因而要加大食品管理人员、从业人员卫生知识培训力度,增强师生的食品卫生安全防范意识;同时要完善各项管理制度,从根本上健全食物中毒的防控机制。主要有:

1. 建立健全学校食品卫生安全联防联控机制,在学校内部有效实行监管制度,形成齐抓共管的良好局面。

2. 严格实行食品生产经营许可制度,通过完善准入制度、提高门槛,从源头上加强食品安全监管。

3. 建立食品生产经营者食品安全信用档案制度,最终将那些缺少安全信用的商家驱逐出学校。

4. 建立食品进货登记制度,确保一旦出现食品安全问题,可以追查到底。

5. 建立学校法人是食品卫生安全第一责任人制度,严格执行《学校食物中毒事故行政责任追究暂行规定》,对失职、渎职导致发生重大食品安全事故以及瞒报、谎报、缓报和漏报食品安全事故的责任人,依法追究其相应责任。

第三节 校园食物中毒应急机制

学校在建立各项日常的教育教学工作规章制度时,一定要有关于校园食物中毒的应急处理机制，只有在日常做好各项预案和防范措施，才能在学校发生食物中毒事件时，学校各相关部门应启动相应的食物中毒应急机制，立即做好各项应急处置工作，确保人员的安全和局面的稳定。

一、积极抢救病人

积极组织抢救病人，尽可能按照就近和相对集中的原则进行抢救处理。病人发生呕吐时，切忌止吐，呕吐有利于毒物排出。配合医院妥善处理病人，并派人到医院守护病人，学生有特殊情况也便于及时解决。

二、立即上报

立即向具有管辖权的疾病预防控制机构、卫生监督部门和教育行政部门报告学生中毒情况、中毒发生时间、中毒主要症状、中毒的学生人数等，如果怀疑与投毒有关，还应向当地公安部门报告。

三、维护正常教学秩序

食物中毒事故发生后，学校应注意保持学校的稳定，食物中毒应由疾病预防控制机构、卫生监督部门确认。要严格控制消息发布渠道，注意工作方式，避免师生、家长不必要的恐慌。安抚好中毒学生，稳定学生情绪，做好与学生家长沟通的工作，维护学校正常的教育教学秩序。

四、保护现场

保护好现场，保管好供应给学生的食品，维持原有的生产状况。对引起中毒的可疑食品、原料及留样食品立即封存，放入冷藏箱(柜)交调查人员。禁止继续食用和擅自销毁。追回已售出的中毒食品或疑似中毒食品。对制作、盛放可疑食品的工具、容器以及可能的中毒现场予以控制。

五、协助调查

在卫生部门的专业人员到达后，配合专业人员收集可疑食品和中毒学生的呕吐物、排泄物、洗胃液等。同时介绍中毒的情况并开展现场流行病学调查。对桶内的食物也应暂时封存。待现场调查结束后，按照卫生专业人员要求进行现场消毒清洁处理。协助卫生部门做好调查工作的同时做好各项后勤保障工作。

阅读拓展→

食品营养与安全

书　　名：食品营养与安全
作　　者：李云
出 版 社：四川大学出版社
出版时间：2009 年 1 月
I S B N：9787561440346

内容简介→

近年来，我国城乡居民的膳食状况明显改善，儿童和青少年平均身高增加，营养不良患病率下降。但全国营养调查表明，我国居民营养与健康问题不容忽视，城市居民和部分富裕农村膳食结构不尽合理，畜肉类及油脂消费过多，谷类食物消费偏低，奶类、豆类制品摄入亦过低；而在贫困农村，仍存在着营养不足的问题。同时，我国居民膳食结构及生活方式也发生了重大变化，与之相关的慢性非传染性疾病，如肥胖、高血压、糖尿病、血脂异常等患病率增加，已成为威胁国民健康的突出问题。合理饮食与饮食安全对身体健康至关重要。

思考题

1.校园食品安全有何重要意义？
2.发生食物中毒的基本特征有哪些？
3.大学生预防食物中毒的主要措施有哪些？
4.校园发生食物中毒时应如何处理？

第五章　强化高校防火观念　积极预防火灾发生

高校是人员比较集中的场所，一旦发生火灾事件，带来人员伤亡，将损失惨重，影响重大。虽然发生火灾事件的几率不高，但不可掉以轻心，必须高度重视，切实做好预防工作。

本章节主要内容有火灾及其预防、火灾的扑救、火灾中的逃生自救与互救等，希望广大大学生读者掌握一些火灾预防、灭火和逃生自救互救的知识、技能、技巧。

第一节　火灾及其预防

一、火与火灾

我国是世界上首先发明“火”的国家，发明火和人类学会用火，是跨入文明世界的一个重要标志。在人类社会发展的历史中，火具有不可替代的重要作用。火给人类带来温暖、光明，也给人类社会的发展带来了能源和动力。火是人类赖以生存的一种自然力，火的使用对人类发展和社会进步产生了深远的影响。“钻燧取火，以化腥臊”是对古人初始用火时代的反映。安全用火则是人类社会最基本的要求。一旦人类忘记了这个基本要求，那么，在时间和空间中失去控制的火就会由造福人类变为危害人类，人类的生命财产和生活空间就要受到无情损害。

人类在长期用火的实践中发现，物质的燃烧必须具备三个条件：一是要有可燃物，二是要有助燃物，三是要有着火源。这三个条件必须同时具备，缺一不可，只有它们互相结合、互相作用，火才能发生。古人说过，火“善用之则为福，不善用之则为祸”。失控的火，往往造成火灾。

灾害预防专家警告：城市中最具威胁的灾害是“人为的火灾”。火灾的危害是巨大的。近几年来，我国发生了不少特大火灾，如2000年12月25日，河南省洛阳市特大火灾，造成309人死亡，7人受伤，直接经济损失275万元；2003年11月3日，湖南省衡阳市特大火灾，致使20名消防官兵牺牲；2004年吉林省吉林市中百商厦发生特大火灾，造成54人死亡，70多人受伤，直接经济损失400万元；2007年10月21日，福建莆田秀屿区一鞋厂发生火灾，造成 37 人死亡，19 人受伤……这些都为我们敲响了警钟。据统计，2006 年我国共发生火灾 222702 起，死亡 1517 人，受伤 1418 人，直接财产损失 7.8 亿多元(不包括森林、草原、军队、矿井地下部分损失)；福建省共发生火灾 8366 起，造成 78 人死亡，81 人受伤，直接财产损失 6400 多万元。2007 年上半年全国共发生火灾 104925 起(不含森林、草原、军队、矿井地下部分火灾)，死亡 953 人，受伤 545 人，直接财产损失 5.4 亿多元；福建省共发生火灾 2723 起，造成 41 人死亡，10 人受伤，直接财产损失 2846.67 万元，火灾形势十分严峻。大学生要充分认识火的两重性和火灾的危害性，不断提高安全防火意识，做好校园火灾预防工作，以避免和减少校园火灾的发生。

二、高校发生的火灾与火灾原因

高校是人员集中、教学和科研设备繁多、高层建筑物不断增加的地方。高校校园若发生火灾，其损失和影响较大。如 2003 年 11 月 24 日，俄罗斯莫斯科友谊大学发生火灾，造成近 200 名学生受伤，41 人死亡。其中，中国留学生受伤 46 人，死亡 11 人，造成了严重的国际影响。

据有关资料统计比较，大学校园的火灾比盗窃造成的损失要高出十几倍。尽管各高校对防火工作都十分重视，加大了整治火灾隐患的经费投入，采取了很多预防火灾的措施，但每年仍有高校火灾发生，学生负有直接责任的火灾连年不断。有的火灾造成了学校的巨大损失，使多年研究的成果和收集的标本、资料毁于一旦，其损失难以弥补；有的火灾使学生受到人身伤害，财产遭受损失；有的严重影响了学校正常的教学、科研秩序，影响了正常的学习和生活，影响了学校的稳定。

高校发生的与学生有关的火灾，主要原因有：一是使用明火不慎引起火灾。常见的有点蜡烛照明、吸烟和乱扔烟头、燃烧废物等。二是违章使用易燃、易爆物品等。三是违规用电，使用大功率电器、使用劣质充电器等引发火灾。四是违反实验操作规程引起火灾等。

近年来高校的火灾预防工作面临许多新情况和新特点：一是学生日常生活和工作不断现代化，各种电器设备设施迅速增加，发生电器火灾隐患的机会也大大增加，特别是学生宿舍发生火灾的可能性也不断增多；二是随着办学规模的扩大，学生人数增多，人员密度增大，一旦发生火灾而造成的损失必然增大；三是校内建筑物越来越高，密度越来越大，如果发生火灾，加大了人员逃生和火灾扑救工作的难度。大学生要充分认识高校火灾的新特点和面临的严峻形势，认真学习消防安全知识，提高防火安全意识，做好校园火灾预防工作。

三、一般校园火灾的预防

《中华人民共和国消防法》规定："消防工作贯彻预防为主，防消结合的方针"。做好消防工作是国家建设的需要，人们安全的需要，是全社会的共同责任。任何单位和个人都有维护消防安全和预防火灾的义务。消防工作是国民经济和社会发展的重要组成部分，是发展社会主义市场经济不可缺少的保障条件，它直接关系到人民生命财产的安全和社会稳定。

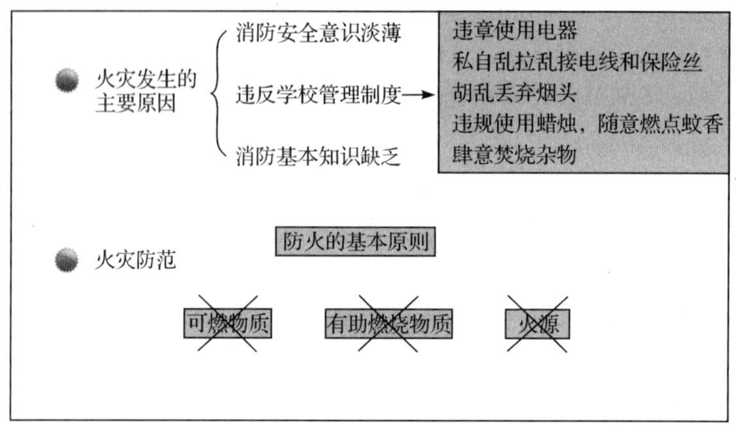

火灾发生原因及防范

高等学校是培养人才的重要场所，是国家知识、技术创新体系中极具活力的重要组成部分，校内人员密集，高楼林立，现代化的教学实验室、高新技术的科研机构和稀有、贵重的仪器设备较为集中，有些学校内还有国家文物保护部位。因此，做好高等学校的防火工作，对于培养人才，创造良好的教学科研环境，保障国家和师生员工的财产与人身安全，维护校园稳定，都具有十分重要的意义。

当今，火灾已成为威胁人身安全和社会发展的第三大灾害，防止火灾发生与我们的切身利益息息相关。高校一旦发生火灾，势必影响高校的稳定，影响学校的教学、科研、生活的正常进行，给师生造成许多不方便。大学生是学校的主体，人数多，学习、住宿比较集中，而且流动性大，活动范围广，又较缺乏消防常识。因此，要特别加强大学生的防火工作。

(一)做好学生宿舍火灾预防工作

根据学生宿舍范围广、人数多的特点，针对目前高校发生火灾的主要原因，学校应从管理部门、辅导员、班主任、学生等几个方面入手，加强对学生的管理，齐心协力做好学生宿舍的防火工作。

1. 学校应将消防常识教育纳入日常教学之中，经常对学生进行消防安全教育，如举行消防安全知识讲座，开展消防警示教育、平时行为规范教育等，使学生明白火灾的危害性和防火的重要性，掌握其基本的防火和灭火知识以及逃生的基本技能，做到防患于未然。

2. 学校管理部门、辅导员、班主任应当对学生宿舍进行检查督促，查找并整改存在的消防安全隐患，发现抽烟和点蜡烛等使用明火的学生应及时制止和教育，晓之以理，教育学生懂得吸烟、点蜡烛等使用明火的危险性和发生火灾后造成的严重后果。

3. 学校在消防安全管理方面还应加强对学生的纪律约束。不仅要对造成火灾的学生予以纪律处分，对多次被查出点蜡烛、抽烟等使用明火并屡教不改的学生也应予以纪律处分。

4. 老师同样应接受消防安全教育，了解防火的重要性，从而把防火列入对学生的日常管理内容之一，经常对学生进行教育、提醒。

5. 宿舍管理员应加强夜间对学生宿舍的巡逻，发现问题及时解决，将事故苗头消除在萌芽状态。

6. 建立学生安全员制度。学生安全员是学生宿舍加强管理的重要力量，学校在每个宿舍内指定一名责任心强的学生为消防安全员，以加强学生的自我管理和自我保护。在经过培训的基础上，他们可担负发现、处理和报告火灾隐患及扑救初起火灾的任务。

7. 一旦发生火灾，应及时拨打“119”报警，同时坚持救人第一的原则，积极抢救和疏散被困学生，将其转移到安全区域。疏散学生时，学校可指定专人通过喇叭、喊话器等稳定被困人员情绪，要求学生不要紧张、不要乱跑，应在老师及有关人员的指引下有秩序地撤离。

(二)做好教学和实习时的预防火灾工作

作为当代大学生，我们不仅应正视高校中存在的失火因素和火灾隐患，也应随时随地提高警惕，预防火灾的发生。

1. 要学习《中华人民共和国消防法》等消防法律、法规，充分认识校园消防安全工作的重要性，不断强化防火意识。

2. 自觉遵守消防法律法规、学校安全管理制度、实验室操作规程，无论是在实验室还是在其他活动场所，都要按照防火要求规范自己的行为。

3. 积极参加学校组织的消防安全培训，认真学习消防安全知识，学会火灾报警方法，掌握灭火技能和火灾中逃生自救、互救的技能；当遇到初起火灾时，能够利用掌握的消防知识和灭火技能灭火；遇到大火时，能够安全逃生、自救和互救。

4. 对教学楼、实验楼和学生宿舍楼的安全通道、灭火器和消防栓所在位置要了解和熟悉，一旦发生火灾，可以利用现场的灭火器材灭火，或利用熟悉的安全通道撤离火灾现场。

(三)谨防电器设备着火的注意事项

1. 应购买和使用质量可靠、具有“3C”标志的电器产品，切不可购买和使用劣质电器设备，以免惹火上身。

3C 认证标志

2. 遵守有关规定，不违章使用电器设备，尤其是“热得快”、电炉等。

3. 不私拉乱接电线，防止因电线短路引起火灾。

4. 离开宿舍时关闭电源开关，拔下电源插头，这样做可以有效预防电器设备短路造成的火灾。

5. 经常检查电器设备的使用情况，及时排除设备故障，防止电器设备超负荷运转。

6. 严格遵守学校规章制度，宿舍内严禁明火，更不能夜间点蜡烛看书。

7. 不躺在床上吸烟，不乱扔烟头，不在禁烟场所吸烟。

8. 焚烧杂物或动用明火应按规定进行。

9. 严禁在宿舍存放、使用易燃、易爆物品(如汽油、煤油、液化气等)。

10. 严格遵守实验、生产等操作规程,违规操作将会造成巨大的经济损失和人员伤亡。在此,还必须告诫大学生,由于自己不慎或违规引起火灾要负法律责任。

第二节　火灾的扑救

一、对火灾的处理

(一)克服异常心理,保持冷静

当所处环境发生火灾时,大部分人都会产生异常心理,具体表现为:

1. 惊慌失措

在火灾环境中引起的应激心理反应和生理反应会导致人瞬间对环境的适应能力和应对能力下降,若这种应激状态持续下去,处于火灾中的人对环境的判断力和分析力持续下降,更甚者因丧失理智而影响逃生,进而造成不良的后果。

1. 保持自己情绪稳定,不要被别人感染,惊慌只会使情况更糟。

2. 顺着人流走,尽量走在人流的边缘,切不可逆着人流前进。千万别弯腰或蹲着。

3. 如果时间来不及的话,应快速躲到一旁,有选择的话远离玻璃,以免因玻璃破碎而被扎伤。

4. 一旦被挤倒,应尽最大努力站立起来。

5. 拥挤踩踏事故发生后,一方面赶快报警,另一方面抓紧时间用科学的方法开展自救和互救。

突发事故应急要点

6. 在救治中,要遵循先救重伤者的原则。

7. 当发现伤者呼吸、心跳停止时,要赶快做人工呼吸,辅之以胸外按压。

2. 恐惧

火场逃生人员的恐惧,多来自其不能迅速适应变化的环境而产生的一种"害怕"的心理反应。其主要的表现形式为:心慌、害怕、言行错乱和意志力下降等。在这种心理状态下,人易出现非理性行为,如发生火灾时报警的人言语含糊,无法说清起火地点的现场情况，仅仅重复若干简单的词句。

3. 从众

火灾发生时，人们往往没有主见，身边的人往哪里跑，自己也跟随其后，没有自己的判断。

当宿舍楼发生火灾时，一定要保持镇静，不可以惊慌失措，盲目行动。要根据现场情况，自觉观察和把握火势的大小和蔓延方向，选择正确的应急方案。

(二)火灾中的自救与救人

1. 报警

发生火灾时，在扑救的同时及时报警，以便获得救助。装有自动报警系统的楼层在火灾发生时会自动报警，没有安装自动报警系统的地方，在火灾发生时，可以根据条件分别采用下述方法报警：有手动报警设施的地方应使用手动报警系统报警；使用电话报警，拨打“119”向公共消防机构报警；使用有线广播，利用高音喇叭之类的设备呼救；没有任何报警设施的情况下，可使用敲盆或大声呼喊等方法报警。要因地制宜，采用各种方法迅速将发生火灾的情况报告消防部门和附近人员。

2. 自救

在火势不大的情况下，要设法将火扑灭，可以利用触手可及的工具，如用水将火扑灭或者利用棉被等工具将火源盖住，隔绝空气使之自动熄灭，也可以使用灭火器进行灭火。

如果自己身上的衣物着火了，要注意千万不要奔跑，因为奔跑时会加快燃烧速度，还会把火种带到其他场所引起新的火灾。如果衣帽着火，应设法脱掉，必要时可以撕碎扔掉，来不及脱掉可在地上打滚，把身上的火苗压灭，如果身上的火很大，附近有水源，可用水把火熄灭(这样虽然对治疗烧伤不利，但可以减轻烧伤程度)。若作为他人在场时，可向着火者身上浇水或用湿麻袋、毯子等包裹其身体，禁止直接向身上喷射灭火剂(清水除外)，以防止伤口感染。如果手脚着火，手沾上易燃液体燃烧时，可将手迅速插入衣服内灭火；如果脚浇上了易燃液体着火时，可用衣、帽等物品扑打灭火，也可将脚插入无毒难燃的粉粒状物质中灭火。皮肤烧伤后，应避免碰擦，防止脱落造成感染。

在宿舍楼的火势越来越大，不能扑灭的情形下，应尽快设法脱险。

3. 救人

火场救人是十分危险的事情，需要专业的技术和设备，一般由消防人员来完成，但如果情况紧急必须相救时，要注意救人的技巧。在火灾条件下，所有人员都处于慌乱的状态，容易盲目行动，因此，稳定所有人员情绪，特别是被困人员情绪，是成功抢救人员的基础。可以通过呼喊等方式先安抚被困人员情绪，再进行救援。

确定火场具体情形以后，选择合适的渠道进入，并将一根绳子拴在身上，另一端由别人控制，如果迷失方向还可以通过绳子原路返回。用湿手帕掩住口鼻以阻挡浓烟，如有湿毛毯，可以搭在肩上进入火场以包裹伤者。开门时紧握门把手以免室内热流将人冲开。逃生路若被拦截，切勿继续前行，深呼吸几口，等热空气散掉再进入。进入浓烟密布的房间，尽量把身体放低靠近地面前进，找到伤者后立刻带其到达安全地点。

4. 逃离火场

火灾发生时，如果被浓烟困在室内，千万不要夺门而逃。因为走廊中的浓烟和高温气流，足以使人在短时间内窒息死亡。逃生过程和救人过程有相似的地方，如在每一个门前都要检查一下。如果门把是凉的，把门慢慢打开，开到你的身体能穿过去就行。如果门是热的，赶紧另找出口。如果想从烟雾弥漫的房间逃出去，应把身子尽量放低(烟雾和热气是向上跑的)。用湿被保护你的脸和身体，用湿毛巾捂住口鼻。

如果身处高楼，就要沿着楼梯向下跑，不能坐电梯。如果离开房门以后(一定要关好身后的房门，以防火势蔓延)，在楼梯里或过道上遇到浓烟，要马上停下来，千万不要试图从火里逃生，也不要躲藏到顶楼或壁橱这些别人难以接近的地方。回到大火还没有烧到的房间并关上房门，紧闭的屋门可以起到隔温的作用。标准的木制房门可以为你多赢得15分钟的时间，足够让你从第二条路线逃离。大多数楼房使用的那种金属房门，可以使火舌难以接近。如果出口堵塞了，则要试着打开窗或走到阳台上，走出阳台时随手关好阳台门。

在别无他法时，才可从高处往下跳。如果住在楼上，而该楼层离地不太高，落点又不是硬地，可抓住窗舷伸直双臂以缩短与地面之间的距离。这样做虽然可能造成肢体的扭伤和骨折，但这毕竟是主动求生。在跳下前，先松开一只手，用这只手及双脚撑一撑墙跳下。或利用身边一切有用的东西(如被单、床单等物)撕开连接成长绳并拴紧在家具上，顺绳爬到地上。

二、灭火的基本原则及方法

一切防火措施，都是为了防止燃烧的三个条件(可燃物、助燃物和着火器)同时具备，不让它们相互结合、相互作用；一切灭火措施，都是为了破坏已产生的燃烧条件，抑制燃烧的反应。无论采取哪一种灭火方法，只要能去掉一个燃烧条件，火就熄灭了。

(一)灭火的基本原则

1. 控制可燃物。即限制燃烧的基础或缩小可能燃烧的范围。
2. 控制助燃物。即限制燃烧的助燃条件。
3. 消除火源。即消除和控制燃烧的着火源。
4. 阻止火势蔓延。即不使新燃烧条件形成，防止或限制火灾扩大。

(二)灭火的基本方法

1. 隔离法。将着火的地方或物体与周围的可燃物隔离或移开，燃烧就会因为缺少可燃物而停止。

2. 窒息法。阻止空气流入燃烧区域或用不燃烧的物质冲淡空气，使燃烧物得不到足够的氧气而熄灭。

3. 冷却法。将水和灭火剂直接喷射到燃烧物上，以降低燃烧物的温度，燃烧物的温度降低到燃点以下时，燃烧就停止了。

4. 抑制法。用含氟、溴等的化学灭火剂喷向火源，让灭火剂参与到燃烧反应中去，使“燃烧链”反应中断，以达到灭火的目的。

大学生在校园内遇到火灾时，要灵活运用上述灭火基本方法，对不同的初起火灾，宜采用不同的灭火器或工具进行灭火。如果火势太大，一个人或几个人无法扑灭时，就要报警并逃离火场。

(三)扑灭初起火灾的基本方法

火灾的发生可分为初起、发展、猛烈、温度下降、熄灭五个阶段。火灾初起时可燃物燃烧速度比较缓慢，火焰不高，火势小，着火面积小，形成的烟雾小，产生的热量不多，比较容易扑灭。扑灭的原则是：救人第一，先控制后消灭，先重点后一般。在校园发生初起火灾时，应该做到以下几点：

1. 积极参加灭火。参加初起火灾的扑救是公民的义务和责任。初起火灾容易扑灭，若能及时扑救，火势不会扩大。当火灾初起时，现场只有一个人或少数人，不能见火就跑，应立即向学校保卫部门报告或呼救，同时利用周围的灭火器和其他可利用的工具、物品积极进行扑救。

2. 要立即切断电源，关闭燃气和其他可燃、助燃气体的阀门，防止火势加大。

3. 要根据不同物质燃烧情况，选用不同的灭火器材，有效灭火。如果有带压力的容器着火，要边救火，边用水冷却容器，防止高温爆炸。

4. 火灾短时间未能扑灭，而且火势增大时，要在继续控制火势蔓延和扩大的同时，立即拨打“119”火警电话报警。

5. 在可能的条件下，要迅速转移火场和火场附近的易燃、易爆物品及遇水易燃物品、高压容器、贵重物品和资料等。

6. 在烟雾不大、条件许可时，救火人员可在火场较远处用消防水龙带喷水降温，控制火势。

7. 参加救火人员也要防止被火烧伤，防止吸入燃烧时产生的有毒气体而中毒，应尽量减少伤亡。

8. 如有人受到火焰围困，救火人员的首要任务就是把受围困的人员抢救出来。

9. 做好火灾现场的警戒，限制无关人员进入火场。

10. 保护火灾现场，协助消防机关调查处理火灾事故。

(四)巧用身边的“灭火器”

在日常生活中，我们每个人几乎都在与火打交道，上面谈到火灾初起阶段，如发现及时，处置方法得当，用较小的人力和简单的灭火器材，就能很快地把火扑灭。但是，人们发现火灾后，往往只想到用灭火器来灭火，却不知身边有许多“灭火剂”可以利用。

1. 湿布。初起火势不大，这时可以用湿毛巾、湿围裙、湿抹布、湿棉被等，直接将火苗盖住，将火“闷死”。

2. 杯盖。酒精锅在加酒精时突然燃烧起来，并会燃着装酒精的容器，这时不能慌，千万不能把容器摔出去，应立即盖死或捂死容器口，使其窒息灭火。如果丢出去，酒精流到哪里溅到哪里，火就会烧到哪里。灭火时不要用嘴去吹，可用茶杯或小碗盖在酒精盘上。

3. 食盐。食盐的主要成分是氯化钠，在高温火源下，会迅速分解为氢氧化钠，通过化学作用，抑制燃烧环节的自由基。家庭使用的颗粒盐或细盐均是灭火和固体阴燃火灾的灭火剂，食盐在高温下吸热快，能破坏火苗的形态，稀释燃烧区的氧气浓度，所以能使火很快熄灭。

4. 沙土。在室外发生初起火灾又没有灭火器，在用水灭火危险性较大的情况下，可用铁锹撮沙土覆盖，使火熄灭。

三、参与灭火的注意事项

火警就是命令，火场就是战场。对初起火灾，发现者都应积极参与扑救。在救火现场应该做到：

1. 一切行动听指挥，不擅自进入火场。
2. 注意自身和在场人员的安全，避免不必要的伤亡。
3. 提高警惕，防止现场物品失窃。
4. 保护现场，以利救灾和事后调查处理。

四、火警的报告方法

1. 要沉着冷静，正确拨打“119”火警电话，听到接警人员问话后，再报告火情。

2. 要报告清楚发生火灾的单位名称和详细地址、着火地域、着火物质、火势大小、是否有人被困以及报警人的姓名、联系电话等。

3. 要按接警人员的提问，有序如实回答，不要惊慌。

4. 确定消防接警人员受理报警后，即可挂断电话，并立即到关键路口等待，引导消防车迅速、准确到达火灾现场。

5. 在向“119”报警的同时，要向学校保卫处或“校园110”报警服务中心报警。保卫处组织安全保卫人员和义务消防队及时扑救火灾。

五、预防各种电器和高楼发生火灾的措施

(一)一般电器线路的防火措施

各种电器线路往往由于短路、过载运行、接触电阻过大、线路老化等原因，产生电火花、电弧或引起电线、电缆过热，都极易造成火灾。

1. 线路短路的预防

严格执行电器安装规程和技术管理规程，禁止非电工人

注意用电安全

员安装、修理。

要根据导线使用的具体环境选用不同类型的导线，正确选择配电方式。

安装线路时，电线之间、电线与建筑构件或树木之间要保持一定距离；在距地面一定高度以下的电线，应用钢管或硬质塑料保护，以防绝缘遭受损坏。

在电路分配盒或开关处应安装断路器或熔断器，以便在线路发生短路时能及时、可靠地切断电源。

2. 超负荷

根据负载情况，选择合适的电线。严禁滥用铜丝、铁丝代替熔断器的熔丝。不准乱拉电线和接入过多或功率过大的电器设备。

检查去掉线路上过多的耗电设备，或者根据线路负荷的发展及时更换成容量较大的导线，或根据生产程序和需要，采取排列先后控制使用的方法，把用电时间调开，以使线路不超过负荷。

3. 接触电阻过大

导线与导线、导线与电器设备的连接必须牢固可靠。

铜、铝线相接，宜采用铜铝过渡接头。也可采用在铜铝接头处垫锡箔，或在铜线接头处搪锡。

通过较大电流的接头，不允许用本线做接头，应采用油质或氧焊接头，在连接时加弹力片后拧紧。

要定期检查和检测接头，防止接触电阻增大，对重要的连接接头要加强监视。

（二）使用电脑时的防火措施

电脑已成为学生宿舍中最普遍的电器，当同学们在虚拟的网络世界里乐此不疲的时候，可能很难想象到，电脑也会有发“火”的时候。其实，电脑的使用环境和使用情况要比电视等电器设备复杂得多，一块主机平板上，安插了音响、显示器、打印机等众多设备，任何一个外部设备的缺陷，都可能导致电脑丧失“理智”，甚至危及使用者的生命安全。

电源插座是最容易出问题的地方，我们都知道电脑的电源插座是三插座，上面接地线，下面左为零线、右为火线，品牌机电脑本身设有安全保护装置，零线火线自动变换，但是有些不规范的电脑制造商为节省成本而除去了该装置，再加上学生使用的多是双插头插座，甚至“三无”产品，一旦插错，将会造成不可估量的后果。

1. 电脑一旦发生起火现象，切忌向着火的电脑泼水，或使用任何性质的灭火设备灭火，即使已关机的电脑也是这样，因为温度突降，会使灼热的显像管爆裂。也不要在极短的时间内揭起覆盖物观看，即使想看一下燃烧情况，也只能从侧面或后面接近电脑，以防显像管爆炸伤人。

2. 正确的操作是应立即关机或切断总电源，然后用湿毛毯或棉被等厚物品将电脑盖住，这样既能防止毒烟的蔓延，一旦爆炸，也可挡住荧光屏玻璃碎片伤人。

3. 在使用过程中，同学们千万不能贪图一时便宜，一定要购买正规厂家生产的合格产品，并严格按照有关规范安装配电设施、电气线路及 UPS 电源。

4. 不要将电源线捆绑、缠绕，避免被重物压住。

5. 不要超负荷运行，杜绝同时使用电炉、电热水器等大功率电器。

6. 同学们在使用电脑时要尽量避免插接或拔出插头以及随意搬动电脑及其他部件。

(三)高楼防火措施

高楼林立的校园要求我们必须落实高楼预防火灾措施：

1. 安全门梯及通道应保持畅通，不得任意封闭、加锁或堵塞。

2. 居室窗户不准安装防盗网，未拆之前应设双向逃生口并可开启，以免阻塞逃生之路。

3. 发生火灾时，逃生方向应朝火层下方，不允许的走火层上方，逃生时按应急指示灯方向采用低姿势，尽量行走有防烟的通道和楼梯。

4. 无法逃出室外的人员可躲进洗手间，关堵门缝并泼水，同时想办法向外发求救信息。

5. 不要随意打开门窗，否则会随气流引进浓烟甚至引进火患。

6. 千万不可利用电梯作逃生工具。

7. 在较缺水或消防车抢救困难地区，应多置灭火器材或自备充足的消防用水。

六、常用灭火器的种类、适用范围和使用方法

按照燃烧物质的性质，火灾可分为 A、B、C、D、E 五类(也称国际统一分类法)：A 类为固体物质火灾，B 类为液体物质火灾或可熔化为液体的固体物质火灾，C 类为气体物质火灾，D 类为金属类物质火灾，E 类为带电燃烧的火灾。

(一)常用灭火器的种类及适用范围

常用灭火器的种类和适用范围如下：

1. ABC 干粉灭火器。适用范围广泛且较经济实用，可扑救 A、B、C 类火灾，即可扑救固体火灾、液体火灾、气体火灾和电压低于 5000 V 带电物体的火灾。

2. BC 干粉灭火器。适用于扑救 B、C、E 类火灾，即可扑救液体火灾、气体火灾和电气设备的初起火灾。

3. 二氧化碳灭火器。适用扑救 A、B、C、E 类火灾，即可扑救固体火灾、液体火灾、气体火灾及带电物体、精密仪器火灾。

4. 1211、1301 灭火器。适用于扑救除金属类物质火灾之外的所有火灾。尤其适用扑救精密仪器、计算机、珍贵文物及贵重物资仓库等的初起火灾，灭火效率高。

5. 化学泡沫灭火器。适用于扑救一般 B 类中的油类火灾，可扑救油制品、油脂等火灾，也可适用于 A 类火灾。

6. 空气泡沫灭火器。适用范围同化学泡沫灭火器。

7. 沙土、石墨粉灭火器。适用于扑救可燃金属燃烧的火灾。

(二)常用灭火器材的使用方法、注意事项

高校校园的建筑物内一般均配备消防栓和水龙带以及各种手提式灭火器(如干粉灭火器、二氧化碳灭火器等)。

1. 消火栓和水龙带的使用方法和注意事项

(1)消火栓是灭火中主要的水源,分室内和室外两种,室内消火栓一般设在楼层或房间内的墙壁上,有玻璃门封挡,里面配有水枪、水龙带。使用水龙带灭火时,应先将水龙带一头接在消火栓上,同时将水龙带打开,另一头接上水枪头,一个人紧握水枪对准着火部位,另一个人打开消火栓阀门,由近及远灭火。

(2)使用消火栓和水龙带灭火应注意:

①使用水龙带救火时,要防止水龙带扭转和转弯,否则会阻断水流通过。

②在扑救带电火灾前,必须先断电再用水灭火。

③用水灭火还应注意防止和减少给珍贵书籍、精密仪器等造成水渍侵害,有些金属类火灾禁止用水扑灭。

2. 手提式灭火器的使用方法及注意事项

(1)手提式灭火器的使用方法如图 5-9 所示:

使用口诀:一提、二拔、三瞄、四压

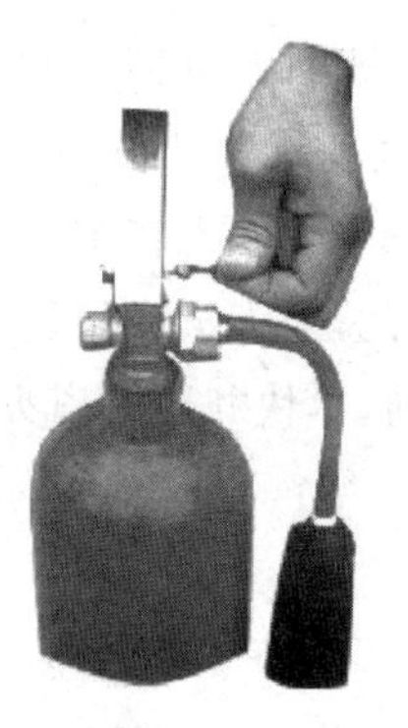
一提

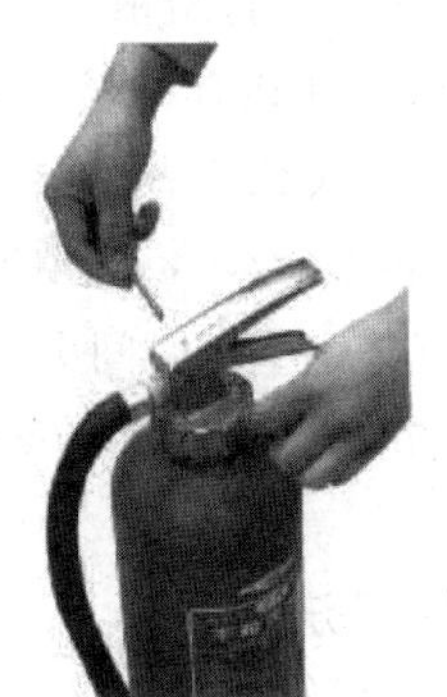
二拔(拔掉保险销)

三瞄

四压

如何使用灭火器

(2)使用手提式灭火器灭火时应注意:

①要准确射击目标,对准火焰的根部,由近及远喷射,快速推进,不留残火,防止复燃。

②使用灭火器时,一般距离着火点 2～10 米处开始喷射,距离长短要根据火情大小来确定。

③操作时,操作人员要站到上风处向下风处喷射,防止喷射物随风吹到操作人员身上,影响灭火效果。

④扑灭油类火灾时,不要直接喷射油面,防止液体溅出。

⑤在没有安全保障的情况下,禁止向没有切断电源的电线、电气设备射水,以防触电。

第三节　火灾中的逃生及自救、互救

当火灾已发生到猛烈燃烧阶段，被火焰包围的人员要正确选择逃生和自救、互救的方式，及时撤离现场，以确保生命安全。

一、逃生及自救和互救的原则

（一）确保安全，迅速撤离

被火灾包围的人员，要抓住有利时机，就近利用一切可以利用的工具、物品，迅速撤离火灾危险区。如果逃生的通道被封死，在无任何安全保障的条件下，不要采取过激的行为，以免造成不必要的伤亡。要注意保护自己，等待救援人员开辟通道，逃离火灾危险区。

（二）顾全大局，救助结合

自救和互救相结合，当被困人员较多，特别是有老、弱、病、残、妇女、儿童在场时，要积极主动帮助他们首先逃离火灾危险区，有秩序地进行疏散。

根据消防专家对火灾伤亡的情况的分析，浓烟和有害气体是造成被困人员伤亡的罪魁祸首。国内外大量火灾案例统计资料表明，在火灾伤亡者中，受烟气直接致死的占80%，被火烧死的人中还有一部分是先被烟气熏倒后再被火烧死的。有关实验证明，人在浓烟中无任何防护器材时生存极限为3分钟，在有毒气体中生存时间更短。因此，当火灾已经进入猛烈燃烧阶段，特别是处在有毒气体弥漫的火场的人员，一定要互相帮助，尽快共同逃离火场。

二、逃生及自救和互救的主要方法

1. 当火势初起时，立即用灭火器、自来水、湿毛巾灭火自救；当火势已大，要迅速疏散逃生，不要贪恋财物，贻误有利时机。

2. 受到火灾威胁时，要当机立断，披上浸湿的衣物、被褥等由安全出口冲出去。

3. 穿过浓烟逃生时，要用湿毛巾捂住口鼻，并尽量使身体贴近地面，采用低姿势甚至爬行，顺墙根向安全出口逃离。

4. 身上着火，千万不要奔跑，可就地打滚或用厚重的衣物压灭火苗。

5. 遇到火灾时，要从高层沿楼梯向低层疏散，不可乘坐普通电梯。

6. 室外（楼道）着火，门已发烫时，千万不要开门，以防大火窜入室内，应用浸湿的被褥、衣物堵住门窗，并泼水降温。

7. 若逃生路线被大火封锁，要立即退回室内，用打手电筒、挥舞衣物、呼叫等方式向窗外发出求救信号，对外求援，或通过窗户、阳台逃往相邻的建筑物。

8. 不要轻易跳楼，可利用楼内设置的高空缓降器或救生绳（或室内存放的绳子）缓慢滑行到楼下；或利用疏散楼梯、阳台、雨水管逃生；或把床单、被罩撕成条状扭成绳索，紧系在窗框、铁栏杆、暖气等牢固的物体上，顺绳滑到安全地带。只有在消防队员准备好救生气垫或楼房不高的情况下，或者遇到如不跳楼就会丧命的情况下，才能采取跳楼的方法。

9. 被困在二楼时，可先向楼外扔些被褥、床垫作垫子，然后双手扒住窗口或阳台边缘，将双脚慢慢往下放，双膝微曲往下跳，这样可以减少下落高度，保证人身安全。

10. 要熟悉校内一些主要场所（如宿舍、实验室、教学楼、食堂、高层楼等）的逃生、自救、互救路线。

11. 当在酒店、歌剧院、超市、体育馆等人员密集的场所遭遇火灾时，要保持头脑清醒，不要惊慌失措、盲目乱跑，防止因人员慌乱、拥挤而阻塞通道，甚至发生互相踩踏的惨剧，要有序地向安全出口撤离，尽量避免大声呼喊。当逃生无路时，应靠近窗户或阳台，关闭迎火门窗，向外呼救。

三、火灾中逃生“八不要”

1. 不要忘记报警。遭遇火灾后不能因为惊慌而忘记报警。进入高层建筑时应注意消防通道、报警设施、灭火器材的位置，一旦发生火灾时，要立即报警。延缓报警是很危险的。

2. 不要惊慌失措。发生火灾时，务必保持镇定，要针对火场情况，因地制宜地救火并科学逃生，切不可惊慌失措、乱作一团。

3. 不要贪恋财物。火灾发生时，首先是要保全性命，不要因顾惜财物而浪费时间和体力，失去逃生的时机，更不要为找寻贵重物品而重返火海。

4. 不要乱开门窗。在室内避难时，乱开门窗会导致大量浓烟涌入室内，温度高，烟气呛，使人无法藏身。

5. 不要乘坐电梯。高层建筑发生火灾时，电梯就会断电，很可能将人困在电梯间内，难以逃生。

6. 不要带火奔跑。身上着火后千万别盲目奔跑，否则容易严重烧伤，还会引起新的燃烧点，造成火势蔓延。

7. 不要方向错误。火势是向上燃烧的，火焰会自下而上地烧到楼顶。遇到火灾时，应从高处向低处跑，不要向楼顶上逃生。如迫不得已已逃到楼顶，也要站在楼顶的上风方向，向楼下呼救，等待救援。

8. 不要轻易跳楼。当火焰烧进避难空间时，不要轻易跳楼（特别是位于三楼以上时）可扒住阳台或窗台等翻出窗外逃避，以求绝处逢生。

四、火灾现场逃生要诀

(一)第一诀：逃生预演，临危不乱

每一个人对自己工作、学习或居住所在地的建筑物的结构及逃生路径要做到了然于

胸，必要时可集中组织应急逃生预演，使大家熟悉建筑物内的消防设施及自然逃生方法。这样，火灾发生时，就不会觉得走投无路了。

请记住：事前预演，将会事半功倍。

（二）第二诀：熟悉环境，切记出口

当你处在陌生的环境中时，如入住酒店、商场购物、进入娱乐场所时，为了自身安全，务必留心疏散通道、安全出口及楼梯方位等，以便关键时候能尽快逃离现场。

请记住：在安全无事时，一定要居安思危，给自己预留一条通路。

（三）第三诀：通道出口，畅通无阻

楼梯、通道、安全出口等是火灾发生时最重要的逃生之路，应保证畅通无阻，切不可堆放杂物或设闸上锁，以便紧急时能安全迅速地通过。

认清“安全出口”

（四）第四诀：扑灭小心，惠及他人

当发生火灾时，如果发现火势并不大，且尚未对人造成很大威胁时，当周围有足够的消防器材，如灭火器、消防栓等，应奋力将小火控制、扑灭；千万不要惊慌失措地乱叫乱窜，置小火于不顾而酿成火灾。

请记住：争分夺秒扑灭“初期火灾”。

（五）第五诀：保持镇静，迅速撤离

突遇火灾，面对浓烟和烈火，首先要强令自己保持镇静，迅速判断危险地点和安全地点，决定逃生的办法，尽快撤离险地。千万不要盲目地跟从人流和相互拥挤，乱冲乱撞。撤离时要注意，朝明亮处或外面空旷地方跑，若通道已被烟火封阻，则应背向烟火方向离开，通过阳台、气窗、天台等往室外逃生。

请记住：人只有沉着镇静，才能想出好的办法。

（六）第六诀：不入险地，不贪财物

在火场中，人的生命是最重要的。身处险境，应尽快撤离，不要因为害羞或顾及贵重物品，而把宝贵的逃生时间浪费在穿衣或寻找、撤离贵重物品上。已经逃离险境的人员，切莫重返险境，自投罗网。

请记住：留得青山在，不怕没柴烧。

（七）第七诀：建议防护，蒙鼻匍匐

逃生时经过充满烟雾的路线，要防止烟雾中毒、预防窒息。为了防止火场浓烟呛人，可采用毛巾、口罩蒙鼻，匍匐撤离的办法。烟气较空气轻而飘于上部，贴近地面撤离是避免烟气吸入、滤去毒气的最佳方法。穿过烟火封锁区，应佩戴防毒面具、头盔、阻燃隔热服等护具，如果没有这些护具，那么可向头部、身上浇冷水或用湿毛巾、湿棉被、湿毯子等将头、身裹好，再冲出去。

请记住：多件防护工具在手，总比赤手空拳要好。

（八）第八诀：善用通道，莫入电梯

按规范标准设计建造的建筑物，都会有两条以上的逃生楼梯、通道或安全出口。发生火灾时，要根据情况选择进入相对较为安全的楼梯通道。除可以利用楼梯外，还可以利用建筑物的阳台、窗台、天台屋顶等攀到周围的安全地点，沿着落水管、避雷线等建筑结构中的凸出物下滑，也可脱险。在高层建筑中，电梯的供电系统在火灾时会随时断电或因热的作用导致电梯变形，而使人困在电梯里，同时由于电梯井犹如贯通的烟囱直通各层楼，有毒的烟雾直接威胁被困人员的生命，因此，千万不要乘普通的电梯逃生。

请记住：逃生的时候，乘电梯极危险。

（九）第九诀：缓降逃生，滑绳自救

高层、多层公共建筑内一般都设有高层缓降器或救生绳，人员可以通过这些设施，安全地离开危险的楼层。如果没有这些专门的设施，而安全通道又已被堵，救援人员不能及时赶到的情况下，可以迅速利用身边的绳索或床单、窗帘、衣服等自制简易救生绳，并用水打湿，从窗台或阳台沿绳缓滑到下面楼层或地面，安全逃生。

请记住：胆大心细。救命绳就在身边。

（十）第十诀：避难场所，固守待援

假如用手摸房门已感到烫手，此时一旦开门，火焰与浓烟势必迎面扑来。逃生通道被切断，且短时间内无人救援。这时候，可采取创造避难场所，固守待援的办法。首先应关紧迎火的门窗，打开背火的门窗，用湿毛巾、湿布堵塞门缝，或用水浸湿棉被蒙上门窗，然后不停用水淋透房间，防止烟火渗入，固守在房内，直到救援人员到达。

请记住：坚盾何惧利矛？

（十一）第十一诀：缓晃轻抛，寻求援助

被烟火围困暂时无法逃离的人员，应尽量待在阳台、窗台等易于被人发现和能避免烟火近身的地方。在白天，可以向窗外晃动鲜艳的衣服，或抛轻型晃眼的东西；在晚上，即可以用手电筒不停地在窗口闪烁或者敲击东西，及时发出有效的求救信号，引起救援者的注意。因为消防人员进室内都是沿壁摸索进行，所以在被烟气窒息失去自救能力前，应努力滚到墙边或门边，便于消防人员寻找、营救；此外，滚到墙边也可以防止房屋结构塌落砸伤自己。

请记住：充分暴露自己，才能争取机会有效拯救自己。

（十二）第十二诀：火已及身，切勿惊跑

火场上的人如果发现身上着了火，千万不可惊跑或用手拍打，因为奔跑或拍打时会形成风势，加速氧气的补充，促旺火势，当身上衣服着火时，应赶紧设法脱掉衣服或就地打滚，压灭火苗；能及时跳进水中或让人向身上浇水、喷灭火剂就更有效了。

请记住：就地打滚虽狼狈，烈火焚身可免除。

（十三）第十三诀：跳楼有术，虽损求生

身处火灾烟气中的人，精神上往往陷于极端恐惧和接近崩溃，惊慌的心理极易导致不顾一切的伤害行为，如跳楼逃生。应该注意的是：只有消防队员准备好救生气垫并指挥跳楼，或楼层不高（一般 3 层以下）时才可考虑。

五、消防安全标志图例

消防安全标志图例

阅读拓展→

消防安全常识

书　　名：消防安全常识
作　　者：周久经
出 版 社：法律出版社
出版时间：2010 年 4 月
I S B N：9787502032418

内容简介→

当前，高校大学生的消防意识不容乐观，消防形势很是严峻。学生们知识虽然丰富，但消防安全知识、防灾技能却很薄弱，自我保护意识很低。他们认为消防安全只是领导和管理部门的事情，自身的消防安全知识与自我保护意识相当缺乏，火灾初发时期会正确有效地使用灭火器的人少之又少，许多大学生甚至不了解最基本的消防常识。本书图文并茂，实用性强，可作为适宜大学生阅读的消防科普读物。

思考题

1.高校发生火灾事故的原因有哪些？

2.灭火器如何正确使用？

3.初始火灾扑救的一般原则与方法是什么？

4.大学生宿舍发生火灾时如何自救、互救？

5.大学生宿舍预防火灾的措施有哪些？

第六章　大学生出行安全

学习导入

大学生出行安全包括校内外交通安全、旅游安全、住宿安全、购物安全和外出各种活动安全，是大学生安全的重要组成部分。我们时常可以看到或听到大学生在校园内外的道路上发生交通事故，在春、秋游过程中发生迷路而报警求助，在购物和住宿时发生这样和那样的安全问题。本章节主要有交通安全、旅游外出安全以及在遭遇各种安全事故时如何自救等内容，更偏向于实际操作技能的说明。

第一节　交通安全

一、大学生交通安全的定义

大学生交通安全，是指大学生在校园内外道路上谨遵《中华人民共和国道路交通安全法》和其他道路交通法规、规章，骑自行车、驾驶汽车，没有危险，不受威胁，不出事故。大学生要做到交通安全，最重要的就是严格遵守国家的交通安全法规，掌握一定的交通安全知识，增强交通安全意识，避免交通违章，减少交通事故。

二、构成交通安全的因素

道路交通事故的构成一般有七个方面的因素，即必须至少有一方使用车辆；事故发生在道路上；发生事故的车辆在行驶或停放过程中；发生了碰撞、碾压、刮蹭、翻车、坠车、爆炸、失火等其中的一种或几种现象；当事人有违反交通法则的行为；造成事故的原因是人为的，而不是因为人力无法抗拒的原因；有人、畜伤亡或者财产损失的后果。构成当前大学生交通安全的因素，主要体现在学生交通安全知识缺乏和交通安全意识淡薄两个方面。

三、遵守交通安全的基本原则

(一)加强交通安全意识

不管是校内还是校外,发生交通事故最主要的原因都是思想麻痹,安全意识淡薄,所以加强交通安全意识,才是保证交通安全的根本方法。

(二)认真学习并自觉遵守交通法规

除提高交通安全意识、掌握基本的交通安全常识外,还必须自觉遵守交通法规,主要是要自觉遵守《中华人民共和国道路交通管理条例》,才能保证安全。

(三)注意力高度集中

例如骑自行车时不能低头行驶,要注意观察。车到交叉路口时,更应注意交警的手势及交通指示灯的指示,不能思想溜号,否则就可能出事故。

四、大学生在校园内外发生的交通事故

近年来,随着各种车辆的剧增,大学生发生的交通事故呈上升趋势。大学生在校园内外发生的交通事故主要有:

(一)机动车撞伤、撞死

大学生发生交通事故致死的,主要是与机动车相撞造成的,其中有的是汽车,有的是摩托车。被撞伤、撞死的大学生有的是在马路上骑自行车,有的是步行横过马路或者在便道上行走,还有的是在车站候车。被撞伤、撞死的大学生,有的要承担一定的责任,如骑车违章带人,闯红灯、逆行、过马路不走人行横道,在校园内道路上踢球、拍球、嬉笑打闹,在马路上边走边聊天、玩手机等;有些交通事故是机动车驾驶员违章造成的,如学生在非机动车道路上骑自行车正常行驶,被后边违章驾驶机动车的汽车撞伤、撞死;学生在绿灯放行的情况下步行通过人行横道,被违章的汽车撞伤、撞死;学生在车站站台候车,被酒后驾车者撞伤、撞死;学生在校园内人行道上行走,被违章汽车撞伤、撞死等。

(二)乘汽车发生事故致伤致死

大学生因乘坐汽车发生的交通事故屡见不鲜,有时甚至造成群死、群伤事件,教训十分惨痛。造成群死、群伤的交通事故大多与学生外出旅游或放假返家有关。有的学生租用非法运营的私人车辆外出旅游,有的乘坐旅游公司的车辆旅游,途中发生交通事故,造成多人伤亡。还有的学生乘坐朋友、老师的私家车,发生交通事故,导致死伤。

(三)驾驶机动车违章发生事故造成致伤、致死

高校的大学生拥有驾驶证的不在少数,其中一些学生驾车经验少,遇到紧急情况时缺

乏处理经验，手忙脚乱，易发生事故。大学生违章驾驶机动车发生交通事故致伤致死是近几年出现的新情况。有的学生醉酒后驾驶机动车，致使车辆翻到沟里，造成驾驶人和乘车人死伤。还有学生无证驾驶无牌照摩托车，并且后座带人，因驾驶技术不佳，致使发生事故，并造成死亡。

(四)被非机动车撞伤

这种情况多发生在校园内，大学生被骑自行车的人撞翻，而肇事者大多数又是大学生。有的大学生在校园内随意骑车，认为校园内没有红绿灯，可以不分上下行道，骑快车，结果发生交通事故。

五、如何预防大学生易发生的交通事故

通过上述情况不难看出，不管在学校内还是学校外，不论是行人、骑车人，还是乘车人、开车人，发生交通事故最主要的教训是思想麻痹，不遵守交通法规，缺乏交通安全常识，自我保护意识淡薄。为了预防交通事故，要注意以下几点：

(一)必须认真遵守交通法规

许多交通法规是总结大量交通事故血的教训的基础上产生的。它是人们交通安全的基本保障，只要自觉遵守交通法规，就可避免交通事故。相反，如果不遵守交通规则，存有侥幸心理，甚至明知故犯，如违规驾驶，骑车带人，逆行闯红灯，行人过马路不走横道和过街桥时，就非常容易发生交通事故。

(二)必须掌握基本的交通安全知识

了解道路通行条件的交通信号灯、交通标志、交通标线、交通警察指挥手势的含义；了解道路通行中的一般规定，机动车、非机动车、行人和乘车人的通行规定以及高速公路的特别规定；了解交通事故处理中的现场、抢救伤员、报警、交通事故的调节和诉讼以及向保险公司的理赔等方面的知识。

(三)必须增强自我保护意识

由于他人，特别是机动车驾驶员的违章，结果造成了大学生无辜被撞伤、撞死，这样的教训是十分惨痛的，因此必须增强自我保护意识，要警惕和防止由于他人的过失对自己造成伤害。出行时要精力集中，不仅要瞻前顾后，还需眼观六路，耳听八方；发现违章的车辆向自己驶来，要主动避让，防止伤害自己；不开车况不好的车辆上路，不超速，与前车保持安全距离；遇到路况复杂、天气不好时，要处处加以小心，及时避让，以免受到意外伤害。

提高交通安全意识不管是校内还是校外，发生交通事故最主要的原因是思想麻痹、安全意识淡薄。作为一名在校大学生遵守交通法规是最起码的要求。若没有交通安全意识很容易带来生命之忧。自觉遵守交通法规除提高交通安全意识、掌握基本的交通安全常

识外，还必须自觉遵守交通法规，这样才能保证安全。以下两点是大家必须掌握并要在日常生活中严格遵守的。

1. 在道路上行走，应走人行道，无人行道时靠右边行走。走路时要集中精力，"眼观六路，耳听八方"；不与机动车抢道，不突然横穿马路、翻越护栏，过街走人行横道；不闯红灯，不进入标有"禁止行人通行""危险"等标志的地方。

2. 乘坐交通工具。乘坐市内公共交通应等车停稳后，依次上车，不挤不抢。车辆行驶中不得把身体伸出窗外；乘坐长途客车、中巴车时不能贪图便宜，乘坐车况不好的车，不要乘坐"黑巴""摩的"，因为这些车辆安全没有保障。乘坐火车、轮船、飞机时必须遵守车站、码头和机场的各项安全管理规定。

六、校园内发生交通事故的主要形式

(一)注意力不集中

这是最主要的形式，表现为行人在走路时边走路边看书边听音乐，边玩手机或者左顾右盼、心不在焉。

→→→→→

【案例】

厦门某民办高校李某，从宿舍区走出，边走边玩手机，根本不注意路上的情况。刚到宿舍区和马路的三岔路口时遇到一辆从她左侧行驶而来的为校内商家送货的小货车，汽车鸣笛，她丝毫没有避让的意思。结果汽车刹车不及将她刮倒，幸好车速不是太快，否则性命难保。

【案例】

江西某高校张某虽然是个近视眼，可他却最喜欢戴着耳机边听音乐边走路边看书，有时候车到了他跟前才发觉。同学提醒他要注意，他却当作耳边风。2001 年 11 月的一天下午，他跟往常一样一边听着音乐、一边看着书回宿舍，经过一个十字路口时，一辆桑塔纳轿车从他左侧开过来，汽车鸣笛，他丝毫没有避让的意思，结果汽车刹车不及将他撞倒，幸好车速不是太快，否则性命难保。

←←←←←

(二)在路上进行球类活动

大学生精力旺盛、活泼好动，即使在路上行走也是蹦蹦跳跳、嬉戏打闹，甚至有时还在路上进行球类活动，更是增加了发生事故的危险。

→→→→→

【案例】

上海某高校两位男同学在操场踢完足球后，在回寝室的路上还余兴未尽，在路上相互边跑边传球，此时身后正好驶来一辆两轮摩托车，驾驶员躲闪不及撞上了其中的一位，那位学生被撞成右小腿骨折。

←←←←←

(三)骑“飞车”

一般高校校园面积都比较大，宿舍与教室、图书馆等之间的距离比较远，所以许多大学生购买了自行车，课间或下课时骑自行车在人海中穿行是大学的一道风景线。但部分学生骑车技术也实在“高超”，居然能把自行车骑得与汽车比快慢，殊不知就此埋下了祸根。

→→→→→

【案例】

福州某高校学生张某，头天晚上在网吧里上网到第二天凌晨四点多才回寝室休息。一觉醒来已快到上课时间了，他起床后顾不得梳洗就匆匆下楼，骑上自行车飞快朝教室奔。当他骑到一个下坡向右转弯的路段时，本来车速已很快但他还觉得慢，又猛踩了几下，就在这时迎面来了一辆小轿车，他因车速太快避让不及，连人带车掉进了路旁的水沟里，致使右胳膊骨折，自行车摔坏。

←←←←←

(四)校园外常见的交通事故

1. 行走时发生交通事故。大学生余暇空闲时购物、观光、访友要到市区活动，这些地方车流量大，行人多，各种交通标志令人眼花缭乱，与校园相比交通状况更加复杂，若缺乏通行经验，发生交通事故的概率很高。上海一所著名大学的校长曾经说过：“在各个大学中普遍存在这样一种情况，少数学生书读得越多，越不会走路，遵守交通规则的意识越淡薄，不仅在校园里乱骑车、乱停车，在马路上违反交通规则也时有发生。”

→→→→→

【案例】

南京某重点大学一位男生丁某，双休日与几位同学上街。街上车辆川流不息，行人熙熙攘攘，不一会儿丁某与同学掉了队。正当他着急四处张望时，同学在马路对面大声叫丁某的名字，他就慌忙朝马路对面跑过去，此时一辆大卡车正飞驰而来，将其撞倒并从他身上碾压过去，为此丁某付出了生命的代价。

←←←←←

2. 乘坐交通工具时发生交通事故。大学生离校、返校，外出旅游、社会实践，寻找工作等都要乘坐各种长途或短途的交通工具。全国各地高校大学生因乘坐交通工具发生交通事故的情况时有发生，有时甚至造成群体性伤亡，教训十分惨重。

→→→→→

【案例】

1994 年 7 月，湖北某高校学生放暑假后，7 位老乡邀好一起乘一辆车回家。途中要经过一个汽渡码头，按安全管理规定汽车过汽渡，乘客必须下车。但乘客认为上车下车麻烦，就没有下来，司机见他们都不想下来也没有再坚持。汽渡船离岸后，由于江面上风大浪急，加上汽车手制动不灵、车轮下又没有塞三角枕木，停在尾部的汽车从汽渡船上滑入江中。车上 45 名乘客，25 人死亡，3 人下落不明，只有 17 人获救，7 位学生无一生还。

←←←←←

七、发生交通事故后如何处置

(一)道路交通事故的处置

在道路上发生交通事故，可以拨打“122”或“110”报警电话，准确报出事故发生的地点、人员、车辆和伤员情况。

1. 区别情况，做出解决事故办法的选择，或是自行协商解决，或是报警解决。

当机动车与机动车、机动车与非机动车在道路上发生未造成人身伤亡的交通事故时，当事人对事实及成因无争议的，在记录交通事故时间、地点、对方当事人的姓名和联系方式、机动车牌号、驾驶证号、保险凭证号、碰撞部位并共同签名后，撤离现场，自行协商损害赔偿事宜。如果当事人对交通事故及成因有争议，则不能撤离现场，应当迅速报警。

当在道路上发生造成人身伤亡的交通事故时，车辆驾驶人应当立即抢救受伤人员，并迅速报警。

非机动车与非机动车或者行人在道路上发生交通事故，未造成人身伤亡，而且基本事实以及成因清楚的，当事人应当先行撤离现场，再自行协商处理损害赔偿事宜；如果当事人对交通事故实以及成因有争议，则应当迅速报警。

2. 交通事故当事人应当保护交通事故现场。交通事故现场是指发生交通事故的车辆与事故有关的物体、痕迹和伤亡人员及其所在地点。现场情况是了解、判断事故发生过程、原因、责任和正确处理事故的重要依据。发生交通事故后，当事人故意破坏、伪造现场、毁灭证据的，要承担全部责任。保护交通事故现场，就是保护交通发生的原始现场、车辆、物品、伤亡人员以及痕迹都不能变动。为了抢救受伤人员需要变动现场时，应当标明位置。

3. 解决道路交通事故损害赔偿。在道路上发生交通事故后，当事人不能自行协商处理的，报警之后，由交通警察到现场后进行勘验、检查、搜集证据、制作交通事故认定书，作为处理交通事故的证据。当事人收到交通事故认定书后，对交通事故损害赔偿的争议，有两条途径可供选择，即请求公安交通管理部门调解或是直接向人民法院提起民事诉讼。

交通事故损害赔偿项目和标准依照有关法律的规定执行。

(二)发生在高校内部的交通事故的处置

高校的道路归高校自己管理，高校内的道路允许社会车辆进入和停放，故校园道路应是社会道路的延伸。高等学校内发生交通事故，当事人可根据情况自行协商解决，也可以向公安机关交通管理部门报案并向学校保卫部门报告。

第二节　旅游外出安全

一、旅游安全常识

1. 事先一定要了解景点的情况，包括天气情况、饮食住宿等，特别是选择去山区峡谷郊游时，一定要注意收听天气情况。

2. 确定行进路线时，尽量考虑成熟路线，以免迷途或者遭遇抢劫。

3. 路上交通，尽量选择火车，长途汽车相比之下更不安全，被抢劫、被偷盗时有发生。

4. 注意备药，如感冒药、止腹泻以及云南白药等常用药物。

5. 不要携带太多的现金，不要将钱都放在一起。把钱存到两三张卡里，建议卡可以与食物放在一起。

6. 旅行中，穿着不要太引人注意，以舒适、朴素为主。

7. 出门要和气待人，尽量不要与人发生争执。如果遭遇抢劫，没有能力就不要反抗。

8. 注意饮食卫生，在流行性疾病传播季节和寄生虫病流行地区，做好相应的预防工作。

9. 如果是自驾游，准备好备用轮胎，车程最好在6个小时以内，否则容易造成疲劳驾驶。

二、注意事项

(一)基本注意事项

1. 在临行前应考虑自身身体状况，必要时旅行前征得医生同意，方可动身。

2. 临行前，应根据自己的身体状况随身携带一些必备的药品及常用药品(如感冒药、止泻药、晕车药等),根据天气变化准备衣物及雨具。为了防止火灾事故的发生,请勿携带易燃、易爆物品,不要乱扔烟头和火种。

3. 到野生动物保护区游览,应尽量穿中性颜色衣服,如棕色、米色或土黄色;白色和其他鲜艳的颜色会令动物不安。同时,为防止丛林中的蚊虫叮咬,请尽量穿长袖衣裤。有些项目需穿长裤才适合,请女生在带裙子的同时,不要忘记带轻便的鞋子和长袖衣裤。

4. 务必带上身份证等有效证件准时到达约定的集合地点,有些景区景点对于学生有一定优惠,请旅游者提前向导游出示学生证以便导游购买优惠门票,如购买门票后再向导游出示,将不能享受优惠。

(二)签订旅游合同的注意事项

1. 请认真阅读旅游合同,仔细核对合同中的信息,确认姓名和证件号码无误。

2. 建议购买旅游人身意外险,有潜水、自驾车、骑马、滑雪、漂流等高风险项目的旅行,建议投保高风险意外险种。

三、行程中的注意事项

(一)乘坐交通工具注意事项

1. 乘坐的交通工具(包括飞机、汽车、火车、轮船、地铁及景区内的游览索道、观光车、游艇等,下称交通工具)在行驶的途中,若遇到交通事故发生时,应听从导游的安排及指挥,不要慌张;发生人员伤害时,应尽力施救或自救,同时注意保护现场,避免损失扩大。

2. 乘坐交通工具时,应系好安全带,在交通工具停稳后方可离开;上下交通工具时,须排队等候,讲究文明礼貌,并优先照顾老人、儿童、妇女,切勿拥挤,以免发生意外。

3. 乘坐交通工具时,请不要与司机交谈或催促司机开快车,不要将头、手、脚或者行李物品伸出窗外,以防意外发生;不要向车窗外扔废(杂)物品,特别是硬质物品,以免伤害他人。

4. 下车游览、就餐、购物时,请注意关好旅游车窗并随身携带贵重物品。

(二)住宿注意事项

1. 入住酒店后,应了解酒店安全须知,熟悉酒店的防火门、安全出路、安全楼梯的位置及安全转移的路线。

2. 不要将自己住宿的酒店、房号随便告诉陌生人,不要让陌生人或者自称酒店的维修人员随便进入客房,出入客房要锁好房间门,睡觉前注意房门窗是否关好,保险锁是否锁上;贵重物品请妥善保管。

3. 如遇紧急情况请勿慌张:发生火警时请勿搭乘电梯或者随意跳楼,应镇定判断火情,主动实行自救;若身上着火,可就地打滚,或者用重衣物压火苗;必须穿过有浓烟的走廊、通道时,用浸湿的衣物披裹身体、捂着口鼻,贴近地、顺墙爬行;大火封门无法逃出时,可采用浸湿的衣物披裹身体、被褥堵门缝或者泼水降温的方法等待救援，或者到阳台摇动色彩鲜艳的衣物呼唤救援人员。

(三)饮食卫生注意事项

1. 外出旅游，应注意身体健康，切勿吃
生食、生海鲜、未剥皮的水果，不可光顾路边无牌照摊档，忌暴饮暴食，应多喝开水，多吃蔬菜水果，少抽烟，少喝酒。

2. 不要随意接受和食用陌生人赠送的香烟、食物和饮品，防止他人暗算。

3. 为防止旅途中水土不服，应自备一些常用药品以备不时之需，切勿随意服用他人提供的药品。

(四)景区注意事项

1. 抵达景区后，请谨记集合地点、时间、所乘游览巴士的车牌号。听取当地导游有关安全的提示和忠告，应预防意外事故和突发性疾病的发生。

2. 经过危险地段(如陡峭、狭窄、潮湿泛滑的道路等)不可拥挤，前往险峻景点观光时应充分考虑自身的条件是否可行，不要强求和留存侥幸心理；参与登山等活动时，应注意适当休息，避免过度激烈运动，同时做好防护工作。

3. 在景区参观游览时，请听从导游的安排，不要擅自离队，如果迷失方向，原则上应原地等候导游的到来或者打电话求救、求助，千万不要着急。

4. 在自行安排活动期间，应注意人身安全，谨记导游提醒的各种注意事项以及景区的各种公告和警示牌；在拍摄照片时，旅游者不要专注于眼前的美景，而忽略了身边或者脚下的危险。

(五)购物注意事项

1. 请勿轻信流动推销人员的商品推荐。由于小摊位物品真伪及质量难以保障，尽量不要在小摊位购买物品。如必须购买，请看好再与商家讨价。无意购买时，请勿向商家问价或者还价，以免发生争执。

2. 购物时，请注意商品质量及价格，应细心鉴别商品真伪并向商家索取正式发票，如商品无质量问题，只是价格偏高，旅行社只能协调处理，不能负责退换，敬请注意。

3. 请勿随商品推销人员到偏僻地方购物或者取物。

4. 在热闹拥挤的场所购物或者娱乐时，应注意保管好自己的钱包、提包、贵重物品及证件。

第三节　遭遇事故如何自救

地震、发生交通事故或环境污染事件、流行病爆发、公共场所突发险情……如果出行在外，这些突发事件与我们不期而遇，你知道该怎样应对吗？5 月 10 日至 16 日，是应急知识宣传周。在我们将关注的目光投向公众应急时，也期望人们能多掌握一些公众应急知识，以期当突发事件来临时，能据此给生命多一份保障和安全。

突发事件是指突然发生的，造成或可能造成严重社会危害，需要采取应急措施予以应对的自然灾害、事故灾难、公共卫生事件和社会安全事件。

公众应急的主要对象就是各类突发事件。

一、突发事件的分级

突发事件按严重程度分为一般、较大、重大和特别重大四级。社会安全事件不分级。根据突发事件的危害性及紧急程度，对事件的预警一般也分为四级：

蓝色预警：可能发生一般(Ⅳ级)突发事件。

黄色预警：可能发生较大(Ⅲ级)突发事件。

橙色预警：可能发生重大(Ⅱ级)突发事件。

红色预警：可能发生特别重大(Ⅰ级)突发事件。

二、遇险求救办法

遇险后，要根据自身及周围环境情况，尽快发出求救信号。

(一)声响求救

喊叫、吹哨子、敲打能发声的物品，甚至砸碎玻璃发出求救信号。

(二)光线求救

用手电筒、镜子等能发光、反光的物品反复闪照，发出求救信号。

(三)抛物求救

在高楼等处遇到危难时，可向路人抛掷枕头、空塑料瓶等软物，发出求救信号。

(四)旗语求救

将颜色鲜艳的衣物绑在竹竿或木棍上挥舞，发出求救信号。

(五)烟火求救

在野外遇险时，在确保不发生火灾的前提下，白天可燃烧潮湿树枝、青草等产生浓烟，夜晚可点燃间隔距离相同的三堆火，发出求救信号。

(六)标示求救

如在原地等待救援，可利用树枝、石块、帐篷、衣物等，搭建某种标志(如“SOS”)引起救援人员的注意；如在移动中，可一路上留下方向标示物，有助于救援人员寻找，也有助于自己迷路时作为向导。

三、道路交通事故应急要点

1. 刹车失灵：松开油门，换低挡，用手刹，打开警示灯，驶离主车道，停靠路边；如车速无法控制，可冲撞路边的护栏减速。

2. 轮胎爆裂：轻踩制动踏板，紧握方向盘，避免车头承受太大力量。后轮胎爆裂，反复踩踏制动踏板，紧握方向盘，使汽车保持直线行驶，重心前移，减轻后轮胎所承受的力量。

3. 车辆发生撞击事故前一瞬间，乘客要握紧扶手、椅背，同时两腿微曲用力向前蹬地。车辆翻滚时，应迅速抱住头部，并缩身成球形，以减轻头部、胸部受到的冲击。必要时司机应迅速躲离方向盘，抬起两脚，以免因受到挤压而受伤。

四、水上交通事故应急要点

1. 船舶遇险时，要保持冷静，听从船上工作人员指挥。船上有救生衣、救生圈的，要迅速拿上穿好，没有救生衣可用其他漂浮物体作为救生用具。要尽可能向水面抛投漂浮物，如大块泡沫塑料、空木箱、船舱木板、木凳等。

2. 如船舶正在下沉，千万不要在倾倒的一侧下水，以防被船体压在水下难以逃生。

3. 穿救生衣跳水，要双臂交叠在胸前，压住救生衣，跳时要深吸一口气，用手捂住口鼻，眼望前方，双腿并拢伸直，脚先下水。不要向下望，防止身体向前扑进水里受伤。跳水后，注意保持体温，可双脚并拢屈到胸前，两肘紧贴身旁，交叉放在救生衣上，使头部露出水面。

五、环境污染事件应急要点

环境污染事件分水污染事件、大气污染事件、固体废物污染事件、放射性污染事件等。

1. 发生污染事件后，在现场使用手机或电话没有危险的情况下，立即拨打“119”或当地环保部门电话，说明事发详细地点、区域、污染现象、中毒人员情况、联系人电话。

2. 发现有毒气体时，应用口罩或毛巾浸水捂住口鼻尽快向上风向转移，发现中毒者应立即移至空气新鲜处，及时向当地急救中心和有关部门报告。

3. 当浓硫酸、苯、甲苯等液体类有毒化学品大量泄漏时，严禁使用自来水冲洗，应使用沙土、泥块或适合的吸附剂予以吸附。

六、公共场所突发险情应急要点

(一)室内公共场所险情

人员稠密的室内公共场所，如商场、影剧院、歌舞厅、网吧等，一旦发生火灾、混乱，后果不堪设想。

1. 注意收听广播，服从现场工作人员引导，尽快从就近安全出口有序撤离，切勿逆着人流行进或抄近路。

2. 不要乘坐电梯逃生，可利用建筑物阳台、避难层、缓降器、救生袋、应急逃生绳等逃生，也可将被单、台布结成牢固的绳索，牢系在窗栏上，顺绳滑至安全楼层。

3. 火势蔓延时，应用湿毛巾或湿衣服遮掩口鼻，放低身体姿势，浅呼吸，快速、有序地向安全出口撤离。尽量避免大声呼喊，防止有毒烟雾吸入呼吸道。

(二)室外公共场所险情

在人员稠密的室外公共场所，如公园、体育场馆、大型活动现场等，一旦发生拥挤、踩踏，后果十分严重。

1. 在拥挤的人群中，要时刻保持警惕。当发现有人情绪不对，或人群开始骚动时，就要做好准备保护自己和他人，千万不能摔倒，避免造成拥挤踩踏事件。

2. 若被人群拥倒，要将身体蜷成球状，双手在颈后紧扣以保护身体最脆弱的部位。

3. 拥挤踩踏事故发生后，立即报警，等待救援，并在医务人员到达现场前开展自救和互救。在救治中，要遵循先救重伤者、老人、儿童及妇女的原则，当发现伤者呼吸、心跳脉搏停止时，要赶快做人工呼吸、胸外按压。

阅读拓展→

驾驶无忧安全手册

书　　名：驾驶无忧安全手册
作　　者：本书编写组
出 版 社：法律出版社
出版时间：2013 年 2 月
I S B N：9787511845696

内容简介→

现如今，高校在校生考取驾照越来越普遍，随之而来的交通安全法规也必须引起大家的注意。本书采用实用问答，以问题和回答的形式，全面涵盖驾驶证管理、驾驶人考试、道路通行规则、交通事故以及道路交通安全违法行为的法律责任等多个方面的内容，设想机动车驾驶者重点关注或容易忽略的问题，各个回答均参照相关交通法律法规的规定，做到准确与精炼。

阅读本书，可先从“上篇：实用问答”入手，逐步熟悉考取驾驶证的相关问题，进而了解机动车驾驶与道路交通的主要问题。也可快速查阅“中篇：记分提示”中的扣分行为，及时掌握并牢记主要道路交通违法行为及对应的记分分值。当然，具体交通规则和处罚规定，都在本书“下篇：交通法规”的法律法规中有明确依据，敬请广大读者全面熟知相关内容。

思考题

1.大学生预防道路交通安全事故的措施有哪些？

2.大学生遭遇道路交通安全事故时的处理方法有哪些？

3.旅游安全注意事项有哪些？

4.大学生出行遇险时应如何求救？

第七章 安全使用网络 预防网络侵害

随着通讯技术和信息网络技术的飞速发展，3D、4D、5D的广泛应用，特别是高校大学生这个年轻群体，他们已经非常得心应手地玩转起这门新兴且时髦的前沿技术。所谓"一机在手，无所不能"，几乎在所有的高校课堂、报告厅、实验室，甚至白天和晚上的绝大多数时间，他们中的多数人都在玩游戏、听歌、购物、看电影，发短信，等等。他们不是在玩手机网络，确切地说，他们已经被手机和网络给控制了，有的同学已经付出十年美丽光阴的代价，有的甚至付出了生命的代价。

本章节主要内容有上网的生理健康和心理健康、网络不良信息对大学生的侵害及预防、信息安全、计算机网络违法犯罪与预防等。通过学习本章知识，应该充分引起广大学生读者的高度重视，你可以玩手机与网络，但不要被你的手机或网络给控制了。

第一节 上网的生理健康和心理健康

一、上网的生理健康

（一）上网对生理健康的损害

1. 对肢体的影响

长时间沉溺于网络，会造成腕关节局部肿痛，活动受限，甚至手指末端坏死，医学称为"腕管综合征"或称为"键盘手"。

2. 对睡眠的影响

长时间沉溺于网络，睡眠节律紊乱，黑白颠倒。下网后则感觉疲乏、头痛、心慌、烦躁、恶心。

3. 对饮食的影响

长时间沉溺于网络，饮食不规律，边吃边玩或饥一顿饱一顿，损害肠胃功能，影响身体健康。

4. 对情绪的影响

长时间沉溺于网络，易造成精神恍惚，喜怒无常，自我封闭，远离人群，对现实生活冷漠。

(二)预防上网对生理健康损害的方法

1. 保持正确的操作姿态，不长时间连续上网。每隔一小时左右休息一会，活动活动身体，以减少“腕管综合征”(键盘手)发病率，预防颈椎、腰椎等疾病。

2. 注意用眼卫生。眼睛与显示屏应保持至少60厘米的安全距离，显示屏的亮度应适宜，同时注意环境光线的调节，不要长时间上网。否则，会导致双眼干涩、酸胀、看不清东西，头晕犯困等。

3. 显示器的电磁辐射危害人体健康，应尽量选用辐射小的显示器(如液晶屏显示器)或使用防辐射器材。

4. 注意电脑使用环境卫生，要去有合法营业资格，有安全保障、空气流通、光线好的网吧，在家里或宿舍上网要经常通风换气。

二、上网的心理健康

(一)心理健康的含义

心理健康是指一个人的生理、心理与社会处于相互协调的和谐状态，其表现是情绪稳定与愉快，行为协调统一，良好的人际关系，较强的适应能力。

(二)上网对心理健康的损害

上网容易引发网络综合征，形成心理疾病。

1. 网络综合征的概念

网络综合征(Net Synthesis)是指由于沉迷于网络而引发的各种生理、心理障碍的总称。这是新近出现的疾病之一，目前各研究机构正开展对它的研究。

2. 网络综合征的症状

(1)上网后精神极度亢奋，以此来获得心理满足，行为不能自制。

(2)时常出现焦虑、忧郁、情绪波动、烦躁不安等现象，人际关系淡漠，对家人和朋友隐瞒自己是“网虫”。

(3)上网时间过长，甚至整夜游荡在虚幻的环境中。白天工作昏昏欲睡，对现实生活没兴趣。

(4)不上网时手指会不停地敲动，严重时全身打战、痉挛、摔毁器物。

(三)预防上网对心理健康损害的方法

1. 加强校园文化建设，丰富业余生活，转移上网注意力。

2. 培养大学生的个性品质，学会正确处理人际关系，摆脱虚拟空间的困扰，回到现实生活中。

3. 控制上网时间，构筑心理安全防线，预防网络成瘾。

4. 接受心理治疗机构和心理咨询师的专业咨询，诊治“网络综合征”。

第二节　网络不良信息对大学生的侵害及预防

一、网络不良信息对大学生的侵害

我国历来对网络不良信息的防范和打击很重视，发布了一系列规范网络不良信息的行政法规和部门规章，如国务院于 1994 年发布的《中华人民共和国计算机信息系统安全保护条例》、1997 年发布的《中国互联网络域名注册暂行管理办法》、1996 年制订后于 1997 年修正的《中华人民共和国计算机信息网络国际联网管理暂行规定》；公安部 1996 年发布的《关于对与国际联网的计算机信息系统进行备案工作的通知》，同年公布的《关于对〈中华人民共和国计算机信息系统安全保护条例〉中涉及的“有害数据”问题的批复》，等等。

我国在《中华人民共和国计算机信息网络国际联网暂行规定》第 13 条中指出，“从事国际联网业务的单位和个人，不得利用国际联网从事危害国家安全、泄露国家机密等违法犯罪活动，不得制作、查阅、复制和传播妨碍社会治安的信息和淫秽色情等信息”。《计算机信息网络国际联网安全保护管理办法》第 5 条规定了九个方面的网络信息为不良信息：“煽动抗拒、破坏宪法和法律、行政法规实施的；煽动颠覆国家政权、推翻社会主义制度的；煽动分裂国家、破坏国家统一的；煽动民族仇恨、民族歧视，破坏民族团结的；捏造或者歪曲事实，散布谣言，扰乱社会秩序的；宣扬封建迷信、淫秽、色情、赌博、暴力、凶杀、恐怖，教唆犯罪的；公然侮辱他人或者捏造事实诽谤他人的；损害国家机关信誉的；其他违反宪法和法律、行政法规的。”

(一)不良政治信息对大学生的思想侵害

目前，某些机构和个人在网上传播虚假信息，造谣惑众，对社会热点和敏感事件进行恶意炒作，误导舆论，危害了社会稳定和国家安全。虽然各高校在校园网安全管理方面做了大量工作，但不良政治信息对大学生的思想侵害也日趋严重。值得注意的是，“法轮功”邪教组织在网上的非法活动很猖狂，他们利用互联网宣传歪理邪说，一些政治上糊涂、思想意志薄弱的人可能被误导或陷入陷阱。

(二)黄、赌、毒等不良信息对大学生的道德侵害

互联网上各种不良信息的泛滥，很容易诱发青少年进行卖淫、嫖娼、强奸等违法犯罪活动。公安部、中央宣传部、信息产业部等十部委从 2007 年 4 月起，在全国范围内组织开展“依法打击网络淫秽色情专项行动”，共清理网上淫秽色情信息 25 万条；关闭淫秽色情网站、栏目 1.3 万余个，关闭赌博、诈骗网站、栏目 4500 余个。

(三)网上交友不慎对大学生人身财产的侵害

一些犯罪分子利用上网聊天的机会发布虚假信息，花言巧语欺骗异性，以请吃饭、送

礼物等为诱饵约对方出来见面，借机诈骗、强奸、杀人。某高校女学生陈某，上网聊天时结识了一个上海籍男网友，从约见到深陷网恋，发展到离家出走，最后受到学校劝退的处理。

二、对网上不良信息侵害的预防

（一）上网应注意的事项

1. 不把家庭住址、经济状况、学校名称等信息提供给闲聊者与陌生人。
2. 不轻易接收网友无偿赠送的钱物。
3. 不在没有同伴的情况下与网友进行面对面约会。
4. 控制上网时间，不迷恋网络，不将网络当作精神寄托。

（二）抵御不良信息

1. 不登录内容不健康的网站，不沉迷于网络游戏和聊天。

2. 充分认识网络世界的虚拟性、游戏性和危险性，时刻保持高度警惕，不把网络当成逃避现实的避风港。

3. 遵守《全国青少年网络文明公约》规定："要善于网上学习，不浏览不良信息；要诚实友好交流，不侮辱欺诈他人；要增强保护意识，不随意约会网友；要维护网络安全，不破坏网络秩序；要有益身心健康，不沉溺虚拟时空。"

（三）防范网络陷阱

1. 恶意网站陷阱

互联网上有色情网站、游戏网站、打着咨询服务等旗号的网站。在浏览这些网站时，它会要求你下载一种软件，声称此软件可免费使用该网站的资源。实际上，该软件是国际长途电话自动拨号程序，下载后它就自动运行，结果产生高额国际长途话费。有的网站在一些收费项目选择上设置复选陷阱，看似免费，实际上要扣信息费。

2. 不良网络游戏陷阱

有的游戏以色情、暴力或恐怖袭击为主题，有的暗藏不良政治目的，引诱大学生堕落、消沉、违法犯罪。

3. 淫秽色情陷阱

淫秽色情内容被称为"电子海洛因"，具有影响范围广、力度大和危害腐蚀性强的特点。针对网上"黄、赌、毒"日趋严重的现状，国家有关部门于 2005 年 6 月开通了"违法和不良信息举报中心"网站，大学生应积极参与清除淫秽色情网站的活动。

4. "黑客"教唆陷阱

黑客（hacker），源于英语动词 hack，意为"劈，砍"，也就意味着"辟出，开辟"，进一步引申为"干了一件非常漂亮的工作"。该词源于麻省理工学院，当时一个学生组织的一些成员因不满当局对某个电脑系统的使用所采取的限制措施，而开始自己"闲逛"闯入该系统。他们认为任何信息都是自由公开的，任何人都可以平等地获取。

现在“黑客”一词普遍的含义指电脑系统的非法侵入者。多数黑客对电脑非常着迷，认为自己有比他人更高的才能，因此只要他们愿意，就非法闯入某些禁区，或开玩笑或恶作剧，甚至干出违法的事情。他们常常以此作为一种智力的挑战而沉溺于技术的违法之中。

随着互联网的普及和扩大，“黑客”的活动也日益活跃。一些“黑客”成立了组织，建立网站，传播黑客技术。这对一些大学生颇具吸引力。大学生应提高防范意识，不登录黑客网站，不做黑客。

5. 邪教陷阱

一些邪教组织网站，冒用宗教、气功等名义，大肆宣传反人类、反社会、反科学的歪理邪说，造谣生事，发展组织，危害社会稳定，引诱大学生跌入政治陷阱。

6. 网上裸聊陷阱

网络传播淫秽色情的方式主要有两种：一是建立色情网站，采用会员制收费的方式；二是利用网上的视频软件，提供裸体视频聊天。公开的裸聊是违法行为。点对点裸聊容易诱发犯罪。

7. 其他陷阱

当前主要有假冒银行网站、网上算命、网络“免费”服务、网络一夜情、网络性交易、网上替考“枪手”、网络窥探隐私、网络教唆自杀等陷阱。这些陷阱具有隐蔽性和诱惑性，大学生要提高警惕，避免陷进去。

第三节 信息安全

互联网的普及应用给大家的学习、生活、工作带来了极大的便利和好处。在校大学生使用网络进行学习、生活等，越来越多的网络游戏、网络购物、网络支付等与我们的生活息息相关。因此也带来了各种各样危害信息安全的事件。网络病毒和木马的泛滥、网络陷阱、黑客攻击等高科技之灾时刻可能让我们的个人重要信息丢失、电脑处于崩溃状态。因此，能安全上网便成了上网用户共同的愿望。

→→→→→

【案例】

中新网2013年7月1日电　据香港《文汇报》7月1日报道，美国“棱镜门”揭秘者斯诺登所持机密文件指出，美国国家安全局（NSA）曾在欧盟驻华盛顿和纽约联合国总部办公室安装监听装置，窃听会议对话和电话，又入侵欧盟网络偷看内部文件和电邮。美方平均每月监控德国约5亿个电话、电邮和简讯。

《卫报》当天援引美国人爱德华·斯诺登提供的美国国家安全局机密文件，详细描述美方对盟友的情报监视活动。文件显示，美方以38个驻美使馆和外交办事处为“目标”，包括欧盟机构以及法国、意大利、希腊等欧洲国家，还包括日本、韩国、印度、土耳其、墨西哥等其他地区盟友。

美方采取多种监视手段，包括复制电脑硬盘内文件以及在传真机等电子通信装备上安装窃听器。这两种手段都被用在欧盟驻纽约联合国总部的办事处。

另外，针对欧盟驻华盛顿办事处的美国机密文件中明确标明，哪台传真机用于办事处向欧洲各国首都回传文件。而这一外交机构内的90名职员都成为了监视目标。

《明镜》报道，美方平均每天监视德国境内2000万个电话通信和1000万个互联网数据包。美国情报人员最多一天获得6000万个电话通信“元数据”。

←←←←←

自从互联网诞生以来，因其诸多功能、优势迅速得到普及应用。如今，我们正享受着它带来的种种便利和好处，但同时，由于网络环境的复杂性，我们也经常看到电脑病毒和木马泛滥、网络陷阱、黑客攻击等报道。怎样才能做到比较安全地上网从而预防可能发生的损失或降低损失到最低限度呢？

首先，努力提高信息安全素质，培养良好的信息安全意识。能正确识别各类信息安全威胁，合理规避信息安全风险。其次，掌握一些必要的电脑基础知识，懂得一些电脑程序的安装和设置方法、技巧等。尽可能保证电脑本身的安全，做好安全上网的一些防范工作。具体要求如下：

一、电脑使用规范

上网时，如果不是必须，不必填写你的真实个人资料；如果可以，不妨填写一个虚拟的资料；E-mail、手机号码不要直接发布在公开显示的地方。E-mail公开了且处于可被搜索引擎抓取的地方，100％会成为垃圾场；避免你的昵称和真实身份联系在一起，这样你身边的人就不知道你网上的身份，或者不让网上的人知道你现实的身份。正确设置各种密码，并且经常修改。密码至少6个字符，切忌空密码和与用户名（账号）相同的密码。一个好的密码既要不易被猜出，又要不易被破解。所以，好的密码至少应该由大小写字母、数字和其他字符组成，且长度最好在8位以上，尤其在信息安全危险度较高的场合。

1. 不要一个密码通天下，处处使用同一密码有很大安全隐患；谨慎使用“记住密码”的功能，及时清除cookies、临时文件夹等。

2. 不要一个邮箱通天下，与电脑打交道的邮箱应该和与人打交道的邮箱分开。你可以用某个邮箱专门用来注册，这样可以保证最大的安全；不要一个昵称通天下，若在多个网站、论坛使用同一个昵称，如果别人需要，很容易可以追踪到。

3. 不要点击陌生人通过E-mail、IM等传送过来的或不确定是否安全的网址。这样的网址很可能有木马或有恶意代码；不要直接打开邮件的附件和QQ传来的程序、文件等。熟悉的人发来的最好先另存到本地，再用杀毒软件检查；陌生人的邮件直接删除，更不要回复。

4. 切勿贪图小便宜，汇款须谨慎。不轻信网络“中奖”“赠送”类信息，切记不能向陌生账户汇款；不能仅凭好友在网上的留言汇款；上网购物时，尽可能使用“财付通”或“支付宝”等正规第三方支付平台，安全有保障；登录网上银行等重要账户前，先确认网站地址是否和服务商提供的网址一致。若不是必须,不在公用电脑上使用网上银行。

5. 注意保护重要数据和文件。重要数据和文件应备份,核心数据和文件应异地备份;重要数据和文件不要放在共享文件夹内,确因工作需要应设置口令和操作权限,使用结束后,立即取消。建议个人的隐私、机密信息或文件等不要存储在能上网的电脑上。

6. 谨慎存放自制文件。Word、Excel 等常用软件默认的文件存放路径是根目录下的"My Documents"文件夹,一旦木马把用户硬盘变成共享硬盘后,入侵者从这个目录中的文件名一眼就能看出这个用户是做什么的。因此,应把工作路径改成别的目录,并且层次越深越好。

7. 如果短时间内有大量 QQ 请求添加你为好友,请拒绝。因为 QQ 号码丢失后申诉的条件之一就是知道你好友里的五个号码。

8. 不访问低俗、含有恶意代码或容易"挂马"的网站。上网搜索信息、软件时最好到一些口碑比较好的网站,使用其站内搜索。而不要通过百度、google 等搜索。

二、打造安全个人电脑

做好以下各点,打造安全个人电脑。

1. 及时修复系统漏洞。如果系统漏洞没修复,上网是百分之百的中毒。修复系统漏洞最好用 QQ 医生、360 安全卫士等专业工具,而不要用 windows 自带的 update。

2. 安装必要的安全软件,并及时升级。在电脑中安装并使用必要的防黑软件、杀毒软件和防火墙都是必需的。在上网时打开它们,这样即便有黑客攻击安全也是有保证的。关闭"文件和打印共享"。文件和打印共享是一个非常好的功能,同时也是黑客入侵的很好的漏洞。所以不需要时,我们应将它关闭并修改注册表来实现禁止他人更改"文件和打印共享"。

3. 禁用 Guest 账户。有很多入侵都是通过这个账号进一步获得管理员密码或权限的。如果不想把自己的计算机给别人当玩具,还是禁止的好。

4. 谨慎使用各种移动存储设备,使用前先用杀毒软件检查。带毒的 U 盘只要一插入电脑不需要任何操作就可能中毒。因为 Windows 有一个自动播放的功能,所以,建议置禁止 U 盘自动播放。

自动播放

5. 不受文件名欺骗主动运行病毒。许多病毒通过隐藏文件扩展名这个设置隐藏自己。如：一病毒名原本是“ *.jpg. exe”，而隐藏扩展名后变为“ *. jpg”，同时把图标改成图片样子，让你误认为是图片，但点击就中毒。因此，建议不要隐藏文件扩展名。

6. 隐藏 IP 地址。隐藏 IP 地址的主要方法是使用代理服务器，使用代理服务器后，其他用户只能探测到代理服务器的 IP 地址而不是用户的 IP 地址，这就实现了隐藏用户口地址从而保障用户上网安全的目的。

7. 更换管理员账户。Administrator 账户拥有最高的权限，黑客入侵的常用手段之一就是试图获得 Administrator 账户的密码，所以要更换 Administrator 账号。首先给 Administrator 账户设置一个强大复杂的密码，然后我们重命名 Administrator 账户。再创建一个没有管理员权限的 Administrator 账户欺骗入侵者。

8. 关闭不需要的服务和端口。系统默认开启的一些服务和端口我们一般也没用。如果不关闭这些服务或端口，黑客还可能利用它们，从而造成安全隐患。

9. 禁止建立空链接。在默认的情况下，任何用户都可以通过空连接连上服务器，枚举账号并猜测密码。因此，必须禁止建立空链接。

10. 经常访问有关信息安全的网站。经常访问安全类、反病毒软件厂商网站。如：微软安全公告网、国家计算机病毒处理中心网，这样可以及时了解计算机病毒预警、系统漏洞发布、新病毒的解决办法等信息，有助于我们提前做好防范，进一步确保计算机的安全。

其实，良好的信息安全意识和有效的安全防范工作是实现安全上网的前提，可如果你不幸电脑中了病毒或木马，建议你毫不犹豫，格式化 C 盘重装系统。希望每位大学生都能安全地上网。

定期体检不可少

第四节　计算机网络违法犯罪与预防

一、计算机网络管理的法律规范

20 世纪 90 年代以来，我国颁布实施了几十部涉及计算机软件保护及著作权登记、计算机信息系统安全保护、计算机信息网络国际互联网管理、中国公共多媒体通信管理、计算机信息系统保密、互联网信息服务管理和互联网安全、电子邮件服务管理等诸多方面的法律法规，其中许多条款与公民个人有直接关系。特别是《全国人民代表大会常务委员会关于维护互联网安全的决定》(2000 年 12 月 28 日通过，以下简称《决定》)，从 6 个方面具体规范了计算机网络违法犯罪问题。

1. 为了保障互联网的运行安全，对有下列行为之一，构成犯罪的，依照刑法有关规定追究刑事责任：

(1)侵入国家事务、国防建设、尖端科学技术领域的计算机信息系统；

(2)故意制作、传播计算机病毒等破坏性程序，攻击计算机系统及通信网络，致使计算机系统及通信网络遭受损害；

(3)违反国家规定，擅自中断计算机网络或者通信服务，造成计算机网络或者通信系统不能正常运行。

2. 为了维护国家安全和社会稳定，对有下列行为之一，构成犯罪的，依照刑法有关规定追究刑事责任：

(1)利用互联网造谣、诽谤或者发表、传播其他有害信息，煽动颠覆国家政权、推翻社会主义制度，或者煽动分裂国家、破坏国家统一；

(2)通过互联网窃取、泄露国家秘密、情报或者军事秘密；

(3)利用互联网煽动民族仇恨、民族歧视，破坏民族团结；

(4)利用互联网组织邪教组织、联络邪教组织成员，破坏国家法律、行政法规实施。

3. 为了维护社会主义市场经济秩序和社会管理秩序，对有下列行为之一，构成犯罪的，依照刑法有关规定追究刑事责任：

(1)利用互联网销售伪劣产品或者对商品、服务作虚假宣传；

(2)利用互联网损坏他人商业信誉和商品声誉；

(3)利用互联网侵犯他人知识产权；

(4)利用互联网编造并传播影响证券、期货交易或者其他扰乱金融秩序的虚假信息；

(5)在互联网上建立淫秽网站、网页，提供淫秽站点链接服务，或者传播淫秽书刊、影片、音像、图片。

4. 为了保护个人、法人和其他组织的人身、财产等合法权利，对有下列行为之一，构成犯罪的，依照刑法有关规定追究刑事责任：

(1)利用互联网侮辱他人或者捏造事实诽谤他人；

(2)非法截获、篡改、删除他人电子邮件或者其他数据资料，侵犯公民通信自由和通信秘密；

(3)利用互联网进行盗窃、诈骗、敲诈勒索。

5. 利用互联网实施本决定第 1 条、第 2 条、第 3 条、第 4 条所列行为以外的其他行为，构成犯罪的，依照刑法有关规定追究刑事责任。

6. 依照有关规定应该追究的其他责任。

(1)利用互联网实施违法行为，违反社会治安管理，尚不构成犯罪的，由公安机关依照《治安管理处罚条例》予以处罚；

(2)违反其他法律、行政法规,尚不构成犯罪的,由有关行政管理部门依法给予行政处罚;

(3)对直接负责的主管人员和其他直接责任人员,依法给予行政处分或者纪律处分;

(4)利用互联网侵犯他人合法权益,构成民事侵权的,依法承担民事责任。

任何单位和个人在利用互联网时,都要遵纪守法,抵制各种违法犯罪行为和有害信息。

二、计算机使用的违法行为

在我国,除了依照《中华人民共和国刑法》和《全国人民代表大会常务委员会关于维护互联网安全的决定》等法律法规应予制裁的计算机犯罪行为外,还有许多不构成犯罪,但同样是以计算机为工具或以计算机资产为侵害对象的一般违法活动。这些违法活动同样具有类似计算机犯罪的特点——智能性、隐蔽性和社会危害性,也应引起大学生的高度警惕。

简单地说,计算机违法是指行为人以计算机为工具或以计算机资源为侵害对象进行的违法活动。更确切地说,计算机违法是违反计算机及网络管理和安全保护法律法规的活动。

2006 年 3 月 1 日实施的《中华人民共和国治安管理处罚法》第 29 条规定,“有下列行为之一的,处五日以下拘留;情节较重的,处五日以上十日以下拘留:(一)违反国家规定,侵入计算机信息系统,造成危害的;(二)违反国家规定,对计算机信息系统功能进行删除、修改、增加、干扰,造成计算机信息系统不能正常运行的;(三)违反国家规定,对计算机信息系统中存储、处理、传输的数据和应用程序进行删除、修改、增加的;(四)故意制作、传播计算机病毒等破坏性程序,影响计算机信息系统正常运行的”。

三、计算机网络犯罪

(一)计算机网络犯罪现状

由于互联网上的犯罪现象越来越多,网络犯罪已成为发达国家和发展中国家不得不关注的社会公共安全问题。1998 年美国 FBI 调查的侵入计算机事件共 547 件,结案 399 件;1999 年则调查了 1154 件,结案 912 件。苏格兰的一位官员称:“15 年之后,几乎全部的犯罪都将有计算机参与其中。”

我国自 1986 年发现首例计算机网络犯罪以来,数量迅猛增加。1986 年我国网络犯罪发案仅 9 起,到 2000 年剧增到 2700 余起,2012 年全年突破 4500 起。诈骗、敲诈、窃取等形式的网络犯罪涉案金额从数万元发展到数百万元,其造成的巨额经济损失难以估量。当前我国计算机犯罪的最新态势表现为:一是计算机网络犯罪在金融行业尤为突出,二是“黑客”非法侵入或攻击计算机网络。

(二)计算机网络犯罪的类型

计算机网络犯罪的类型可分为两大类:一是以网络为犯罪对象的犯罪,二是以网络为工具的犯罪。

1. 以网络为犯罪对象的犯罪,主要表现在以下几个方面:

(1)窃取他人网络软、硬件技术的犯罪。

(2)侵犯他人软件著作权和假冒硬件的犯罪。

(3)非法侵入网络信息系统的犯罪。

(4)破坏网络运行功能的犯罪。

2. 以网络为工具的犯罪,主要表现在以下几个方面:

(1)利用网络系统进行盗窃、侵占、诈骗他人财物的犯罪。

(2)利用网络进行贪污、挪用公款或公司资金的犯罪。

(3)利用网络伪造有价证券、金融票据和信用卡的犯罪。

(4)利用网络传播淫秽物品的犯罪。

(5)利用网络侵犯商业秘密、电子通信自由、公民隐私权和毁坏他人名誉的犯罪。

(6)利用网络进行电子恐怖、骚扰,扰乱社会公共秩序的犯罪。

(7)利用网络窃取国家机密,危害国家安全的犯罪。

(三)计算机网络犯罪的特点

计算机网络犯罪具有主体的多样性和低龄化、极高的智能性和隐蔽性、巨大的社会危害性和国际化趋势的特点。计算机网络犯罪是一种高科技犯罪、新型犯罪,一些大学生不知道什么是被禁止的,甚至缺少法律观念,在猎奇冲动之下,利用计算机作案。针对这些情况,在完善网络立法的同时,还应该加强对大学生的法制教育,增强其法制观念。

这里需要指出的是,目前人们经常使用网络犯罪、计算机犯罪和计算机网络犯罪三个不同的概念。这三个概念既有联系又有区别。其中,计算机网络犯罪的概念比较宽泛。因此,本书采用了计算机网络犯罪这一概念。

四、侵犯财产犯罪及预防

(一)侵犯财产犯罪的主要形式

互联网的主要犯罪行为,其一是网络虚拟财产盗窃行为,其二是针对游戏业的“私服”和“外挂”侵犯著作权的行为,其三是入侵和攻击网络的行为,其四是利用网络进行诈骗和敲诈的行为。

1. 网络盗窃罪。

网络盗窃罪,是指通过计算机技术,利用盗窃密码、控制账号、修改程序等方式,将有形或无形的财物和货币据为己有的行为。

瑞星公司发布的《中国大陆地区2005年度计算机病毒疫情&网络安全报告》指出，2005年整个网络威胁的发展呈现出一个明显的特征，那就是病毒、黑客和流氓软件紧密结合，拥有明确的利益目的，并且已经形成了清晰的“产业链条”。他们的手段可以总结为“一偷二骗三劫持四滋扰”，有的是自己盗窃有价虚拟财产牟利，有的是为幕后的买家服务，而这些买家往往是正规的商业公司和一些互联网企业。

2. 利用网络抢劫公私财产。

“网络抢劫”是网络侵财违法犯罪的主要形式之一。例如，某校大四学生李某通过上网结识网友，约网友在旅馆开房间见面，然后将网友的财物洗劫一空。

3. 利用网络敲诈勒索财物。

在互联网上进行网络敲诈勒索的案件时有发生，其中有不少涉及大学生的案件。

4. 利用网络盗接他人通信线路、复制他人电信号码的案件也多次发生。

(二)网络侵犯财产违法犯罪的预防方法

1. 面对网络盗贼“一偷、二骗、三抢劫、四滋扰”的行为，要严阵以待，保护好自己的现实财产和虚拟财产。

2. 在新注册的网站上进行网络交易时要提高警惕。

3. 防范网络诈骗，常见的有：

(1)骗子通过电子邮件冒充知名公司，特别是冒充银行网站，以系统升级等名义诈骗用户点击进入假网站，并要求用户同时输入自己的账号、网上银行登录密码、支付密码等重要信息；有的甚至通过自设的“报警电话”来骗取客户的密码信息。

(2)骗子利用网络聊天等形式，以网友的身份诱骗用户登录其提供的假网址，低价兜售网络游戏装备、数字卡等商品，以达到骗取钱财的目的。

(3)不要轻率下载、打开一些来路不明的程序、邮件等。骗子有可能通过这些程序、邮件等将病毒置入你的计算机内，一旦登录网上银行，你的账号、密码就有可能被窃取。

五、网络诽谤罪及预防

网络诽谤罪是指利用网络故意捏造并散布虚构的事实，足以贬损他人人格，破坏他人名誉，情节严重的违法犯罪行为。

在网络诽谤中，有下述几种：第一种情况是发出信息者所选择的途径是电子邮件，收件地址仅为某一人所知，是纯粹的私人邮箱；第二种情况是以电子邮件方式群发，收件为多人；第三种情况是制作网页，供人们浏览。

一般来说，网络诽谤的责任承担者主要有两种人：一种是诽谤言论的作者，另一种是诽谤言论的传播者。编造诽谤言论者，自然会被起诉；传播诽谤言论者，也可被起诉。传播者或许会觉得不公平，认为言论不是出于自身，自己只是将信息传送出去。但每传播一次，在法律上就等于发表或散布一次。因此，诽谤言论的传播者也应承担相应的法律责任。

阅读拓展→

你的个人信息安全吗

书　　名：你的个人信息安全吗
作　　者：李瑞民
出 版 社：电子工业出版社
出版时间：2014 年 5 月
I S B N：9787121228896

内容简介→

为什么自己会收到陌生人的邮件、短信和电话？自己的银行卡和信用卡密码是否被盗过？在网上输入的一些重要个人信息是否被不法分子利用了？自己的计算机是否中毒了？……本书回答的就是你在工作和生活中不经意间想到并担心的问题以及各种你想都没想到过的个人信息安全泄露的问题。在信息时代，个人信息安全泄露已经成为人人都担心的事情，我们需要去了解其中的缘由及防护措施。

本书由从事信息安全行业十几年的专家细心收集近年来的各种典型个人信息安全泄露事件，并全面补充了个人在生活、工作中容易泄露个人信息的方方面面，更对信息安全泄露的原理进行了细致讲解。这是一本信息时代人人都需要的个人信息安全科普读物。

思考题

1.网络痴迷对学生身体健康和心理健康带来的影响有哪些？
2.详述网络不良信息对大学生的侵害及其预防措施。
3.网络信息安全注意事项有哪些？
4.计算机网络违法犯罪与预防？

第八章　社会实习和实践活动安全

学习导入

社会实习与实践活动是大学生学业的重要组成部分，是高校教育教学提升大学生的专业知识与能力素质，毕业后尽快就业和适应社会工作的重要环节。本章节主要内容是叙述大学生在校外的实习、实践活动，包括大学生的顶岗实习、专业实训和大学生集体组织与分散的勤工助学、社会调查等活动过程中的安全注意事项。

第一节　社会实习安全

实习是大学生尤其是理工、医、农专业教学计划中非常重要的实践性教学环节。实习环节一般包括金工实习、生产实习、毕业实习等。无论哪种类型的实习，其共同特点是与生产实际接触，强调学生动手操作。正因为如此，生产中存在的种种安全隐患，就有可能在学生身上发生。

一、学生实习伤亡事故发生原因及预防

(一)学生在实习中发生伤亡事故的主要原因

1. 对实习设备不熟悉而造成操作失误，从而引发伤亡事故。有的学生对设备性能和操作不熟悉，在好奇心驱动下容易造成操作失误。

→→→→→

【案例】

2003年武汉某大学生在一家工厂进行实习时，由于对冲床的错误操作，造成其右手中指被切断。

←←←←←

2. 安全意识差,违反安全操作规程,引发伤亡事故。有的学生安全意识淡薄,违规操作机械设备,致使发生伤亡事故。

→→→→→

【案例】

2004年某高校学生金工实习进行金属成型加工时,随意脚踩开关,造成左手小指被剪扳机剪断。2004年某医学院学生在进行毕业实习时,严重违反操作规程为病人注射抗生素,险些造成病人死亡。

←←←←←

3. 安全知识匮乏,导致伤亡事故。由于学生对安全知识知之甚少,从而造成事故隐患。如机械零件加工过程中对工件尺寸的测量,要求必须在机床完全停止转动后方可进行;加工的铁屑只能用铁钩清理,不允许用手直接清除。但这些基本知识,往往被学生所忽略。

→→→→→

【案例】

2004年某高校学生在实验室利用小型车床制作科研实验设备零件时,在机床未完全停止转动的情况下,匆忙测量工件尺寸而导致测量工具飞出,击伤手臂,后到医院缝合了10针。

←←←←←

4. 严格工作服装穿戴要求,切忌随意着装。工作服是实习学生进入实习场地所必须穿戴的服装,不同实习场合着装要求和着装的衣料区别也很大。但是有学生没有按要求去做,而是随意着装,以致发生事故。

→→→→→

【案例】

2004年某高校学生进行金属焊接实习时,使温度极高的焊渣迸入眼睛,幸运的是未伤及眼球,仅仅造成眼角化脓,3个月后痊愈。2004年某高校女学生未戴安全帽,低头时长发被卷入高速旋转的车床中,造成头皮撕裂,落下终身残疾。

←←←←←

(二)实习中伤亡事故的预防

大学生在实习中必须树立安全第一的意识,严格执行实习的安全技术规定和参加实习人员各项具体要求，要了解和熟悉操作设备的性能，切勿盲目操作，要具有必备的安全常识，防止发生大的事故。

二、校外实习安全注意事项

校外实习由于是在社会大环境中进行，学生对环境、实验场所、设备状况和周围人员都不熟悉，社会上存在的安全隐患也对学生产生影响，参加实习的学生除了增强安全意识、严格遵守操作规程、预防实习的事故外，还要注意实习期间的人身安全。

（一）提高警惕，防止出现安全事故

为了避免事故发生，首先，要提高个人安全防范意识，如乘车时不坐超员车辆，无证、无照运营的车辆等。其次，要提高公德意识，遵守公共道德，尽量避免与他人发生争执。最后，提高应急意识，在紧急情况下学会自救和应急处理。

（二）冷静理智地处理交往中的问题

学生要尽快熟悉实习的环境，与不了解的人员交流应慎重，实习期间外出要向带队老师请假，与社会上人员发生争执时要冷静理智地处理，不激化矛盾、扩大事态。

（三）防止被骗

由于社会经验不足，个别学生在联系实习单位过程中上当受骗。2004 年轰动全国并被温家宝总理所批示的欧丽曼传销案，涉及了全国 10 个省市 13 所高校的近千名大学生，这些大学生被“洗脑”后有的变成了忠实信徒，有的则被传销组织严格控制，不许擅自活动，所有人员必须统一“晨练”“上课”和吃饭，俨然是一个地下监狱。

学生自己联系实习单位或单独外出实习时，要详细了解实习单位的资质情况，在开展社会实践活动时，也要特别注意人身和财产安全。

第二节　社会实践安全

大学生参与的社会实践活动，比较普遍的就是勤工助学（家教和其他兼职）和进行社会调查活动。社会实践活动涉及地域宽广，在开展社会实践活动中，也要特别注意人身财产安全。

一、勤工助学安全注意事项

大学生参加勤工助学活动是社会企事业单位临时或季节性工作的一种需要，也是大学生接触社会，参加社会实践活动锻炼自己、提升能力素质、解决家庭经济困难的一种重要途径。据某高校抽样调查，大学生勤工助学因锻炼自己能力的占 31.6%，增加社会经历便于以后就业的占 38.4%，解决经济困难的占 26.39%，打发多余时间的占 3.1%。大学生在勤工助学活动中，要随时注意安全问题。

(一)大学生勤工助学活动中常见的主要问题

1. 经不起高薪诱惑，轻信广告宣传，自己联系或盲目加盟工作从而上当受骗。

2. 利用寒、暑假打工，在校外租房引起纠纷和意外事故。

3. 私自联系工作，对用工单位和招聘人员的情况不够了解，甚至有遭受性侵害和人身伤害以及正当的经济利益得不到保障问题。

4. 勤工助学上下班时在往返途中容易发生的交通安全问题。

5. 以勤工助学活动为名，在校园内从事经商活动，违反了有关规定。

6. 为了赚钱，置校规校纪与自身安全于不顾，利用上课时间外出打工，晚上到歌舞厅或酒吧等娱乐场所伴舞、陪酒等。

(二)大学生勤工助学安全问题的预防

1. 认真执行教育主管部门的规定。坚持以提高教学质量为中心，勤工助学活动必须围绕这一中心开展工作。为了打好学习基础，一年级学生仅在校内或寒、暑假参与勤工助学，平时一般不外派勤工助学活动，鼓励二、三年级学生充分利用双休日、节假日和课余时间有组织地参加外派勤工助学活动。

2. 实行统一管理。学校学生参与勤工助学活动应该由学校勤工助学中心统一计划，统一联系单位，统一组织外派，不允许任何师生擅自外联勤工助学工作，谨防上当受骗，确保安全。

3. 加强技能培训。学校勤工助学中心，根据勤工助学储备人才情况，适时聘请有关人员组织上岗前的专业技能培训，熟悉勤工助学的基本业务技能和安全知识。

4. 增强安全意识。参与勤工助学的同学，应该增强安全责任意识，把安全落实到勤工助学活动的全过程和每一个细节。

5. 遵守单位的规章。要认真遵守勤工助学单位的各项规章制度，做到不迟到，不早退，不旷工，服从领导，听从指挥，注意文明礼仪，自我保护。

6. 严守操作规程。无论是餐旅服务业，工厂生产流水作业，还是导购礼仪推销业务，都要严守不同行业中的具体工作规程，不违章蛮干。

7. 刻苦努力工作。要明确勤工助学目的，端正勤工助学态度，不怕苦，不怕累，出工出力，少说多做，勤奋用心，不断熟练技能，提高工作效率。

8. 搞好相互关系。参加勤工助学的同学之间要互相关心、互相爱护，互相帮助，融洽好内部关系。同时还要跟勤工助学单位的员工搞好关系，和睦相处，不参与他们的是非矛盾。自觉树立学校形象，维护自身声誉。

9. 注重途中安全。参加外派勤工助学的同学要十分注重往返途中的安全，要有充分的时间准备，不慌忙赶路，不违犯交规。

二、社会调查安全注意事项

高校每年都组织大学生结合专业到农村、工厂开展社会调查(考察)活动。这项活动大都是学校组织进行的,一般都由教师带队,学生具体组织安排。由于人员多(一般十几个人、二三十人),到外地需乘车,并且吃、住、行都需要自行安排。在社会调查中需注意的安全事项如下:

(一)交通安全

在前往调查地和返校过程中,以及在调查地都要乘火车、汽车、轮船、公交车等交通工具,要注意上、下车(船)的安全并遵守城市交通规则,避免发生交通安全事故。若发生交通安全事故,要依靠当地交通安全管理部门,依照交通安全法律、法规进行妥善处理。

(二)治安、消防安全

我国的治安形势和状况总体是好的,但也时常发生盗窃、诈骗、火灾等安全事故,因此不管到何地、在何时,都要随时提高警惕,做好防盗措施,随时保管好自己的物品,防诈骗,防火灾、避免发生这类安全事故而影响社会调查(考察)工作的顺利进行。不要露天住宿,要住在安全的旅馆或可靠的人家里,避免发生意外事故。人员走失时,要及时使用电话联系,或事先确定集合的地点和时间。

(三)卫生安全

在外出调查过程中,要注意饮食卫生,预防食物中毒,防止病从口入;不要随便到无照饭馆和小摊就餐;不要购买“三无”食品,不要食用过期的食品和饮料。夏天尽量不要食用剩菜、剩饭。要自带一些常用药物,如出现一般常见病可对症吃药,严重时应立即到医院医治。还要讲究个人卫生,保持公共环境卫生。

(四)交往安全

大学生开展社会调查,出门在外,人生地不熟,要学会与人交往,谈话态度要好,问路问事要有称谓,进行调查时要讲文明礼貌,问话客气。要注意听被调查人介绍情况,认真记录,要谦逊谨慎。遇到不顺心的事情,受到不公道的礼遇,要忍耐,要善解人意,学会换位思考,不要发脾气闹纠纷,不要争吵斗嘴,相互谩骂,更不能你推我拉,发生肢体冲突。否则,会损坏大学生的社会形象,影响调查工作的深入进行。

(五)女大学生在进行社会调查时要注意预防性侵害

女大学生本身穿戴不要太奇特、太暴露;夜间外出要结伴而行,尽量走明亮和行人多的大道,不到僻静的地方去;尽量不找陌生人带路;就寝时关好门窗,夜间到室外上厕所要格外注意安全。

（六）一般不提倡个人外出开展社会调查

因为个人身单力薄，力量有限，一旦发生安全事故，难以解决和处理。如果一定需要个人外出进行社会调查，可以事先通报学校，由学校与前往调查地有关单位联系，请他们帮助和协助开展社会调查，并帮助处理有关事宜。

阅读拓展→

实践归来话成长

书　　名：实践归来话成长
作　　者：马晓琳
出 版 社：山东大学出版社
出版日期：2013 年 5 月
I S B N：9787560747972

内容简介→

我国大学生社会实践开展 20 多年来，遵循“受教育、长才干、做贡献”的指导方针，开展了大量卓有成效的工作，取得了显著的成绩，也积累了丰富的经验。本书以“故事”的形式展现社会实践中大学生的所思、所感、所获，以及社会实践中值得感动的情景与瞬间，他们用潇洒的笔墨记录下社会实践中的青春风采，用平实的语言抒发实践路上的成长感悟，用多元的视角描绘一幅幅践行青春的画卷。本书充分展现了大学生社会实践的风采和成就，旨在引导广大学生积极投身社会实践，接触社会。

思考题

1.大学生专业实习实训的安全注意事项有哪些？
2.大学生社会实践安全注意事项有哪些？

第九章　大学生应对突发事件的处置措施

学习导入

大学校园属于人员密集型场所，很容易引发除自然灾害类以外的各类突发事件。教育广大师生正确妥善处置校园各类突发事件，控制事态的扩大与减少损失，是高校大学生安全教育的重要任务。

本章节内容主要有火灾、踩踏、爆炸、打架斗殴、运动场骚乱、电梯事故等公共突发事件，食品中毒、投毒，各类传染病、禽流感和SARS等突发性公共卫生事件。通过学习，使广大师生增强安全意识，提高应对突发事件的能力，一旦校园发生突发事件时，能够及时采取措施，有效地应对处置。

国务院2006年1月8日发布的《国家突发公共事件总体应急预案》，将“突发公共事件”定义为突然发生，并造成或者可能造成重大人员伤亡、财产损失、环境破坏和严重社会危害，危及公共安全的紧急事件。

突发公共事件主要分自然灾害、事故灾难、公共卫生事件、社会安全事件等四类。但归结起来，突发公共安全事故包括公共场所突发险情和突发公共卫生事件两大方面。

第一节　突发公共安全事件的应急处置措施

一、公共场所突发危机事件

公共场所突发险情一般由意外事故或不法分子尤其是恐怖分子故意制造引起。人员密集的公共场所，如商场、体育场馆、影剧院、网吧等，一旦突发险情，后果不堪设想。突发公共事件的预防工作有：

(一)以科学的态度做好防范工作

大学生要防范突发公共安全事故对自己的损害,要采取科学的态度,掌握较多的科学知识,进行科学的防范。要重视但不紧张,要胆大但不要莽撞,要谨慎小心但不裹足不前。

(二)以健康的心理、平和的心态冷静对待

事件发生后大学生要冷静判断,分清是非曲直,服从学校的管理,不要轻信谣言,要相信党和政府有能力领导人民战胜灾害,要相信学校有能力维护校园的安全。这样大学生才能牢牢地把握住自己,不要受错误言论所惑而选择错误的做法。

(三)牢固树立全局观念,坚决服从统一指挥

在应对公共突发事件时,大学生必须树立全局观念,增强大局意识,要克服个人困难,服从学校统一管理。学校在突发事件防控过程中采取的一些特殊措施,可能会给校园或者个人带来影响,造成局部、暂时的不便,但从学校大局来看是有益的,是有重要作用的,所以要局部服从全局,少数服从多数,个人服从组织,不能各行其是。如果不服从学校统一管理,其结果是既损害了学校的整体利益,也没有给自己带来丝毫好处。

(四)努力为防控突发公共安全事故做出自己的贡献

突发公共安全事故发生后,在校大学生往往面临两大任务:一是在学校领导下,积极参与公共突发事件的应急处置工作;二是在学校统一安排下,力所能及地完成继续学习的任务。我们提倡大学生在做好自我防范、完成学习任务的同时,能够自觉地为防控突发事件做出自己应有的贡献。

二、火灾

高层建筑着火如何自救?我们应该注意:

(一)头脑清醒,辨明火情

高层建筑的楼梯间、电梯井、风道、电缆井等竖向井道多,楼内可燃物又多,一旦起火,燃烧猛烈,蔓延迅速,扑救困难,与普通建筑物相比危险性更大。发现火情时,首先要迅速辨明起火方位再决定逃生路线,以免误入“火口”。比如房间内起火门已被火封住时,可先通过阳台或走廊转移到相邻未起火房间再疏散。若楼下着火,楼梯间被封,无法向下疏散,或所住房间距楼顶较近,可先疏散到楼顶平台。若楼上着火,则应立刻从防火楼梯或避难通道向下疏散。当发生火灾时,如果火势不大,应奋力将小火控制、扑灭,避免酿成大灾。

(二)选择正确逃生通道

按要求,建筑物都有两条以上逃生楼梯、通道或者安全出口。发生火灾时,要根据情况选择进入相对较安全的楼梯通道，还可以利用建筑物的阳台、窗台、天台、屋顶等攀爬到周围安全地点，或沿着落水管、避雷线等建筑结构中的凸出物滑下楼。千万不要乘普通电梯逃生，以防因电梯断电或者受热变形“卡壳”而被困。

如果处于楼层较低（三层以下）的被困位置，火势危及生命又无其他方法自救时，可将室内床垫、被子等软物抛到楼底，从窗口跳至软物上或者跳到水池、软雨篷、草地等处逃生。跳楼时应尽量抱着棉被、沙发垫或者打开雨伞跳下，以减缓冲击力。如果徒手跳楼，一定要扒窗台或者阳台使身体自然下垂，尽量降低垂直距离跳下，落地前双手抱头，身体蜷曲以减少伤害。跳楼虽可求生，但会对身体造成一定的伤害，所以要慎之又慎。

三、踩踏

→→→→→

【案例】

2010 年 11 月 22 日是柬埔寨为期 3 天的传统送水节的最后一天，全国各地约有 300 万人涌向金边，观看在王宫前的洞里萨河上举行的龙舟大赛以及在金边钻石岛等地的庆祝活动。由于游人太多，金边市区连接钻石岛的一座桥产生晃动，引起人们恐慌，导致相互拥挤踩踏，事故造成至少 347 人死亡，数百人受伤，据政府发言人称大部分人死于窒息与内伤。

←←←←←

踩踏是一种在很短的时间内，因为某种突发的原因，在人员集中的场所内引起的情绪亢奋、行为过激、人群大量聚集的失控现象。踩踏是突发事件，当同学们遇到拥挤、踩踏情形时应该保持冷静，沉着应对，谨防因为突发的拥挤致使人身伤害事件的发生。

公共场所发生人群拥挤踩踏事件是非常危险的，当身处这样的环境中时，一定要提高安全防范意识。

1. 一旦在公众场所遇到拥挤的人群时，首先要保持自己情绪稳定，不要被别人感染，惊慌只会使情况更糟。心理镇静是个人逃生的前提，服从大局是集体逃生的关键。

2. 应顺着人流走，尽量走在人流的边缘，切不可逆着人流前进，同时脚下要稳住重心，不要磕倒、绊倒！千万别弯腰或蹲着，即使鞋子被踩掉、衣服被拉扯，也不要贸然弯腰提鞋或者整理仪容。

3. 如果时间来不及的话，应快速躲到一旁，有选择的话远离玻璃，以免因玻璃破碎而被扎伤。双脚站稳，牢牢抓住一样坚固牢靠的东西，例如栏杆、灯柱之类的。

4. 一旦自己被挤倒，应尽最大努力站立起来。没有办法站起来的话，要设法靠近墙角，迅速使身体蜷缩成球状，两手十指交叉相扣护住后脑和颈部，两肘向前，护住双侧太阳穴。不慎倒地时，双膝尽量前屈，护住胸腔和腹腔的重要脏器，侧躺在地。

5. 拥挤踩踏事故发生后，一方面赶快报警，等待救援；另一方面，在医务人员到达现场前，要抓紧时间用科学的方法开展自救和互救。

6. 在救治中，要遵循先救重伤者的原则。判断伤势的依据有：神志不清、呼之不应者伤势较重；脉搏急促而乏力者伤势较重；血压下降、瞳孔放大者伤势较重；有明显外伤，血流不止者伤势较重。

7. 当发现伤者呼吸、心跳停止时，要赶紧做人工呼吸，辅以胸外按压。

四、爆炸

→→→→→

【案例】

2009年10月20日，位于巴基斯坦首都伊斯兰堡的国际伊斯兰大学（简称伊大）校园内发生两起爆炸案，地点分别为伊大女校餐厅和男校教学楼。据当地电视台报道，这两起自杀式炸弹袭击导致包括2名女生在内的6人死亡、数十人受伤。

←←←←←

爆炸是指物质在一定外界因素的激发下，瞬间产生激烈的体积变化，并释放出大量能量和气体的一种现象。爆炸是一种十分严重的灾害事故，极易造成人身伤亡。公共场所发生爆炸，伤亡和损失更大。

（一）发现可疑爆炸物怎么办

1. 不要触动。
2. 及时报警。
3. 迅速撤离。疏散时，有序撤离，不要互相拥挤，以免发生踩踏造成伤亡。
4. 协助警方调查。目击者应尽量识别可疑物发现的时间、大小、位置、外观，有无人动过等情况，如有可能，用手中的手机、照相机进行照相或者录像，为警方提供有价值的线索。

（二）遇有匿名威胁爆炸或扬言爆炸怎么办

1. 信：要“宁可信其有，不可信其无”，不能心存侥幸。
2. 快：尽快从“现场”撤离。
3. 细：细致观察周围的可疑人、事、物。
4. 报：迅速报警，让警方了解情况。
5. 记：用照相机或者摄像机等将“现场”记录下来。

（三）在大型体育场馆发生爆炸怎么办

1. 迅速有序地远离爆炸现场，避免拥挤、踩踏造成伤亡。

2. 撤离时要注意观察场馆内的安全疏散指示和标志。

3. 场内的观众应按照场内的疏散指示和标志从看台向疏散口撤离。

4. 场馆内部的体育官员、工作人员以及运动员，应根据沿途的疏散指示和标志通过内部通道疏散。

5. 不要因贪恋财物浪费逃生时间。

6. 实施必要的自救和救助他人活动。

7. 拨打报警电话，客观详细地描述事件发生、发展的经过。

8. 注意观察现场可疑人、可疑物，协助警方调查。

(四)在商场和娱乐场所发生爆炸怎么办

1. 保持镇静，迅速就近隐蔽或者卧倒，就近寻找简易遮挡物护住身体重要部位和器官。

2. 寻找、观察安全出口。

3. 不要用打火机点火照明，以免形成再次爆炸或者燃烧。

4. 服从工作人员的指挥，迅速有序地撤离现场，避免出现踩踏等事件。

5. 不要因顾及贵重物品而浪费宝贵的逃生时间。

6. 迅速报警，客观详细地向警方描述事件发生、发展的经过。

7. 注意观察现场可疑人、可疑物，协助警方调查。

五、打架斗殴

→→→→→

【案例】

某高校硕士研究生小王和同宿舍的小桂为生活琐事发生争执，起因只是小桂用手指着小王说话，小王觉得难以接受，于是就动手推搡小桂，并将其挤到墙角边，继而双方互殴。打斗过程中，小桂抓起桌上的搪瓷杯击打小王，将其头顶部位打破。小王被同学们送至校医院，头部缝合 2 针，留有 2.5 厘米的疤痕。随后，小王到医院做了 3 次脑 CT 磁共振和 1 次脑电图检查，均未发现异常，共花去治疗费、检查费等 2000 多元。小王头部外轻伤经公安局刑事科学技术研究所法医鉴定为“轻微伤”。

←←←←←

打架斗殴是一种不良行为或有害行为，是行为人双方在失去理智和自我约束情况下的一种外部激烈的冲突。相比个人而言，群体打架斗殴的危害性更大。作为一名大学生，要加强学习，内强素质，外塑形象。在遇到有分歧的问题时，要做到：

(一)冷静克制，学会容忍

无论争执由哪一方引起，都要保持冷静态度，绝不可情绪激动。对于那些可能发生摩擦的小事，要宽容，一笑了之。如果能够做到这一点，一切纠纷都会化为乌有。

（二）自我约束，遵章守纪

大学生应首先做到自我约束，不做违章违纪之事，才能从自身的角度，避免与人发生纠纷。

（三）严于律己，宽以待人

有了团结精神，在发生纠纷的时候，就能认真听取他人的意见，进行自我批评，从而宽容他人的过失，处理好争执。

（四）加强沟通，减少摩擦

大学生中的纠纷多数是由口角引起的，而口角的发生多是恶语伤人的必然结果。语言美是社会主义精神文明的重要内容。当你的自行车碰撞了别人，当你跳舞时踩到了别人，讲一句“对不起”“很抱歉”“请原谅”，或者别人撞了你、踩了你，向你道歉时，你回敬一句“没关系”，紧张气氛就会烟消云散，就能化干戈为玉帛。要做到语言美：一是说话要心平气和，以理服人，不强词夺理，不恶语伤人；二是说话要文雅，谈吐雅致，不说粗话、脏话；三是说话要谦虚，尊重对方，不说大话，不盛气凌人。

（五）为人谦让，以理服人

在与同学及他人的相处中，诚实、谦虚是加强团结、增进友谊的基础，也是消除纠纷的灵丹妙药。要知道，在与他人的交往中，特别是在发生争执的时候，诚实、谦虚并不代表懦弱、妥协，恰恰相反，它是你强大和品德高尚的表现。

六、球场骚乱事件

→→→→→

【案例】

埃及当地时间 2011 年 4 月 2 日，在非洲冠军杯首轮淘汰赛的一场焦点战中，埃及球队扎马雷科被突尼斯球队非洲俱乐部淘汰出局。因为不满裁判判罚，扎马雷科球迷赛后酿成了大规模球场骚乱，至少 4 名非洲俱乐部球员受伤。

←←←←←

在观看足球、篮球、排球等大型比赛时，若发生球迷骚乱，极易造成群死群伤的严重事件，产生不良的社会影响。所以在球场观看球赛时，要做到：

1. 自觉遵守球场规定，维护球场秩序。

2. 进场时，要注意观察活动现场情况并识别警示标志，主动了解现场安全通道和出入口的位置。在发生危险时要尽快从最近的安全出口撤离。

3. 遇到少数人起哄、煽动闹事时，不要盲目跟从。

4. 周围人群处于混乱时，应选择安全地点停留(如待在自己的座位上)，以保证自己不被挤伤。

5. 不要在看台上来回跑动，要迅速、有序地向自己所在看台的安全出口疏散。

6. 远离栏杆，以免栏杆被挤折而伤及自身。

7. 不要在看台上拥挤或翻越栏杆，以免造成人员伤亡。

8. 疏散时应注意礼让和保护老人、儿童、妇女等弱势群体。

七、电梯事故

电梯是高层建筑中重要的运载工具，一旦出现故障，可能发生乘客被困、坠落等危险事故。

乘坐电梯时要注意：

1. 不要搭乘无安全检验合格标志的电梯。

2. 电梯速度不正常时，应两腿微微弯曲，上身向前倾斜，以应对可能受到的冲击。

3. 电梯突然停运时，不要轻易扒门爬出，以防电梯突然开动。

4. 被困电梯内时，应保持镇静，立即用电梯内警铃、对讲机或电话与有关人员联系，等待外部救援。如果报警无效，可以大声呼叫，或间歇性地拍打电梯门。

5. 如电梯运行途中发生火灾，应使电梯在就近楼层停靠，并迅速利用楼梯逃生。

八、枪击

→→→→→

【案例】

据美国媒体报道，2010 年 11 月 29 日，克什米尔地区的一个热闹集市当天上午发生枪击事件，袭击者当时驾驶摩托车对一支警察巡逻队伍开枪射击，造成一名警察牺牲。警方随后开始反击，3 名武装分子被打死。

←←←←←

在公共场所遇到枪击时，要快速降低身体姿势，利用周围物体迅速遮掩；及时报警，告知发生枪击的详细位置和具体情况；迅速向紧急出口撤离，来不及撤离应就近趴下、蹲下，或隐蔽于隐蔽物后，等待救援；检查伤情，开展自救互救；事后要协助警方调查。

如不幸被恐怖分子劫持，要保持冷静，不要反抗，要相信政府；不对视，不对话，趴在地上，动作要缓慢；尽可能保留和隐藏自己的通信工具，及时把手机改为静音，适时用短信等方式向警方(“110”)求救。短信主要内容：自己所在位置，人质人数，恐怖分子人数等；注意观察恐怖分子人数、头领，便于事后提供证言；在警方发起突击的瞬间，尽可能趴在地上，在警方掩护下逃离现场。

第二节 突发公共卫生事件及其预防措施

突发公共卫生事件（简称突发事件），是指突然发生，造成或者可能造成社会公众健康严重损害的重大传染病疫情、群体性不明原因疾病、重大食物和职业中毒以及其他严重影响公众健康的事件。

根据突发公共卫生事件性质、危害程度、涉及范围，突发公共卫生事件可划分为特别重大（Ⅰ级）、重大（Ⅱ级）、较大（Ⅲ级）和一般（Ⅳ级）四级。

为了有效预防、及时控制和消除突发公共卫生事件的危害，保障公众身体健康与生命安全，维护正常的社会秩序。2003 年 5 月 9 日中华人民共和国国务院令第 376 号公布实施《突发公共卫生事件应急条例》，规定突发事件应急工作，应当遵循预防为主、常备不懈的方针，贯彻统一领导、分级负责、反应及时、措施果断、依靠科学、加强合作的原则。

为防控新型冠状病毒感染的肺炎疫情，2020 年春季，我国多个省份决定启动重大突发公共卫生事件一级响应。那么，究竟什么是重大突发公共卫生事件一级响应？

在一级响应下，省指挥部可以根据国务院的决策部署和统一指挥，组织协调本行政区域内应急处置工作。启动重大突发公共卫生事件一级响应后，各部门应该怎么做？

各级人民政府：组织协调有关部门参与突发公共卫生事件的处理；划定控制区域；加强疫情控制措施，比如限制集市、集会等人群聚集活动；管理流动人口；实施交通卫生检疫等。

卫生行政部门：组织医疗机构、疾病预防控制机构和卫生监督机构开展突发公共卫生事件的调查与处理；采取应急控制措施；发布信息与通报；普及卫生知识等。

医疗机构：开展病人接诊、收治和转运工作，实行重症和普通病人分开管理，对疑似病人及时排除或确诊；做好医院内现场控制、消毒隔离、个人防护、医疗垃圾和污水处理工作，防止院内交叉感染和污染；做好传染病和中毒病人的报告等。

除上述机构外，疾病预防控制机构、卫生监督机构、出入境检验检疫机构也会开展相应的应急处理工作，非事件发生地区也有相应的应急反应措施。

面对一级响应，我们该做什么？面对一级响应，做好防护很重要。

一、传染病基础知识

（一）感染性疾病、传染病及流行病学的定义

感染性疾病是指感染了某种病原体（病毒、细菌、真菌等）和寄生虫等而引起的一类疾病，包括传染病和非传染感染性疾病。不论病原体是病毒、衣原体、支原体、细菌或寄生虫，它们都具有特异的基因组。

传染病是一种能够在人与人之间或人与动物之间相互传播并广泛流行的疾病，是一

种经过各种途径传染给另一个人或物种的感染病。通常这种疾病可借由直接接触已感染之个体、感染者之体液及排泄物、感染者所污染到的物体，可以通过空气传播、水源传播、食物传播、接触传播、土壤传播、垂直传播（母婴传播）、体液传播、粪口传播等（其流行有三个必需环节：传染源、传播途径和易感人群）。如结核病、鼠疫、艾滋病（AIDS）、流行性乙型脑炎、中东呼吸综合征（middle east respiratory syndrome，MERS）、严重急性呼吸综合征（severe acute respiratory syndrome，SARS）以及 2019 年被发现并在全球蔓延的新型冠状病毒肺炎（COVID-19）等。

流行病学是研究疾病分布规律及影响因素，借以探讨病因，阐明流行规律，制订预防、控制和消灭疾病的对策和措施的科学。流行病学又称方法学，是广大基层卫生人员和医疗工作者从事防治工作时必备的预防医学知识。它是预防医学的一个重要学科，是预防医学的基础。

（二）病毒（生物病毒）

病毒是一种个体微小，结构简单，只含一种核酸（DNA 或 RNA），必须在活细胞内寄生并以复制方式增殖的，没有细胞结构的特殊生物。它们的结构非常简单，是一种非细胞生命形态，由一个核酸长链和蛋白质外壳构成，病毒没有自己的代谢机构，没有酶系统。病毒不能独立生存，必须生活在其他生物的细胞内，一旦离开活细胞壳就不表现任何生命活动迹象。

（三）病毒与人类

人类生存发展史，就是与无数次疫情的斗争史，鼠疫、天花、霍乱等重大传染病，导致了数千万乃至上亿人口的死亡，甚至种族的灭绝。病毒是这个地球上最古老的生物之一，它对人类的攻击从未停止过，我们并不能预测每一次病毒侵袭的时间，但必须警钟长鸣。从鼠疫到埃博拉病毒，从 SARS 到新冠肺炎疫情，人类与病毒的斗争也从未停息。两千多年前《黄帝内经》早就指出，“圣人不治已病治未病，不治已乱治未乱，此之谓也。夫病已成而后药之，乱已成而后治之，譬犹渴而穿井，斗而铸锥，不亦晚乎。”因此，必须建立持久稳定的防控体系，使之从猝不及防、防不胜防转变为防患于未然。

病毒也并非都是恶魔。科学家近来发现，病毒也会帮助其他生物进化。从人类起源至今，病毒已在人类基因组上留下了成千上万的印记，科学家们发现这些整合到人类基因组的病毒 DNA 是可以被激活的，甚至可以在脑细胞研究领域中发挥积极作用。随着科学技术的发展，人类正在细胞工程、基因工程、疾病治疗和病虫害防治方面利用病毒的生物特性造福人类。

病毒也可被制成生物武器用于军事用途。1975 年 3 月，联合国《禁止生物武器公约》生效，在消除生物武器、促进生物技术和平利用等方面发挥了重要作用。随着生物技术发展及新形势的变化，研制新一代更具特异性、杀伤力的生物武器已非天方夜谭。我们应提高警惕，从事动物实验的实验室和从事高致病性病原微生物的实验活动必须遵守我国相关法律规定，维护公众健康，确保国家安全。

(四)《中华人民共和国传染病防治法》、中国疾病预防控制中心、发热门诊与定点医院

为了预防、控制和消除传染病的发生与流行,保障人体健康和公共卫生,《中华人民共和国传染病防治法》于1989年颁布及实施,后经多次修订。现行《中华人民共和国传染病防治法》于2013年6月29日修订,包括总则,传染病预防,疫情报告,通报和公布,疫情控制,医疗救治,监督管理,保障措施,法律责任及附则共9章80条,对我国传染病防治的各个方面作了明确规定,为建立完善的传染病防控体系起了重要作用。国家对传染病防治实行预防为主的方针,防治结合、分类管理、依靠科学、依靠群众。

中国疾病预防控制中心,是由政府举办的实施国家级疾病预防控制与公共卫生技术管理和服务的公益事业单位。其使命是通过对疾病、残疾和伤害的预防控制,创造健康环境,维护社会稳定,保障国家安全,促进人民健康;其宗旨是以科研为依托、以人才为根本、以疾控为中心。在国家卫生健康委的领导下,发挥技术管理及技术服务职能,围绕国家疾病预防控制重点任务,加强对疾病预防控制策略与措施的研究,做好各类疾病预防控制工作规划的组织实施;开展食品安全、职业安全、健康相关产品安全、放射卫生、环境卫生、妇女儿童保健等各项公共卫生业务管理工作,大力开展应用性科学研究,加强对全国疾病预防控制和公共卫生服务的技术指导、培训和质量控制,在防病、应急、公共卫生信息能力的建设等方面发挥国家队的作用。在各县级及以上政府均设有相应的分支机构。

发热门诊是医院门诊部在防控急性传染病期间根据上级指示设立的,专门用于排查疑似传染病病人、治疗发热患者的专用诊室。在该诊室工作的医务人员,应严格遵守《中华人民共和国传染病防治法》和防控传染病期间政府发布的相关法律、法规,做到"不漏报一个病人,不错报一个病人,不感染一个医务人员"。

传染病定点医院主要是具有隔离病房或病区的传染病专科医院,除重症患者不能移动外,确诊患者均应转至定点医院治疗和隔离。

(五)世界卫生组织(WHO)与国际关注的突发公共卫生事件(PHEIC)

世界卫生组织(world health organization,WHO)是联合国下属的一个专门机构,成立于1948年4月7日,总部设置在瑞士日内瓦,只有主权国家才能参加,是国际上最大的政府间卫生组织,共有6个区域办事处和150个国家办事处。WHO是联合国系统内卫生问题的指导和协调机构。它负责对全球卫生事务提供领导,拟定卫生研究议程,制定规范和标准,阐明以证据为基础的政策方案,向各国提供技术支持,以及监测和评估卫生趋势。WHO的宗旨是使全世界人民获得尽可能高水平的健康。

2003年非典爆发后,2005年世界卫生大会修定了《国际卫生条例》,建立了全称为"国际关注的突发公共卫生事件"机制(public health emergency of international concern,PHEIC)。目的是帮助国际社会预防和应对有可能跨越国界并威胁全球的紧急公共卫生风险,同时又避免对国际交通和贸易造成不必要干扰的适当方式。《国际卫生条例》对"国际关注的突发公共卫生事件"的定义是"通过疾病的国际传播,构成对其他国家的公共卫生风险,以及可能需要采取协调一致的国际应对措施的不同寻常事件"。满足以下三个条件:情况严重、突然、不寻常或意外;公共卫生影响超出了受影响国家的边界;可能需要立

即采取国际行动。(《国际卫生条例》第一编第一条定义)

自 2009 年以来,共计有六次 PHEIC 事件,分别是 2009 年 H1N1 流感大流行、2014 年脊髓灰质炎疫情、2014 年西非埃博拉疫情、2015—2016 年寨卡病毒疫情、2018—2019 年刚果埃博拉疫情,以及于 2020 年 1 月 31 日宣布的新型冠状病毒疫情。这些事件都是临时性的,需要每隔三个月进行复核。

二、新型冠状病毒

(一)冠状病毒

冠状病毒在系统分类上属冠状病毒科(coronaviridae)冠状病毒属(coronavirus)。冠状病毒属的病毒是具外套膜(envelope)的正链单股 RNA 病毒,直径约 80～120 nm,其遗传物质是所有 RNA 病毒中最大的,只感染人、鼠、猪、猫、犬、禽类脊椎动物。冠状病毒的一个变种是引起非典型肺炎的病原体,属于 RNA 病毒。冠状病毒最先是 1937 年从鸡身上分离出来的,病毒颗粒的直径 60～200 nm,平均直径为 100 nm,呈球形或椭圆形,具有多形性。病毒有包膜,包膜上存在棘突,整个病毒像日冕,不同的冠状病毒的棘突有明显的差异。在冠状病毒感染细胞内有时可以见到管状的包涵体。

冠状病毒引起的人类疾病主要是呼吸系统感染(包括严重急性呼吸综合征,SARS)。该病毒对温度很敏感,在 33 ℃时生长良好,但 35 ℃就使之受到抑制。由于这个特性,冬季和早春是该病毒疾病的流行季节。冠状病毒是成人普通感冒的主要病原之一,儿童感染率较高,主要是上呼吸道感染,一般很少波及下呼吸道。另外,还可引起婴儿和新生儿急性肠胃炎,主要症状是水样大便、发热、呕吐,每天可拉 10 余次,严重者甚至出现血水样便,极少数情况下也引起神经系统综合征。

冠状病毒通过呼吸道分泌物排出体外,经口液、喷嚏、接触传染,并通过空气飞沫传播,感染高峰在秋冬和早春。

(二)新型冠状病毒

新型冠状病毒是指以前从未在人类中发现的冠状病毒新毒株。2019 年年底爆发的新型冠状病毒肺炎疫情的病毒经病毒基因序列比对显示,该病毒与 2003 年引起 SARS 的 SARS 冠状病毒(SARS coronavirus,SARS-CoV)同源性达 79.5% 以上,世界卫生组织(WHO)宣布将该病毒所致疾病称为 COVID-19(coronavirus disease 2019),国家卫生健康委员会将该病毒所致肺炎命名为新型冠状病毒肺炎(英文名统一为 COVID-19),简称新冠肺炎。

(三)新型冠状病毒的传染源及传播途径

新型冠状病毒的最初来源可能来自于野生动物,目前来说新型冠状病毒的传染源主要是新型冠状病毒肺炎的患者、无症状感染者(隐性感染者)、病原携带者以及感染的动物。

新型冠状病毒肺炎是呼吸系统传染病,呼吸道和眼结膜是病毒的主要入侵途径。目前确定新型冠状病毒的传播方式有：

1.飞沫传播：通过咳嗽、打喷嚏、说话等产生的飞沫进入易感者黏膜表面。

2.接触传播：在接触病原体污染的物品后触碰自己的口、鼻或眼睛等部位导致病毒传播。

3.在相对封闭的环境中长时间暴露于高浓度气溶胶情况下存在经气溶胶传播的可能，如医疗场所。

(四)新型冠状病毒发展现状及危害

根据世界卫生组织公布的数据，截止自北京时间 2020 年 7 月 15 日，全球新冠肺炎的确诊人数已经达到 1350 万人以上，而死亡人数已经超过了 58 万人，全球确诊人数最多的国家为美国，确诊人数超过了 354 万人，而紧随其后的巴西，短短的时间内达到了 192 万例的确诊。

巴西圣卡塔琳娜联邦大学的专家组宣布，他们在对巴西圣卡塔琳娜州首府弗洛里亚诺波利斯市 2019 年 10 月到 2020 年 3 月期间的下水道水样分析中发现，11 月份的下水道水样中存在新冠肺炎病毒。多国从 2019 年的废水中检测出新冠病毒，意味着：新冠病毒或在人类发现之前，就已经广泛存在世界各地。

新型冠状病毒肺炎主要的危害之一就是传播的速度比较快，可以导致疾病迅速地扩散。而且新型冠状病毒肺炎还有可能会导致呼吸衰竭、脓毒性休克相关的并发症。重症的新型冠状病毒肺炎死亡率是比较高的，可能危及到患者的生命。

(五)新型冠状病毒的预防措施

1.不出门、不聚会、不探亲访友、不聚餐，避免去疾病正在流行的地区；

2.尽量减少外出，避免去人群密集的场所，少坐电梯，减少接触公共场所的公共物品和部位；

3.戴口罩是有效阻断飞沫传播的方式，口罩要分清内外、上下，不可戴反，一次性使用，普通口罩的佩戴时间尽量不超过 4 小时；

4.勤洗手、正确洗手(洗手时，需要持续 30 秒，揉搓也不少于 15 秒，还要用洗手液和流动的水清洗)，只要不洗手就不要碰脸，这被称为“最经济的疫苗”；

5.保持良好卫生和健康习惯，家庭成员不共用毛巾，保持家居、餐具清洁，勤晒衣被，不随地吐痰，口鼻分泌物用纸巾包好，弃置于有盖垃圾箱内；

6.居室勤开门窗多通风、少开空调；

7.注意营养，适度运动，增强身体抵抗力；

8.不要接触、购买和食用野生动物(即野味)，尽量避免前往售卖活体动物(禽类、海产品、野生动物等)的市场。

9.早发现、早隔离，如果出现发热、乏力、咳嗽等症状，请戴好口罩、手套，及时前往定点医院的发热门诊就医，避免乘坐公共交通工具，减少交叉感染；

10.如果曾接触过确诊病人，但没有出现任何不适症状，请自行居家隔离观察 14 天，同时拒绝一切探访。

记住，隔离病毒，但不隔离爱！

正确佩戴口罩

三、流行性感冒及其预防措施

由流感病毒引起的急性呼吸道传染病，通过飞沫以及接触而传播，发病急骤，具体症状有畏寒、高热、头痛、全身酸痛、乏力等，还可能出现恶心、呕吐、食欲减退、鼻塞、流涕、打喷嚏、咽痛以及咳嗽等。常见于儿童、老人及慢性病患者。其预防措施：

1. 经常开展体育运动，以增强自身的抵抗力；

2. 居室宜经常开窗透换新鲜空气，少用空调，必要时室内用食醋或乳酸熏蒸消毒，注意随气温变化而增减衣服；

3. 流行性感冒流行期间尽量少去公共场所，必须外出时提倡戴口罩；

4. 及时医治易诱发流感的疾病，如营养不良、贫血、肠寄生虫症等，家中应常备板蓝根、大青叶、金银花等药品；

5. 患者的餐具、用具等可煮沸消毒，衣物暴晒 2 小时以上。

四、结核病及其预防措施

结核病也叫肺结核病，是由结核杆菌侵入肺内引起的慢性传染病，是一种全身性的消耗性疾病。发病后会出现体质下降，午后或傍晚发低烧、盗汗、咯血，容易疲惫，食欲差，精神不集中等症状，女性还可能出现月经失调等现象。结核病的主要传染源是那些患急性肺结核或慢性肺结核、未彻底治愈的病人。使用被结核杆菌污染的食具、水杯，和病人一起夹菜吃饭等，都可能被传染。其预防措施如下：

1. 增强个人身体健康意识和自我保护意识；

2. 及时将结核病患者送专门医院治疗，隔离患者；

3. 养成良好的个人卫生习惯；

4. 实行集体用餐分餐制；

5. 锻炼身体，增强体质，保证蛋白质、钙、磷、维生素 D 等营养的摄入，增强抗结核能力。

五、病毒性肝炎

病毒性的肝炎分甲、乙、丙、丁、戊等多种类型，分别由相应的肝炎病毒引起。它们的共同特征是，引起肝脏的炎症使肝功能受损害，同时伴有食欲减退、恶心、腹胀等消化道的症状，病程一般都比较长。乙型、丙型肝炎还可能发展成慢性肝炎和肝硬化。

甲、戊型肝炎的传播途径比较单一，由食入被肝炎患者粪便污染的食物或水而传播。乙、丙、丁型肝炎传播途径较多，不仅可通过输血、输液感染，还可因手术、拔牙、静脉注射、针刺、文身、实验室意外、共用牙刷和剃刀等过程中消毒不严而传播。其预防措施如下：

1. 讲究个人卫生，切实做到饭前饭后要洗手，食具及漱洗用具等要自食自用，经常打扫环境卫生，重点消灭蚊蝇及其滋生地；
2. 讲究饮食卫生，集体用餐一定要采用分餐制；
3. 班级、宿舍中有同学被传染肝炎后，应立即通过学校医务室向当地防疫站报告疫情，特别要注意报告发病时间，对病人实行隔离治疗，对病人用具进行消毒处理；
4. 注射肝炎疫苗；
5. 平时看病到正规医院就诊，确保“一人一针一管”，对各类容易损伤皮肤、黏膜的医疗器械要监督医生，严格消毒；
6. 不要随意在街边小店里文身，女同学不要在街头小摊扎耳洞。

六、SARS

SARS 又称非典型肺炎，属于一种严重的急性呼吸道症候群。SARS 的症状是发烧、腹泻、咳嗽、肌肉酸痛及呼吸急促等，常常会罹患肺炎。SARS 病毒主要是经口传染，空气传染的可能性很小。其预防措施如下：

1. 注意个人卫生，勤洗手，保持食物及餐具清洁；
2. 重视环境卫生，保持室内通风；
3. 避免到人群聚集或空气不流通的地方去；
4. 注意均衡饮食，根据气候变化增减衣服，坚持定期运动，保证充足的睡眠和休息，增强身体的抵抗力；
5. 如有发热、咳嗽、呼吸急促等症状，应及时到正规医院就医。

七、禽流感

禽流感是禽类流行性感冒的简称，是由 A 型流感病毒引起的一种禽类(家禽和野禽)传染病。人感染到禽流感病毒，其早期的症状与其他流感非常相似，主要表现为发热、流涕、鼻塞、咳嗽、咽痛、头痛、全身不适，部分患者可有恶心、腹痛、腹泻、稀水样便等消化道症状，有些患者可见眼结膜炎，体温大多在 39 ℃以上，一些患者胸部 X 线还会显示单侧或双侧肺炎，少数患者伴有胸腔积液。禽流感的潜伏期从数小时到数天，最长可达21天。

其预防措施如下：

防范禽流感的方法和防范“非典”的方法类似，要经常保持室内的空气流通，每天开窗换气两次，每次至少10分钟；保持家内清洁，确保排水道去水顺畅，使用可清洗的地垫，避免使用难以清理的地毯；打喷嚏或咳嗽时应掩着口鼻；保持健康的生活方式，多休息，避免过度劳累，不吸烟，加强体育锻炼，增强身体抵抗力。

八、H1N1

甲型H1N1流感病毒是A型流感病毒，携带有H1N1亚型猪流感病毒毒株，包含有禽流感、猪流感和人流感三种流感病毒的核糖核酸基因片断，同时拥有亚洲猪流感和非洲猪流感病毒特征。医学测试显示，甲型H1N1流感病毒呈阴性反应。潜伏期较流感、禽流感长。

甲型H1N1流感的早期症状与普通流感相似，包括发热、咳嗽、喉痛、身体疼痛、头痛、发冷和疲劳等，有些还会出现腹泻或呕吐、肌肉痛或疲倦、眼睛发红等。部分患者病情进展迅速，突然高热、体温超过39 ℃，甚至继发严重肺炎、急性呼吸窘迫综合征、肺出血、胸腔积液、血细胞减少、肾衰竭、败血症、休克及Reye综合征、呼吸衰竭及多器官损伤，甚至导致死亡。患者原有的基础疾病亦可加重。预防H1N1的措施主要有：

1. 勤洗手，养成良好的个人卫生习惯；
2. 保证睡眠充足，多喝水，保持身体健康；
3. 保持室内通风，少去人多不通风的场所；
4. 做饭时生熟分开，猪肉烹饪至71 ℃以上，以完全杀死猪流感病毒；
5. 避免接触生猪或前往有猪的场所；
6. 咳嗽或打喷嚏时用纸巾遮住口鼻，如无纸巾应用肘部遮住口鼻；
7. 常备治疗感冒的药物，一旦出现流感样症状（发热、咳嗽、流涕等），应尽早服药，对症治疗，并尽快就医；
8. 定期服用板蓝根（可以考虑有一定规律性）、大青叶、薄荷叶、金银花等。避免接触出现流感样症状的病人。

九、核辐射

核辐射，通常称之为放射性，存在于所有的物质之中，即包括你喝的水和我呼吸的空气，这是亿万年来存在的客观事实，是正常现象。但是在一定条件下，偏高或高的放射性则会对人体造成伤害。要保护身体少遭辐射，以下三点很重要：遮蔽放射线，远离放射线源，减少遭辐射的时间。

（一）如何预防核辐射

1. 若被要求躲入室内，为避免含放射性物质的外部空气进入室内，要关紧门窗，并关掉空调及换气扇。

2. 需要外出避难时，要注意预防“体内辐射”，即放射性物质会从鼻子、嘴巴、皮肤伤口之类地方渗入体内。

要用湿毛巾盖住鼻子和嘴巴，并最好穿严实的衣裤，不要暴露皮肤。另外，也请留意风向，注意尽可能避免待在下风处。

3. 从外面进入室内之际也要注意，衣服上可能沾有放射性物质。不要把被污染的衣服带入室内，在门口脱下，迅速装入塑料袋，并扎紧袋口。若确认已遭一定程度的辐射，一般要脱下衣服，用湿布擦拭身体，以防止放射物质向周围扩散。另外，若放射性物质已进入体内，可服用促进其排出体外的药物。

(二)日常生活中的注意事项

1. 采取屏蔽措施。在人与辐射源之间加一层足够厚的屏蔽物，可以降低外部照射剂量。主要材料有铅、钢筋混凝土、水等，我们住的楼房对外部照射来说是很好的屏蔽体。

2. 多穿着长袖衣物，尤其是防雨绸质地的衣物。

3. 多使用含碘食物，每天适当增加维生素供给。

(三)一旦出现了核辐射突发事件，大学生应该怎么办

一旦出现核辐射突发事件，大学生必须做的第一件事是获取尽可能多的、而且是可信的关于突发事件的信息，并了解政府部门的决定、通知。为此，应通过各种手段(电视、广播、网络、电话等)保持与当地政府的信息沟通，切不可轻信谣言或小道信息。第二件事是按照当地政府的通知，迅速采取必要的自我防护措施。

1. 选择就近的建筑物进行隐蔽，减少直接的外照射和污染空气的吸入。关闭门窗和通风设备(包括空调、风扇)，当污染的空气过去后，迅速打开门窗和通风装置。

2. 根据当地政府的安排，有组织、有秩序地撤离现场，避免撤离可能带来的负面作用。

3. 当判断有放射性散布事件发生时，应尽量往风向的侧面躲避，并迅速进入建筑物内隐蔽。

4. 用湿毛巾、布块等捂住口鼻，进行呼吸道防护。

5. 若怀疑身体表面有放射性污染，可以采用先洗澡和更换衣服的方法来减少放射形成的污染。

6. 应该听从当地主管部门和学校的安排，决定是否需要控制使用当地的食品和饮水。出现核辐射事件后，公众要特别注意保持心态的平稳，千万不要惶恐不安。

十、艾滋病

艾滋病，也称作“获得性免疫缺陷综合征”，是指由 HIV 病毒感染导致的慢性传染性疾病，HIV 病毒侵犯人体的免疫系统，导致人体免疫功能下降，甚至缺失，从而出现了一系列感染性疾病或肿瘤。

HIV 病毒感染在全世界传播，已成为全球重大公共卫生问题。全球人民如今是谈"艾"色变。因为目前仍缺乏根治艾滋病的有效药物，至多只能最大限度抑制艾滋病患者体内的病毒复制及扩散，使患者获得免疫功能重建和维持，以此降低发病率和死亡率。

在全球多元化交融的今天，抗击艾滋病是全球人民需要共同面对的问题。艾滋病的传播途径主要有性接触、血液传播、母婴传播三个途径。由于目前尚无有效的 HIV 疫苗，只有切断传播途径才能有效预防和控制艾滋病的传播。

1.我们要注意日常生活中的公共卫生，医疗中避免不必要的注射和输血，不共用针具；

2.切断 HIV 的性接触传染，正确使用安全套，进行安全性行为

3.产妇生产要注意进行孕检，及时进行治疗及胎儿预防性治疗。

第三节　突发公共卫生事件下的大学生心理健康调节

一、面对公共卫生事件常见心理应激反应

公共卫生事件疫情的突发以及产生的后果突破了生物因素的限制，对我们的社会产生重大破坏，也对人们的心理健康造成极大影响。这必然要求我们在处理疫情事件时，要充分考虑心理因素。突发性公共卫生事件对人体有一种应激反应，包括情绪变化、内分泌变化、免疫力变化等等。这种强烈的应激反应很容易导致产生各种心理反应，比较常见的反应包括：

(一)急性应激障碍

在突发事件发生后约 1 个月内发生的急性精神障碍，包括抑郁、愤怒、回避、焦虑和警惕性提高等。害怕自己被传染，甚至因此而失眠，对生活中的其他事情开始缺乏兴趣。

(二)创伤后应激障碍

即创伤再体验，思维中不受控制涌现出创伤相关内容，回避创伤有关事物、选择性遗忘以及警惕性增强、易受惊吓。反复洗手、反复清洁家中物品。强迫性地关注疫情信息，不断刷新消息。

(三)心理资源受损

自觉低自尊、自我控制能力下降。任何和某个突发公共卫生事件相似的症状都"自我诊断"为"病人"，即使检查结果正常也不相信，惶惶不可终日。

同时，还可能会因紧张和悲伤导致失眠、眩晕、头痛等症状；体验到压迫感、胸闷不适；出现食欲下降、反胃等现象。因为这些心理反应进一步降低了个体自身免疫力。

二、公共卫生事件下的心理应激反应指引

面对重大公共卫生事件，每个人都会不同程度地产生应激反应，这也是个体在面临重大变化或威胁时产生的一种适应性反应。适度的应激反应有利于我们保持警觉、调动资源并增强适应能力来应对疫情危机。但如果这些以情绪、认知和躯体症状为表现的反应过于强烈和持久，则会影响正常生活，可以采用以下方法进行自我调适。

（一）照顾好自己的身体和生活

保证正常的生活作息，稳定化始终是自我心理调整第一要务。记住保持健康的身体和心态是抵御疾病的最重要武器！

（二）向积极方向调整自己的思维

如果关注疾病相关资讯请尽量关注事实和数据，这是真实客观的，相对冷静的头脑有助于我们认识到事情的真相，不因谣言引发恐慌。关注官方、正规渠道发布的新闻，了解疫情的发展趋势能够帮助我们抵抗失控感，如果反复阅读带有负面情绪色彩的信息容易引发“替代性创伤”（指未直接经历创伤事件的个体，以间接方式接触到创伤事件而产生的心理不适），消耗我们的心理能量。如果阅读这些信息让你感到不舒服，应主动停下来，用自己的知识储备理性分析信息的可靠性，保护自己免受负面情绪冲击，同时，多关注积极、正面的宣传报道，从中汲取战胜疫情的正能量。保持对前景的盼望，即使在危急时期，也不要忽略在我们身边的美好事物。保持对个人和集体应对危机的信心，看到积极团结和温暖支持的力量。

（三）处理负性情绪

当出现焦虑、抑郁等情绪时可以进行自我调节和求助。自我调节包括进行呼吸调整和正念冥想或做瑜伽练习得到稳定和平静，也可以转移注意力到一些自己喜欢的事情上来让情绪暂时停下，也可以告诉自己情绪只是自己的一部分，不是全部的自己，情绪可以通过倾诉、哭泣、呐喊、歌唱、书写、绘画、音乐、运动等表达和抒发出去。情绪也可以适当打包，可以变成气球从心里升腾出去，暂时不打扰我们。或者也可以向身边的人或亲友求助，进行诉说和寻求安慰，达到相互支持的目的。情绪的流动会让我们的心态更加稳定平和，帮助我们更好地应对疾病和危机。

（四）保持合理的运动和积极行动

可通过制订生活计划保持健康的作息，坚持每天锻炼，利用各种网络资源有计划地学习，不断充实自己。适当进行户外运动，运动的好处在于帮你减少精神上的紧张，增加心血管机能，增加自我效能，提高自信，提高免疫力抵御疾病。安静地对自己的过去做些回顾与反思或对未来做些计划，跟自己的家人或朋友通过网络聊聊天，或者可以学些新的技能如做点新菜，学习乐器和唱歌等。其实安静的时候真的可以做很多事，这又何尝不是个

机会让自己适当休息一阵子呢！

（五）适时寻求专业的心理帮助

政府部门、高校，以及许多专业机构都提供免费的心理援助服务，如心理热线电话或网络咨询服务等。如果心理问题难以自行调适，要主动向学校心理健康教育与咨询中心或专业机构求助，若出现严重的心理问题应去医院就诊。

三、隔离治疗期间维护心理健康的方法

接受隔离治疗的人员因环境或自身状况，易出现焦虑、害怕、恐慌等情绪反应和茫然失措、坐立不安、冲动毁物等行为表现。此类人员须积极进行自我心理调适，顺利度过隔离期，否则可能会造成心理损伤。可通过以下方法来调节自己的情绪。

（一）了解真实可靠的信息知识

不断关注各种信息不仅导致信息过载，而且会使不确定感增加、出现焦虑、恐慌等情绪。因此，要减少阅读过度情绪暴露和唤起的文章，学会限制信息获取，只关注权威信息。若信息过载、情绪难以消化，应减少手机的使用和信息的摄入。

（二）保持规律健康的生活作息

规律的生活作息、健康的饮食、适当的体育锻炼有利于身心健康。当被负性情绪困扰时，可以把隔离当作一次短暂的假期，完成平时没有时间或机会做的事情，如陪家人聊天、下棋，陪孩子做游戏、做健身操，读完一本一直想看的书，玩一个轻松的游戏，在身体允许的情况下整理和布置房间等，通过现实生活的琐碎和充实，放下焦虑，重拾对生活的掌控感。

（三）通过良好人际关系激发内在力量

通过现代化通信手段联络亲朋好友、同事等，倾诉感受，获得支持鼓励，增强战胜疾病的信心；积极主动地关心和帮助身边的人。让自己生活在亲善、友爱、和谐的社会环境中，能很好地获得积极情绪，从而提高免疫力，增加抵御病毒和疾病的能力。

（四）通过适度活动让自己宣泄情绪

回顾自己近期的日常生活，是否存在活动较少的情况，比如：每天卧床时间多于 8 小时（特殊的医疗要求除外），活动次数少于 3 次，长时间看手机等。建议适当安排一些活动，可以开展一些对场地要求较小的运动，也可以通过网络学习一些简单的放松动作，如腹式呼吸、正念冥想、伸展肢体、听音乐、打太极拳或八段锦等来进行自我放松，平复内心的焦躁不安。

四、国内部分心理援助热线

突发公共卫生事件发生后，我国的心理卫生工作者都会积极行动，配合国家的疫情防控工作，为全国公众提供 24 小时的心理危机干预热线服务。另外，北京、上海等城市的心理危机干预热线(或心理援助热线)也可提供相应的心理危机干预及心理辅导服务，有需要的高校师生可积极利用这些援助热线。

全国突发公共卫生事件心理危机干预热线电话：400-832-1100，0731-85292999；服务时间：24 小时(中国医学救援协会心理救援分会、国家精神心理疾病临床医学研究中心、中南大学湘雅二医院心理咨询中心联合主办)。

北京市心理危机干预电话：800-810-1117(座机拨打)，010-82951332(手机拨打)；服务时间：24 小时。

上海市心理援助热线：021-12320-5；服务时间：08：00～22：00。

广州市心理危机干预中心热线：020-81899120；服务时间：24 小时。

福建省共青团疫情心理援助热线(上午 8：30-12：00 下午 2：30-8：00)：12355。

厦门市心理援助热线(24 小时)：0592-5395159。

阅读拓展→

突发事件应对与安全教育

书　　名：突发事件应对与安全教育
作　　者：王威　等
出 版 社：清华大学出版社
出版时间：2014 年 3 月
I S B N：9787302347767

内容简介→

本书严格按照教育部关于"加强国民素质教育"的要求，结合社会突发公共事件应对和学校安全教育，具体介绍自然灾害类、事故灾难类、公共卫生类、社会安全类等突发事件及安全教育体系知识，并通过对重大突发事件的案例剖析，为学生提供各类突发事件的应对必备知识、求生技巧、安全培训，提升学生应对突发事件的能力。

思考题

1.大学生应对突发公共安全事件时应如何处置？

2.大学生应对突发性公共卫生事件时应如何处置？

第十章　预防自然灾害 保障人身与财产安全

学习导入

自然灾害频发是危害人类安全与财产损失的重要方面。本章节主要内容有台风、洪水、地震、雷电等灾害情况的介绍。通过学习要了解掌握各类自然灾害的基本常识，危害情况以及发生自然灾害时我们的应对措施。在灾害发生时，遵守安全注意事项，保障人身安全，减少财产损失，尽快恢复正常的学习、工作、生活和校园管理秩序。

自然灾害是指由于纯自然的原因而给人类社会造成巨大经济损失或严重人员伤亡的一类自然现象，是指自然界物质运动过程中一种或数种具有破坏性的自然力，通过非正常方式的释放而给人类造成危害。

自然灾害一般包括天文灾害(如陨石冲击、太阳辐射异常等)，地质灾害(如地震、火山爆发等)，气象水文灾害(如水灾、雷电等)，土壤生物灾害(如荒漠化、病虫害等)等四大类。

大自然的脾气难以捉摸，它有时候给我们带来喜悦，有时候给我们带来悲伤，它极其善变，说不好什么时候就发起脾气来。这种变异就是自然灾害。它给人类的生产和生活带来了不同程度的损害。有人说，自然灾害是人与自然矛盾的一种表现形式，具有自然和社会两重属性，是人类过去、现在、将来所面对的最严峻的挑战之一。

世界范围内重大的突发性自然灾害，我们很难用三言两语解释清楚它们的成因和危害。但是我们要做的第一件事情，就是先认识它们，只有当我们更多地了解了它们，才有可能征服它们。俗话说："知己知彼，百战不殆"。想要打败一个敌人，必须要先熟悉它。

第一节　台风灾害的预防

一、概述

(一)台风的概念

台风是产生于热带洋面上的一种强烈的热带气旋，由于发生地点不同，叫法也不同。

在北太平洋西部、国际日期变更线以西，包括中国南海范围内发生的热带气旋称为台风，而在大西洋或北太平洋东部的热带气旋则称飓风；也就是说在美国一带称飓风，在菲律宾、中国、日本一带叫台风。

(二)台风的危害

台风是一种破坏力很强的灾害性天气系统，台风带来的灾害也必须正视。强大的台风和伴随台风出现的暴雨，其经过的地方，因大风、暴雨以及风暴潮等造成严重的灾害，如农田、庄稼等被淹没，树木、房屋等被损毁，交通、电力、通信被切断，可以对人身、财产、地面建筑物和各种设施设备造成直接破坏损害或者间接破坏损害。

台风除了给登陆地区带来暴风雨等严重灾害外，也有一定的好处。据统计，包括我国在内的东南亚各国和美国，台风降雨量约占这些地区总降雨量的1/4以上，因此，如果没有台风，这些国家的农业困境将不堪设想。此外，台风对于调剂地球热量、维持热平衡更是功不可没，众所周知，热带地区由于接收的太阳辐射热量最多，因此气候也最为炎热，而寒带地区则正好相反。由于台风的活动，热带地区的热量被驱散到高纬度地区，从而使寒带地区的热量得到补偿。如果没有台风，就会造成热带地区气候越来越炎热，而寒带地区越来越寒冷，自然地球的温带也就不复存在了，众多的植物和动物也会因难以适应而将出现灭绝，那将是一种非常可怕的情景。

(三)近20年在我国发生的较强台风情况

1999年10月9日，50年一遇的14号超强台风正面登陆厦门地区，给厦门地区造成直接经济损失达10亿元以上，间接经济损失则无法统计。所有的街道行道树基本上被损毁，仅绿化建设一项就倒退五年以上。

2006年的台风“珍珠”，在菲律宾、中国东南部和台湾地区总共造成104人死亡以及12亿美元的损失。

2006年的热带风暴“碧利斯”，在菲律宾、中国东南部和台湾地区总共造成672人死亡以及44亿美元的损失。

2006年的台风“桑美”，在马利安那群岛、菲律宾、中国东南部和台湾地区总共造成458人死亡以及25亿美元的损失。

2006年的台风“象神”，在菲律宾、中国海南、越南、柬埔寨、泰国总共造成279人死亡以及7.47亿美元的损失。

2006年的台风“榴莲”，在菲律宾、越南、泰国总共造成不低于819人死亡，经济损失之大无法估计。

二、台风基本常识

(一)台风的等级简表及名称属性

台风(Typhoon)，最大风速出现＞32.6米/秒，也即12级以上(64海里/小时或以上)。

强热带风暴(Severe tropical storm),最大风速出现 24.5～32.6 米/秒,也即风力10～11级(48～63 海里/小时)

热带风暴(Tropical storm),最大风速出现 17.2～24.4 米/秒,也即风力 8～9 级(34～47 海里/小时)

热带低压(Tropical depression),最大风速出现<17.2 米/秒,也即风力为 6～7 级(22～33 海里/小时)

(二)我国台风多发季节和地区

台风发生、发展需要一定的条件,一般是要有足够大的海面或洋面,而且海面水温必须达到 26～27 ℃以上。同时,在低层大气还要有一个初始扰动。赤道辐合带涡旋,东风波等均可作为初始扰动促使条件不稳定的大气释放不稳定能量。此外,对流层垂直风速切变(变率)要小,以及一定的地转偏向力的作用都是台风发生、发展的必要条件。

从多年发生台风的情况来看,在北半球台风多发生在 5—11 月,尤以 8、9 月份最多,不过,不同年份可以相差很多。由于台风是在西太平洋和南海海域上空生成并发展的,我国受影响的主要有台湾、江苏、浙江、福建、广东和海南等省份的沿海地区一带,尤其是台湾受影响最为严重。

三、台风登陆的应急措施

(一)台风登陆前的准备

1. 加强对学生的正面教育,既要使学生认识到台风的危害性,又要教育学生不要惊慌失措,说明台风是可以认识和掌握其规律的,通过台风预报,可以做好防台风的准备工作,减少各项损害、损失。

2. 关注天气(台风)预报,思想上高度重视,工作上细致到位,做到有备无患。

3. 认真熟悉防台风应急预案,熟悉预防台风灾害注意事项。

4. 做好日常生活必需品的准备工作,如必要的食品、饮料和照明蜡烛等。

5. 将养在室外的动植物、家具、花瓶及其他物品移至室内,室外易被吹动的东西要加固。

(二)台风来临时的注意事项

1. 台风登陆预警发布后,禁止人员外出。已经外出的人员要尽快归校,确实来不及返校的可就近进入商场、车站等较为安全的公共场所,并与学校保持电话联络。

2. 台风来临时,请进入安全的室内。如果是在室外,请尽快回到安全牢靠的房子里,并在路上注意高空坠落的物体,如倒树、花盆、广告招牌等,远离有幕墙的高楼。

3. 待在室内时要注意关好门窗,检查门窗是否坚固;取下悬挂的东西;检查电路、炉火、煤气等设施是否安全。不乱拉电线、插头、插座,检查水、电开关,切断有危险的室内外电源，确保用水、用电安全。台风登陆预警发布后，要切断电源，不要在室内使用电脑、收录机，看电视等，以防雷击和触电。

4. 住在低洼地区和危房中的人员要及时转移到安全住所。及时清理排水管道，保持排水畅通。

5. 加强各级值班制度，坚持值班人员在职在岗，保证通信联络畅通，必要时要组织抢险救灾应急分队待命。

6. 认真检查发现台风暴雨灾害带来的安全隐患和险情，及时报告，视情况组织抢险救灾，排除隐患和险情。

第二节 洪水灾害的预防

一、概述

(一)洪水的概念

洪水是指河、湖、库、海所含的水体上涨，超过常规水位的水流现象。洪水常威胁沿河、滨湖、近海地区的安全，甚至造成淹没灾害。根据洪水形成的水源和发生时间，一般可将洪水分为春季融雪洪水和暴雨洪水两类。

(二)洪水的危害

俗话说："水火无情"。其实洪水的危害远远大于火灾，洪水所到之处，房屋倒塌，各种设施设备毁坏，人员遭受淹没之苦，城市积水不退，甚至长至数月。我国历史上的特大洪水造成的灾难触目惊心，1991 年和 1998 年的特大洪水，受灾人口过亿，数十个城市泡在水中，交通瘫痪，供电和通信中断，饮用水被污染，死亡近千人，直接经济损失数百亿，间接经济损失数千亿。

(三)我国发生的较严重的大洪水

1954 年：长江、淮河大水。长江中下游受淹农田 317 万公顷，受灾人口 1888 万人，死亡 3 万余人。淮河全流域受灾农田 408.2 万公顷。

1963 年：海河大水。海河南系发生特大洪水，受淹农田 440 万公顷，京广铁路中断。

1975 年：8 月上旬淮河上游出现罕见的特大暴雨，河南省泌阳县林庄 3 天雨量达 1605.3 毫米，位于暴雨中心地区的两座大型水库失事。河南省有 820 万人口，106 万平方米耕地遭受严重水灾，倒塌房屋 560 万间，死亡 2.6 万人。

1995 年：长江、辽河、松花江大水。该年长江川、湘、鄂、赣四省农田受淹 321.4 万平方米，受灾人口 8526 万人。东北辽、吉、黑三省农田受淹 223.2 万公顷，受灾人口 1078.6 万人。

1996年:珠江、长江、海河大水。该年全国各省(自治区、直辖市)均不同程度地遭受了洪涝灾害,一半以上省(区)严重受灾,全国有311个县以上城市进水,洪涝成灾面积1182.33万公顷,受灾人口2.67亿人,直接经济损失2208.36亿元。

1998年:长江、嫩江、松花江、珠江、闽江等爆发了全流域的特大洪水。1998年洪水大、影响范围广、持续时间长,洪涝灾害严重。在党和政府的领导下,广大军民奋勇抗洪,新中国成立以来建设的水利工程发挥了巨大作用,大大减少了灾害造成的损失。全国共有29个省(自治区、直辖市)遭受了不同程度的洪涝灾害。据各省统计,农田受灾面积2229万公顷(3.34亿亩),成灾面积1378万公顷(2.07亿亩),死亡4150人,倒塌房屋685万间,直接经济损失2551亿元。江西、湖南、湖北、黑龙江、内蒙古、吉林等省(区)受灾最重。

二、基本常识

(一)洪水的分类

雨洪水:在中低纬度地带,洪水的发生多由暴雨形成。

山洪:山区溪沟,由于地面和河床坡降都较陡,降雨后产流、汇流都较快,形成急剧涨落的洪峰。

融雪洪水:在高纬度严寒地区,冬季积雪较厚,春季气温大幅度升高时,积雪大量融化而形成洪水。

溃坝洪水:水库失事时,存蓄的大量水体突然泄放,形成下游河段的水流急剧增涨甚至漫槽成为立波向下游推进的现象。冰川堵塞河道、壅高水位,然后突然溃决时,地震或其他原因引起的巨大土体坍滑堵塞河流,使上游的水位急剧上涨,当堵塞坝体被水流冲开时,在下游地区也形成了这类洪水。

天文潮:海水受引潮力作用,而产生的海洋水体的长周期波动现象。海面一次涨落过程中的最高位置称高潮,最低位置称低潮,相邻高低潮间的水位差称潮差。

海啸:是水下地震或火山爆发所引起的巨浪。

(二)我国洪水多发地区及季节

我国版图幅员辽阔,地形复杂,河流纵横交错,基本地形西高东低,大部分河流都在东部入海,因此我国洪水多发于河流众多的中东部地区。我国河流的主要洪水大都是暴雨洪水,同时在气温较高的春季也会出现融雪洪水。

以地区划分,我国中东部地区以暴雨洪水为主,多发生在夏、秋季节。1998年长江、嫩江、松花江特大洪水就是由暴雨洪水形成的。西北部地区多融雪洪水和雨雪混合洪水,多发生于春季。2006年2月,发生在新疆伊犁河的洪水就是由于伊犁河谷连续多天的持续暖温,使伊犁河谷的积雪消融的速度加快,融化的雪加上雨水暴发了洪水灾害。

三、发生洪水时的应急措施

(一)洪水来临前的准备

1. 路线选择很重要:根据洪水信息和所处位置选择撤离路线,提早撤离。

2. 食物饮品早备好:选择便于携带、可长期保存的食品,并准备足够的饮用水和其他生活必需品。

3. 漂浮器材用处大:根据当地条件准备木排、竹排、气垫船、救生衣、木盆、塑料盆、木材、大塑料等物品。

4. 财务保管多渠道:将不便携带的物品照相,进行防水处理后埋入地下或放在高处;票款珠宝等可缝入内衣随身携带。

5. 通信设备不可少:移动电话可以用于联络,口哨等用于求救,醒目衣服便于搜救。

(二)洪水来临时如何逃生

1. 预知洪水将来临时,如接到洪水警报,听从家长或学校的组织与安排,进行必要的防洪准备,或是快速到高地等相对安全的地方,如防洪大坝上或是当地地势较高的地区。应避免至低洼地区,尤其当知道水库或水坝管理单位宣布泄洪时,更应及时离开溪床及低地。

2. 洪水到来时,来不及转移的人员,要就近迅速向山坡、高地、楼房、避洪台等地转移,或者立即爬上屋顶、楼房高层、大树、高墙等高的地方暂避。来不及撤退者,尽量利用一些不怕洪水冲走的材料,如沙袋、石堆等堵住房屋门槛的缝隙,减少水的漫入,或是躲到屋顶避水。房屋不够坚固的,要自制木(竹)筏逃生,或是攀上大树避难。离开房屋前,尽量带上一些食品和衣物。发现高压线铁塔倾斜或者电线断头下垂时,一定要迅速远避,防止直接触电或因地面“跨步电压”触电。

3. 如果已被洪水包围,要设法尽快与当地政府防汛部门取得联系,报告自己的方位和险情,积极寻求救援。

4. 如洪水继续上涨,暂避的地方已难自保,则要充分利用救生器材逃生,或者迅速找一些门板、桌椅、木床、大块的泡沫塑料等能漂浮的材料扎成筏逃生。

5. 一旦落入水中,应尽可能寻找可用于救生的漂浮物,尽可能地保留身体的能量,沉着冷静,等待救援。被水冲走或落入水中者,首先要保持镇定,尽量抓住水中漂流的木板、箱子、衣柜等物。如果离岸较远,周围又没有其他人或船舶,就不要盲目游动,以免体力消耗殆尽。

(三)灾后注意卫生防疫

1. 讲究饮水卫生:尽可能喝开水。

2. 注意饮食卫生:不吃腐败变质和受污染食物;不吃病死、淹死的动物肉;不吃生食,瓜果吃前削皮或洗烫;食品要煮透,热吃。

3. 搞好环境卫生：粪便和生活垃圾不入水；减少蚊蝇；腐烂动物尸体先焚烧后深埋；及时组织群众迅速清除污泥、浊水；要注意搞好水源卫生、厨房卫生和个人卫生，可以利用漂白剂。

第三节　地震灾害的预防

一、概述

（一）地震的概念

地震，亦是地动，是地壳剧变引起的地面运动。由于地球内部能量不断积累、加强，使一些岩层发生弯曲、变形，到了岩层承受不住的时候，就会发生剧烈的破裂、错位，引起强烈的振动。这种振动就是我们平时所说的地震。

全世界每年大约发生500万次地震。根据成因，地震可分为天然地震（包括构造地震、火山地震、陷落地震）和人工地震。人们平时所说的地震是指能够形成灾害的天然地震，此类地震全球每年约1000次。

（二）地震的危害

地震发生时，最基本的现象是地面的连续振动，主要是明显的晃动。纵波首先到达极震区，人在感到大的晃动之前，有时首先感到上下跳动。接着横波产生大振幅的水平方向的晃动，是造成地震灾害的主要原因。

地震发生后会造成建筑物倒塌，造成人畜的伤亡。地面出现断层和地裂缝。大地震的地表断层常绵延几十至几百千米，坡地边缘、河岸和道路两旁常出现地裂缝。地震的晃动还会使表土下沉，浅层的地下水受挤压会沿地裂缝上升至地表，形成喷沙冒水现象。大地震能使局部地形改观，或隆起，或沉降；使城乡道路坼裂、铁轨扭曲、桥梁折断。在现代化城市中，由于地下管道破裂和电缆被切断，会造成停水、停电和通信受阻。煤气、有毒气体和放射性物质泄漏可导致火灾和毒物、放射性污染等次生灾害。在山区，地震还能引起山崩和滑坡，常造成掩埋村镇的惨剧。崩塌的山石堵塞江河，在上游形成地震湖。

（三）20世纪以来发生的大地震

1960年5月22日，智利发生9.5级大地震。发生在智利中部海域，并引发海啸及火山爆发。此次地震共导致5000人死亡，200万人无家可归。

1957年3月9日，美国阿拉斯加发生里氏9.1级大地震。发生在美国阿拉斯加州安德里亚岛及乌那克岛附近海域。地震导致休眠长达200年的维塞维朵夫火山喷发，并引发15米高的大海啸，影响远至夏威夷岛。

1906年1月31日厄瓜多尔发生，里氏8.8级大地震。发生在厄瓜多尔及哥伦比亚沿岸。地震引发强烈海啸，导致1000多人死亡。中美洲沿岸、旧金山及日本等地都有震感。

1950年8月15日，中国西藏发生里氏8.6级大地震。2000余座房屋及寺庙被毁。雅鲁藏布江郊损失最为惨重，至少有1500人死亡。

1976年7月28日，我国唐山地区发生里氏7.8级大地震。地震造成了242419人丧生(包括天津等受灾区)，36万多人受重伤，70多万人受轻伤，15886户家庭解体，7821个妻子失去丈夫，8047个丈夫失去了妻子，3817人成为截瘫患者，25061人肢体残疾，遗留下孤寡老人3675位，孤儿4204人，数十万和平居民转眼变成失去家园的难民，经济损失无法统计，全国人民沉入巨大的悲痛之中。该次大地震是迄今为止400多年世界地震史上最悲惨的一幕，所有建筑物基本倒塌。北至哈尔滨，南至安徽蚌埠、江苏靖江一线，西至内蒙古磴口、宁夏吴忠一线，东至渤海湾岛屿和东北国境线，这一广大地区的人们都感到异乎寻常的震动。

2008年5月12日14时28分，我国汶川发生强烈大地震。根据中国地震局的数据，此次地震的面波震级达8.0 Ms，破坏地区超过10万平方公里。地震烈度可能达到11度。地震波及大半个中国及多个亚洲国家。北至北京，东至上海，南至香港、台湾、泰国、越南，西至巴基斯坦均有震感。截至2009年5月25日10时，共遇难69227人，受伤374643人，失踪17923人。其中四川省68712名同胞遇难，17921名同胞失踪，共有5335名学生遇难或失踪。直接经济损失达8451亿元。是新中国成立以来影响最大的一次地震。

2010年玉树地震，发生于北京时间2010年4月14日，其中震级最大的一次发生于7时49分，震中位于中国青海省玉树藏族自治州玉树县境内，其规模达到里氏7.1级、深度为14公里。该地震导致至少2698人遇难，270人失踪，12135人受伤。

二、基本常识

(一)地震震级与烈度

地震的震级在地震学上是被用来说明和衡量地震本身强弱或大小的一种量度。我国使用的震级标准，是国际上通用的震级标准，称之为“里氏震级”。

地震烈度是表示地震地面和建筑物受到的影响和破坏程度。目前，我国使用的是十二度烈度表。

表10-1 中国地震烈度表(简要)

Ⅰ度、Ⅱ度	不易察觉
Ⅲ度	室内少数人有感
Ⅳ度	室内多数人有感，悬挂物摆动
Ⅴ度	室内多数人有感，门窗作响，墙壁表面裂纹
Ⅵ度	人站不稳，家禽外逃，器皿损坏，旧房损坏
Ⅶ度	房屋轻度损坏，烟囱损坏，地表裂缝

续表

Ⅰ度、Ⅱ度	不易察觉
Ⅷ度	房屋多数破坏,道路少数损坏,地下管道破裂
Ⅸ度	房屋多数破坏,少数倾倒,牌坊倒塌
Ⅹ度	房屋倒塌,道路损坏
Ⅺ度	房屋大量倒塌,路基堤岸大段崩毁
Ⅻ度	一切建筑物普遍损毁,地形剧变

(二)地震起因

引起地球表层振动的原因很多,根据地震的成因,可以把地震分为以下几种:

1. 构造地震

由于地下深处岩层错动、破裂所造成的地震称为构造地震。这类地震发生的次数最多,破坏力也最大,占全世界地震的90%以上。

2. 火山地震

由于火山作用,如岩浆活动、气体爆炸等引起的地震称为火山地震。只有在火山活动区才可能发生火山地震,这类地震只占全世界地震的7%左右。

3. 塌陷地震

由于地下岩洞或矿井顶部塌陷而引起的地震称为塌陷地震。这类地震的规模比较小,次数也很少,即使有,也往往发生在溶洞密布的石灰岩地区或大规模地下开采的矿区。

4. 诱发地震

由于水库蓄水、油田注水等活动而引发的地震称为诱发地震。这类地震仅仅在某些特定的水库库区或油田地区发生。

5. 人工地震

地下核爆炸、炸药爆破等人为引起的地面振动称为人工地震。人工地震是由人为活动引起的地震。如工业爆破、地下核爆炸造成的振动;在深井中进行高压注水以及大水库蓄水后增加了地壳的压力,有时也会诱发地震。

(三)世界及我国地震多发区域分布

环太平洋地震带:分布在太平洋周围,像一个巨大的花环,把大陆与海洋分隔开来。

欧亚地震:从地中海向东,一支经中亚至喜马拉雅山,然后向南经我国横断山脉,过缅甸,呈弧形转向东,至印度尼西亚,另一支从中亚向东北延伸,至堪察加,分布比较零散。

我国地处全球两大地震带之间,是一个多地震国家,地震带主要分布在:

东南——台湾和福建沿海一带;

华北——太行山沿线和京津唐渤地区;

西南——青藏高原、云南;

四川西部、西北——新疆和陕甘宁部分地区。

三、发生地震的应急措施

(一)及时观察地震发生的前兆

地震特别是强烈地震之前,总会出现一些异常现象,与地震发生有密切联系的异常现象称之为地震的前兆。

1. 由于地下岩层受到挤压或拉伸,使地下水位上升或下降,或使地壳深部气体和某些物质随水溢出,而使地下水冒泡、翻油花、发浑、变味等。

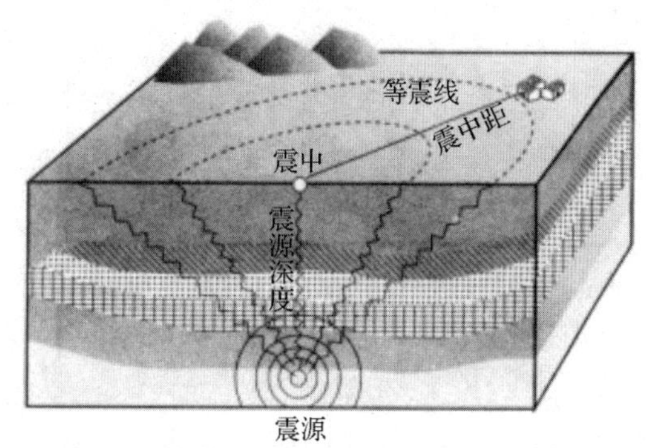

地震传导图例

2. 牲畜、家禽的反应。地震前1～2天,牛、马等大牲畜常出现赶不进圈,乱蹦乱撞,嘶叫不止,烦躁不安,惊恐慌乱,饮食减少等现象;猪、羊不吃食;狗狂叫不止,甚至对主人狂吠;鸡不进窝;鸽子在震前数天惊飞不回巢;蜜蜂一窝一窝地飞走。

3. 穴居动物的反应。老鼠反应最灵敏,在震前一至数天,老鼠突然跑光了,有的叼着小老鼠搬家。有些冬眠的蛇、田鼠爬出洞外,还有的蛇慌忙地爬到树上。

地震区的群众根据动物的异常现象,总结出这样的谚语:“震前动物有预兆:老鼠搬家往外跑,鸡飞上树猪拱圈,鸭不上水狗狂叫,冬眠蛇虫早出洞,鱼儿惊慌水面跳。”

当然,动物有反常现象,也不完全说明就一定会发生地震。

(二)地震发生时的自救事项

1. 地震时保持冷静,地震后走到户外。这是避震的国际通用守则,国内外许多起地震实例表明,在地震发生的短暂瞬间,人们在进入或离开建筑物时,被砸死砸伤的概率最大。因此专家告诫,室内避震条件好的,首先要选择室内避震。如果建筑物抗震能力差,则尽可能从室内跑出去。

特别要牢记的是,不要滞留在床上;不可跑向阳台;不可跑到楼道等人员拥挤的地方去;不可跳楼;不可使用电梯,若地震时在电梯里应尽快离开,若电梯门打不开时要抱头蹲下,立即用电梯内的警铃、对讲机或电话与管理人员联系,等待外部救援,如报警无效,可以大声呼叫或间接性地拍打电梯门。另外,要立即灭火断电,防止烫伤触电和发生火情。

震前预防——前期准备工作

● 在日常生活中，在家储备一些饮用水和罐头食品，如纯净水，罐头和干食品等，地震后使你能够维持许多天生命所需要的营养，从而为获救赢得宝贵时间。

● 平时养成使用完液化气、煤气、自来水、电器后及时关闭闸门或开关的良好习惯，防止地震引发水灾等次生灾害。不经常使用这些设施的人，则应该熟悉怎样关闭自己家中和工作场所的水、煤、电的开关，在煤气阀门附近准备一把规格合适的扳手，供震后关闭阀门时用。

● 家里应常备几个手电筒和备用电池、急救药箱及收音机等能够发音、发光的求救用品，并使每一个家庭成员都熟知其所放的地方，了解急救方法。

● 在适当的位置配备一个或多个灭火器，把浇灌用的软管套好在水龙头上，震后可用于扑灭火灾。

2. 选择避震的好位置。住楼房避震，可根据建筑物布局和室内状况，审时度势，寻找安全空间躲避，最好找一个形成三角空间的地方或蹲在承受力较大的金属管道旁。更重要的一点是，被困人员可以采用击打管道的方式向外界传递信息，而有利于最快获得救助。

需要特别注意的是，当躲在厨房、卫生间这样的小空间时，应尽量离灶具、煤气管道及易破碎的碗碟远些。若厨房、卫生间处在建筑物的角落里，且隔断墙为薄板墙时，就不要把它选择为最佳避震场所。此外，不要钻进柜子或箱子里，因为人一旦钻进去后便立刻丧失机动性，视野受阻，四肢被缚，不仅会错过逃生机会，还不利于被救；躺卧的姿势也不好，人体的平躺面积加大，被击中的概率要比站立大5倍，而且很难机动变位。

3. 近水不近火。这是确保在震灾中获得他人及时救助的重要原则。不要靠近煤气灶、煤气管道和家用电器；要远离外墙、门窗和阳台；尽快关闭电源、火源；尽量靠近水源处。一旦被困，要设法与外界联系，除用手机联系外，可敲击管道，也可以打开手电筒。

4. 身体遭到地震伤害时，应设法清除压在身上的物体，尽可能用湿毛巾捂住口鼻防尘、防烟，用石头或铁器等敲击物体同外界联系，注意保存体力，不要大声呼救。

第四节　雷电灾害的预防

一、概述

（一）雷电的概念

雷电是一种是伴有闪电和雷鸣的一种雄伟壮观而又有点令人生畏的大气中的放电现

象。雷电在形成过程中,它的某些部分积聚起正电荷,另一部分积聚起负电荷,当这些电荷积聚到一定程度时,就产生放电现象。雷电一般产生于对流发展旺盛的积雨云层中,因此,常伴有强烈的阵风和暴雨,有时还伴有冰雹和龙卷风,它是一种自然界现象。

(二)雷电的危害

自然界每年都会发生雷电闪电几百万次,在雷电闪电过程中通过强大的电流击毁各种物体和设施设备,造成人畜伤亡,形成雷电(雷击)灾害。雷电灾害是“联合国国际减灾十年”公布的最严重的十种自然灾害之一。最新统计资料表明,雷电灾害造成的损失已经上升到自然灾害的第三位。全球每年因雷击造成人员伤亡、财产损失的不计其数。据不完全统计,我国每年因雷击以及雷击负效应造成的人员伤亡达3000～4000人,财产损失达50亿～100亿元人民币。

(三)近十年发生的部分雷击事故

2007年7月29日,韩国5名登山者在首尔附近的山上登山时遭雷击身亡,另有6人受伤。

2007年5月23日下午,重庆市开县义和镇兴业村遭遇雷电袭击,造成兴业村小学四、六年级共46名学生被雷电击中。经医生现场查验发现,此次雷击事故造成7名学生死亡,39名学生不同程度受伤。

2005年9月14日下午,湖南第一师范学校东方红校区2005级新生在军训的时候遭遇雷击,导致1死6伤。

2004年3月10日下午,一名来自中国的18岁球员江涛在新加坡联赛的训练场训练时,遭雷击当场死亡。

江西省南昌市湾里区招贤镇,一年四季常有雷击事件发生,因此得名“雷公坛”。近20年,雷击伤人事件时有发生,村里几乎每个人都有过被雷击的遭遇,许多村民不堪雷击之苦而纷纷迁离,原先180人的村庄如今仅剩8人。

二、基本常识

(一)雷击危害的常见种类

1. 直击雷

带电的云层对大地上的某一点发生猛烈的放电现象,称为直击雷。它的破坏力十分巨大,若不能迅速将其泄放入大地,将导致放电通道内的物体、建筑物、设施、人畜遭受严重的破坏或损害——火灾、建筑物损坏、电子电气系统摧毁,甚至危及人畜的生命安全。

2. 雷电波侵入

雷电不直接放电在建筑和设备本身,而是对布放在建筑物外部的线缆放电。线缆上的雷电波或过电压几乎以光速沿着电缆线路扩散,侵入并危及室内电子设备和自动化控制等各个系统。因此,往往在听到雷声之前,我们的电子设备、控制系统等可能已经损坏。

3. 感应过电压

雷击在设备设施或线路的附近发生，或闪电不直接对地放电，只在云层与云层之间发生放电现象。闪电释放电荷，并在电源和数据传输线路及金属管道金属支架上感应生成过电压。

4. 地电位反击

如果雷电直接击中具有避雷装置的建筑物或设施，接地网的地电位会在数微秒之内被抬高至数万或数十万伏。高度破坏性的雷电流将从各种装置的接地部分，流向供电系统或各种网络信号系统，或者击穿大地绝缘而流向另一设施的供电系统或各种网络信号系统，从而破坏或损害电子设备。同时，在未实行等电位连接的导线回路中，可能诱发高电位而产生火花放电的危险。

(二)雷电易发季节

雷电一般产生于对流发展旺盛的积雨云中，常伴有强烈的阵风和暴雨，有时还伴有冰雹和龙卷风。对流层的厚度和对流活动的激烈程度是由大气的对流运动决定的，而对流运动的强弱是由地面的冷热状况决定的，由于夏季地面受热多，早晚温差大，海洋与大陆的温差大，气流的对流运动旺盛，大气的对流运动强烈，因此夏季是雷电的多发季节。

夏季在外出、旅游的时候，一定要注意做好防雷击工作。要远离雷电多发地区以及容易被雷电击中的地方。如河床、湖沼边、潮湿地带、潮湿的建筑物、烟囱下、山顶、农田等地方通常是雷电易击点。

但是除了夏季，其他季节也有雷电发生的可能。例如印尼的爪哇岛，是世界上最易受到闪电袭击的地方。据统计，爪哇岛有一年竟有 300 天发生闪电。

三、发生雷电灾害时的应急措施

世界每秒有 1800 个雷电在进行中，其中能够袭击地球的不足 1/20，能够对我们生活有影响的更微不足道。因此，并不是每一次雷雨都是十分可怕的。但是，我们也不能对雷电的袭击掉以轻心，因为雷电的能量十分巨大，每一次的袭击都有可能是致命的。

据权威部门研究，雷电的受害者有 2/3 以上是在户外受到袭击。由此表明，雷雨天减少户外活动，有利于我们避免雷电的袭击。

(一)户外避雷措施

当在户外遇到突发的雷雨时：

1. 不要停留在山顶或建筑物顶部；不要停留在铁门、铁栅栏、金属晒衣绳、架空金属体以及铁路轨道附近；摘下金属架眼镜、手表、裤带；迅速躲入有防雷保护的建筑物内，或有金属壳体的各种车辆内。

2. 不具备上述条件时，应立即双脚并拢下蹲，头部向前弯曲，降低自己的高度，以减少跨步电压带来的危害。因为雷电流经落雷点会沿着地面逐渐向四周释放能量。此时，行走之中的人的前脚和后脚之间就可能因电位差不同，而在两步间产生一定的电压。

3. 不要在大树、电线杆、广告牌、各类铁塔底下避雨。不要在没有防雷装置或孤立的凉亭、草棚中避雨久留。不要在户外接听和拨打手机，因为手机的电磁波也会引雷。

4. 不要拿着金属物品(如雨伞等)在雷雨中停留，因为金属物品属于导电物质，在雷雨天气中有时能够起到引雷的作用。

5. 不要触摸或者靠近防雷引下线、自来水管、家用电器的接地线、大树树干等可能因雷击而带电的物体，以防接触电压或者接触雷击和旁侧闪击。

(二)室内避雷措施

1. 闪电时，首先要做的就是关好门窗，防止雷电直击室内和球形雷飘进室内。

2. 保持屋内的干燥，房子漏雨时，应该及时修理好。要离开进户的金属水管和与屋顶相连的下水管等。晾晒衣服被褥等用的铁丝不要拉到窗户、门口，以防铁丝引雷。

3. 不宜使用淋浴器。雷雨天气时，尽量不要拨打、接听电话，或使用电话上网，应拔掉家用电器的电源、电话线及电视天线等有可能将雷电引入室内的金属导线。

4. 进户电源线的绝缘子铁脚应做到可靠接地，室内的电源插座中的保护地线应连接良好。注意避开电线，不要站立在灯泡下，最好是断电或不使用电器。

(三)他人遭受雷击时的急救方法

当有人遭受雷击时，同伴应立即将病人送往医院。如果当时呼吸、心跳已经停止，应立即就地做口对口人工呼吸和胸外心脏按压，积极进行现场抢救。千万不可因急着运送去医院而不作抢救，否则会贻误病机而致病、死亡。同时，还应在送往医院的途中继续进行人工呼吸和胸外心脏按压。此外，要注意给病人保温。若有狂躁不安、痉挛抽搐等精神症状时，还要为其作头部冷敷。对电灼伤的局部，在急救条件下，只需保持干燥或包扎即可。

阅读拓展→

危及人类的100场大灾难

书　　名：危及人类的100场大灾难
作　　者：江华
出 版 社：武汉出版社
出版时间：2011年6月
I S B N：9787543058729

内容简介→

如果人类能够有足够的灾难意识，我们的相关工作人员能做好及时的灾前预测工作，再具备更为有力而全面的灾前预防措施，那灾难损失将有可能大大降低，可现在不是追究这一切的时候，我们要做的就是有足够的勇气面对灾难，认识灾难，以及预防灾难。本书分为国外篇和中国篇两个大的部分，记录了从古至今100起灾难，直击灾难过程，详细的描写令人有身临其境之感。另外本书还附有“小贴示”的小知识，希望能帮助读者更好地解读此书。

思考题

1.台风、洪水自然灾害发生时应如何应对？

2.发生台风和洪水灾害时的注意事项有哪些？

3.发生地震时应如何应对？

4.雷电灾害事件的危害有哪些，应如何避雷？

第十一章　大学生求职与就业安全

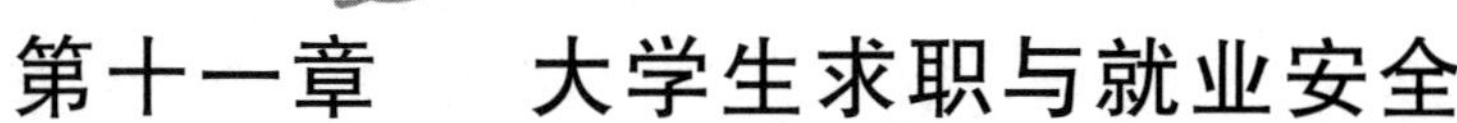

学习导入

大学毕业生由于思想单纯，缺少社会经验，在求职与初次就业过程中，时有发现虚假不实的招聘广告，克扣工资待遇，有的还受到人身侵害，甚至误入非法传销等上当受骗现象。为了防止和减少这种现象的发生，本章节编有毕业生慧眼识别就业骗局，就业安全渠道先行等相关内容，告诫高校毕业生在思想上、行动上要重视求职与就业安全，防止在应聘和就业过程中发生各种上当受骗等的安全问题。

近年来，随着大学毕业生数量的增加，大学生就业压力不断增大，大学生就业问题已引起全社会的高度重视。然而，多数人关心的是如何促进大学生充分就业，对大学生们的求职、就业安全问题重视还显不足。刚走出校门或还没走出校门的大学生，缺乏社会经验，他们在求职中往往处于弱势地位。一些别有用心的人很容易利用大学生求职心切的心理，设置骗局诱使大学生求职上当，导致求职受骗现象屡屡发生。

面对这些问题，大学生自身在求职过程中要提高警惕，增强自我安全防范意识，确保人身财物的安全，实现平安求职、就业。

第一节　慧眼识别就业骗局

一、大学生就业骗局的表现特征

大学生就业骗局是指招聘单位、其他机构或个人，利用大学生的弱势地位（如社会经验不足、自我保护意识差、就业竞争激烈等），以提供就业机会为诱因，采用违法悖德等手段，与大学生达成权利与义务不对等的各类就业意向（协议），以期侵害大学生合法权益的现象。当前大学生就业骗局主要表现出四个典型的特征。

（一）欺骗性

主要表现为招聘单位以攻势强劲的虚假宣传，信誓旦旦的不实承诺，热情有加的伪善行为来取得大学生的信任和很高的期望，然后在协议中提出苛刻条件，隐藏各种不法目的。

(二)诱惑性

主要表现为招聘单位着力包装，夸大事实，并以单位各种招牌、荣誉、待遇和发展前景蛊惑大学生，一旦大学生被其诱骗上钩，则脸色突变，一副“我是流氓我怕谁”的架势。

(三)隐蔽性

违法用人单位的各种伎俩都有十分华丽的诱
人说辞，听起来入情入理，面面俱到，句句都令人心动，其实处处布下骗局。涉世不深的大学生十分单纯，难辨真伪，很快成为猎取的对象。

(四)违法性

就业中的违法目的各有不同。一类是违法违规留人才。有些为留住人才而扣留大学生的户口、证件等使大学生欲走难行。有些迫使大学生签下“卖身契”，使大学生难以脱身。有些软硬兼施，一方面大开空头支票，另一方面强迫工作，迫使大学生逐渐接受不公正、不合理的现实。另一类就是坑蒙拐骗，使大学生掉进自己挖下的高薪骗局、培训骗局、中介骗局，甚至诱骗大学生入股、推销、传销等，还有些用人单位给大学生设置了协议骗局、合同骗局或试用期骗局，使大学生感到欲罢不能，求助无门。

二、大学生就业骗局的主要类型

(一)虚假职位信息

1. 以招聘之名非法敛财

某些企业利用求职者求职心切，在交一定费用后，没等到上班就告知其招聘职位已满，钱也不会退还。这些公司招聘时常常不看任何学历证明，甚至不安排任何面试，而只要求求职者支付包括入职押金、服装费、档案管理费、培训费等名目繁多的费用，当他们填满自己的“钱袋”后，就会找各种理由将应聘者“辞掉”。这是黑心单位最常用的欺骗手法。还有借招聘之名，行推销之实。提出对应聘者考察，考察方式就是签订产品推广协议，缴纳产品保证金或样品费，然后把这些钱吞掉。

→→→→→

【案例】

福州市某大学计算机专业学生张某从10月中旬起已投出了60多份简历，均石沉大海。11月20日，张同学打开自己的邮箱，发现了一封来自广东省粤海电子科技有限公司的回信，信的大概意思是：企业看到她的个人简历之后十分满意，已决定录用她，并为她建立了个人档案，2006 年毕业之后，即可到该公司上班，工资待遇每月 3000 元。为了避免张同学进行多项选择，公司决定先向她收取 200 元的抵押金，并附上了公司的账号。

"当时我真的太高兴了，就像看到了曙光，我一直就想到南方发展。看到要求交抵押金时，我确实犹豫了，但是转念又一想，不能因为 200 元钱而失去这么好的机会啊，所以第二天我就把钱汇过去了。当我在 23 日打那个公司的电话询问钱是否到账时，发现所有的电话不是关机就是占线，直到现在，我也没有联系到这家公司。"张同学说。

【案例】

江西省某高校学生小刘在日前看到一则招聘兼职办事员的广告，便按照广告上的信息来到了人才交流中介广场，并缴纳了 30 元的报名费。在经过了一家科技公司所谓的"面试"后，又向中介缴纳了 200 元的中介费。与该科技公司签订合同时，对方称必须交 300 元的押金，否则就不签合同。接下来的三天"锻炼期"内，招聘单位让他每天走访 30 家化妆品店，统计近 10 类资料，并提交工作报表、不少于 1000 字的工作记录。小刘觉得自己无法完成，提出要中止合同，用人单位即以违约为由，扣下了 300 元押金。

类似的问题不止出现在小刘一个人身上，不少大学生都有在应聘时遭遇陷阱的经历。一些单位利用大学应届毕业生把个人资料公开于各大招聘网站上的做法，主动致电求职人称其已被选中，待大学生上门面试时才发现该公司承诺的"理财专员""营销助理"，其实只是一些无任何权益保障收入、全靠推销提成的"保险推销员""服装售货员"。一些大学生在用人单位起早贪黑地干了近一个月后才被告知，虽干得不错，但专业知识不足，公司需要对其进行培训，要先交 300 元培训费，如不交培训费就立即走人，但此前工作一个月的薪水免谈。

职场中最常见的骗局当属收取保证金、押金，其比例占 28%。

法律规定用人单位不得向应聘者收取任何费用（包括保证金和押金），所以任职初期先缴各种押金是不合法的。

2. 以招聘之名盗取个人信息

犯罪分子通过互联网或其他媒体刊登待遇诱人的招聘广告，诱得求职者个人信息（如身份证号码或复印件甚至银行账户等）进行非法活动，如直接盗用账户、冒名高额透支甚至专门做倒卖个人隐私的生意。当对方要求你提供身份证号、银行账号以及奇怪的证明材料时一定要多留个心眼，在任何情况下都不能向只有一知半解的"招聘单位"透露任何隐私。

3. 以招聘之名宣传自己

为了积累自身知名度，一些企业会不失时机地对企业或品牌形象进行宣传。对于它们来说，租下一个展位或刊登一条招聘信息最便宜只要几百块，却赚足了曝光度。它们一旦参加招聘会，都会挂出巨幅宣传画，将展位布置得鲜亮夺目；当求职者进行职位询问时，招聘者对企业文化侃侃而谈数十分钟，末了再每人赠送一本精美宣传画册。招聘信息挂了半年甚至更久，其实他们"醉翁之意不在酒"。求职者在面试时发觉有广告之嫌，应及早抽身，不要浪费太多时间去等待这类企业的录用通知。

4. 借招聘之名储备人才

对于大型企业来说，为了保证运行稳定，不至于因为人员流动而导致瘫痪，必须建立自己的人力资源储备库。

看财大气粗的大企业，动辄租下招聘会整个楼层，招聘职位从前台到经理林林总总几十种，惹得求职者斗志昂扬。经过三五轮严格考核筛选，终于过五关斩六将获得首肯，却最终不能入职。他们确实需要人，但不是现在，只能权当是一次锻炼机会，不要过于悲观失望。

(二)压榨应聘者

1. 粉饰职位信息骗取劳动力

一些职位照实说不能引起求职者的推崇，求职者可能连看也不看一眼，招聘者只能投其所好将职位描述得尽善尽美，其实不过是金玉其表。求职者满心欢喜报到之后，才大呼上当。

→→→→→

【案例】

哭笑不得的职位

北京某学院的毕业生小薛同学时，她向记者述说了自己求职受骗的经历。一天，小薛接到太平人寿保险公司的电话，竟然被告知她已被该公司录取为"储备经理人"。小薛在兴奋之余不免纳闷，自己从未向该公司投送过简历呀？他们怎么会知道自己的电话？

但小薛还是兴冲冲地来到该公司，可去过方知，原来是该公司从某招聘网站上的公开资料里"选"中了自己。而所谓的预先被录取的职位"储备经理人"则被换成了"理财专员"。经过一番培训后，小薛才知道，原来该公司把自己招来就是做保险业务员。小薛所学的专业是"网络编辑"，与保险业没有任何关系，而不善言谈的小薛竟然被业务经理夸成了"他见过的最适合做保险的毕业生，不做保险将是终身遗憾"。真是令人哭笑不得。

←←←←←

求职者虚荣心作祟是遭遇此类问题的主要原因。不要被听上去体面的职位迷惑，仔细询问职位工作内涵和细节，是必须做的。

2. 借试用期榨取劳动力

在一份大学毕业生就业的调查中“在你认为最可恨的职场骗局是什么”的问题上，“利用试用期骗取廉价劳动力”以20%的比例位居榜首。

利用试用期骗取廉价劳动力主要有以下两种形式：

一是以各种理由辞退求职者，再以很少薪水继续招聘新人；二是非法延长试用期，半年合同试用三个月。

具体表现在一些单位在试用期即将结束时，便以各种理由炒求职者“鱿鱼”。新员工一般经历约3～6个月试用期，薪酬在试用期总是很少，转正后会大幅提高，然而卖力表现换来的却是一脚踢出局。

因为试用期工资、福利和正式录用差异较大，而招聘的费用微乎其微，利欲熏心的用人单位便通过无休止的“试用”获得最廉价却最认真的劳动力。

3. 招聘时设下薪酬陷阱

所谓薪酬陷阱，指招聘时承诺种种优厚待遇，等到员工正式上班，之前的承诺却以种种理由不予实现，于是受骗者大呼上当。或是针对薪水中一些不确定收入，进行虚假承诺，最终“缩水兑现”。只有口头承诺的薪酬，其变动的空间和额度难以预估。可付可不付，不付，你该怎么办？

→→→→→

【案例】

月薪4000元背后的霸王条款

长春市某大学10名学生集体到广西的一家民营企业做食品检验工作。当时该企业给学生的口头承诺是：月薪4000元，外加年终分红；工作满一年，分房；工作满三年，配车。所有人都认为这几个学生遇到了天上掉馅饼的好事，这10人没有和该企业签订任何的书面合同，就去了广西。

到了广西之后，急于求成的学生们草率地与该企业签订了工作合同。一个月之后，所有人都大呼上当。他们的月薪确实是定在了4000元，但是在工作中他们经常违反合同上的“霸王条款”。例如，迟到一次罚款500元；在食堂吃饭，剩饭、剩菜罚款100元。

结果，大家一个月工作下来，扣掉各种罚款，实际发到手里的只有可怜的三四百元钱。学生集体反抗，说要辞职不干了，该企业拿出工作合同，要求每个学生交8000元的违约金。学生说，在学校谈的时候可不是这么说的，该企业则表示，请拿出证据来，众学生木然。

←←←←←

(1)先界定薪酬的上下限,并协商支付方式。

(2)提成如何拿,比例是多少?年末分红是多少?

(3)公积金、医疗保险、养老保险等是否给缴纳?

(4)不清楚的地方问清楚,试用期待遇如何?时间多久?

(5)签订书面协议、工作合同前一定要认真阅读,"口说无凭,立字为据"。

4. 窃取劳动成果

此种情况主要出现在一些小规模的广告或设计公司,由于自身缺乏足够和优秀的创意,另行聘请高水平的工作人员又需要较大代价,便想出借招聘新人来获取新鲜创意的点子。

这些企业有一套完整的招聘考核体系,从笔试、复试到面试,每个环节环环相扣。很多人往往败在最后,尽管面试很顺利,薪金福利、工作时间、内容都能接受,最终却得不到录用。

设计类专业学生兼职注意事项

首先,在设计之前,事先讲明版权归属问题,与雇佣方谈好价格。

其次,设计完成后,先交打印样图,不要一上来就给电子版,以防他说不满意你的设计而后又直接在你文件上稍稍改动,占为己有。

最后,不要相信"我们的报酬会让你满意"和"长久合作"之类的空头支票。

(三)非法传销

一些传销组织利用大学生急于求职的心理,精心设计骗局骗人。他们往往把企业包装成一个实业公司,许诺毕业生的工作是"待遇高,工作轻松,发展前景好"。等大学生入套后,就对大学生进行"洗脑",限制大学生的人身自由。

非法传销组织诱骗学生的主要方法有:

1. 将学生骗到外地后以高回报和"参与创业"为诱饵,采取"洗脑"、上课、谈心、感情交流等方式,骗取他们的高额传销培训费并诱使其参与非法传销,同时让已被"洗脑"的学生诱骗更多的同学参加非法传销。

2. 对于不被其所诱的大学生就限制其人身自由,强迫学生给家人、同学打电话,称自己有病或联系工作,让其寄钱到他们的账号。

非法传销组织诱骗学生参与非法传销活动的途径主要有两种:

一是通过已经参加非法传销的受骗者的同学、朋友向其灌输“金钱是多么重要”,“传销如何好”,“挣钱又快又多”,“要相信传销组织是不会骗人的”,等等,把学生骗到外地。

二是利用毕业生急于择业的心理,冒充用人单位与学生联系,骗得学生信任,将学生骗至外地。

→→→→→

【案例】

报案逃出传销魔爪

近日,一名被非法传销团伙通过网上虚假招聘信息骗到佛山的女大学生主动报案,使自己得到及时营救,并协助佛山警方捣毁了该非法传销团伙的窝点。

轻信网上信息贸然南下

主动报案的女大学生姓李(下文称小李),是西南某交通大学计算机专业的四年级学生。不久前,小李在网上看到了一则招聘信息,发现该招聘信息的工种中正好有适合自己专业的微机管理,就拨通了联系人刘小姐的手机。经过简单对话后,刘小姐称小李的条件很不错,公司目前正急着找像她这样的人才,希望她能尽快到广州面试。于是小李便决定乘飞机前往广州。

可是小李到达广州后,再次拨通刘小姐的电话时,刘小姐却改口说现在是佛山的分公司要人,要小李到流花车站乘汽车到佛山汽车站,她会在那里接车。已经到了广州的小李不想刚来就回去,于是只好又去佛山,希望看个究竟。

“货不对板”产生怀疑

1月6日下午5时左右,小李总算在佛山汽车站见到了一直通过电话联系的刘小姐。刘小姐把小李安排在一家名为“职工之家”的招待所过了一夜之后,第二天中午便把小李带到位于祖庙路百花广场附近的麦当劳“面试”。小李在这里见到了“公司主管”刘先生。刘先生一上来就问小李对传销有什么认识,然后就一个劲地给小李灌输传销意识,并且向小李提出“如果要加入公司,首先需要用3800元购买一份公司产品”的要求。此时,小李开始怀疑给自己“面试”的可能是一个非法传销团伙。

主动报案帮助警方破案

从麦当劳出来之后,两人陪小李回“职工之家”拿行李。当经过兆祥公园门口时,小李决定报案,那两人知道小李想报案,便吓唬她说:“你打电话报案也没用,而且对你没什么好处,我们和这里的公安局很熟的。”但是此时小李没有再听信他们的话,还是坚决拨通了“110”。

刘先生和刘小姐一见小李报了案,马上就想跑,但勇敢的小李硬是把他们拽住。民警很快便赶到,刘先生和刘小姐最终落网。普君派出所的民警把两名犯罪嫌疑人带回审问之后,再综合小李的描述,很快就摸清了这个非法传销窝点的所在地,并再次出动将窝点捣毁。

佛山警方侦破利用网上虚假信息的非法传销案,解救了大学生,记者从佛山警方获悉,利用上网发布虚假招聘信息已经成为非法传销"拓展业务"的新手段。这是从近日佛山市发生的一起大学生上网求职，误入非法传销圈套的案件中显示出的新情况。

【案例】

"欧丽曼"大学生传销案之骗局调查

2004年3月13日，武汉两所高校的几名大学生向某都市报反映：重庆一个叫"欧丽曼"的传销组织，骗得河南、陕西等地近2000名大学生身陷其中。该都市报三名记者随即赶赴重庆，经近一个星期的卧底调查，证实大学生反映的情况基本属实，同时也摸清了该传销组织的基本情况。该都市报即向湖北省公安厅通报了这一情况，在公安部及省有关领导的高度重视下，省公安厅刑侦总队赶赴重庆，在当地警方配合下捣毁了这一传销组织，将三名河南籍犯罪嫌疑人秦某、辛某及赵某抓获归案，解救了身陷其中的大学生。

据介绍，这些被骗陷入传销泥潭的大学生约有1/3为应届毕业生，1/3为在外实习的学生，还有1/3为在校学生。他们几十人一组，分散居住在120个窝点，吃的菜都是从市场上捡回来的菜叶煮汤，睡的铺盖是黑心棉，生活极为艰苦，被骗后又欲罢不能。

发现传销行为，应当向传销行为地的工商行政管理机关和公安机关举报。对将他人骗往异地、限制人身自由从事传销的，向传销行为地公安机关举报。举报传销时，应当尽可能了解掌握传销活动的详细线索，包括上课的具体地点、时间，传销头目、骨干和参与人员的住宿地点，传销活动的公司名称，其具体运作的方式及人证、物证等，以便执法机关更加及时、准确、有效地打击传销行为。

【案例】

江苏南京铠鼎公司诱骗学生传销案

根据群众举报，2008年2月19日，江苏省工商局、南京市工商局对南京铠鼎商贸有限公司（以下简称铠鼎公司）涉嫌传销行为进行立案调查。2月22日，南京市公安局以涉嫌非法经营罪对传销组织者王××、梁××予以刑事拘留；3月7日南京市检察院正式批准逮捕。经过调查发现，铠鼎公司名义上是南京××大学学生梁××开办的，实际为王××所控制。自2005年开始，王××借在南京推销IP电话卡期间，了解到一些大学生急于打工赚钱，遂与推销IP卡过程中结识的大学生刘×打着"南京大学生创业联合会"（未经登记注册）的幌子，发展在校大学生传销电话卡。为了便于欺骗学生，进一步扩大传销网络，2006年9月18日，王××与其一起从事传销的大学生梁××等人一起，登记注册成立了铠鼎公司，打着以创鑫俱乐部发展会员、销售会员"KING卡"和项目合作等名义，收取150～1000元不等的"入门费"，发展人员从事传销活动。先后在南京多所高校发展在校学生从事传销活动。至案发时，公司先后骗取“入门费”等费用535024元，涉及在校大学生800余人。江苏省工商局、南京市工商局依法对铠鼎公司的传销行为做出罚款、吊销营业执照的处罚。2008年12月2日，南京市中级人民法院以非法经营罪判处王××有期徒刑5年，梁××有期徒刑3年。

以上案例基本上是利用在校大学生想勤工助学的心理以及毕业生就业压力大的现实情况而得以实施的，这要求我们的同学要理智、冷静，善于分析，在外出勤工助学或外出就业时必须告知自己的同学或老师自己的目的地并保持联系，以便陷入传销集团时留下一丝线索。

大学生应自觉抵制传销，做理智的求职者：

1. 大学生要认清传销的本质，只要是以拉人入会为赢利目的的组织，就要及时退出。大多数在大学生中间发生的传销活动，其发展都是通过同学、同乡甚至是亲戚之间的介绍，所以不要感情用事，不轻易信任任何来路不明的招聘信息。大学生不要轻易将个人信息随便告知他人。主动联络的招聘信息，更要谨慎行事。在应聘前要了解招聘单位的大概状况，更要掌握招聘单位的用人目的。从实际情况看大多数传销组织是没有规范的招聘程序的，但是有些主要以发展大学生为目标的传销组织，会煞有介事地进行电话面试，并且基本上是一经面试，即告录用。这就更加需要大学生仔细询问招聘单位的产品、生产甚至可以问一两个专业的问题来考察对方。

2. 大学生在应聘时要将详细的行程告诉老师或亲友，不要将证件和通信工具交由他人管理。遭遇传销，要远离诱惑，走为上策！因为传销洗脑的威力是很大的，如果我们不尽早离开，就有被洗脑的危险。被传销组织控制要克服恐惧心理，不要惊慌，不要冲动，不要莽撞地与对方发生冲突，不做一些过激的行为，见机行事，伺机报警。可选择外出上课学习的途中逃离。提前写好求救纸条假装买东西，将纸和钱一块递给对方，让对方帮助报警；跑向人多的地方高声向路人求救等。装病，寻找外出逃离的机会。上厕所时从窗户扔纸条求救，为引起注意，可写在钞票上。如果实在走不掉，看得很紧，就要想软办法，伪装，骗取他们的信任，让他们放松警惕，然后再寻找机会逃离。

第二节　就业安全　渠道先行

大学生就业不能只靠自己到处跑着找单位或发求职信，一般说来这种办法的成功率并不高，要善于利用各种渠道、通过各种途径收集信息。这些渠道和途径主要有：

一、通过学校就业主管部门获得信息

学校的毕业生就业办公室或毕业生就业指导中心，是高校学生毕业就业工作的行政管理部门，在长期的工作交往中与各部委和省市的毕业生就业主管部门及用人单位有着密切的联系，社会需求信息往往汇集到这里。而且，在毕业生就业过程中，它们会及时向毕业生发布有关需求信息，进行就业指导，让毕业生大致了解当年社会对大学生需求的状况及有关就业的政策规定，学生本人也可以就有关问题进行咨询。学校毕业生就业办公室或毕业生就业指导中心是获取用人单位信息的主渠道，它们提供的信息无论是数量还是质量，都有明显的优势。通过学校毕业生就业办公室或毕业生就业指导中心获得的信息有以下几个特点：(1)针对性强；(2)可靠性高；(3)成功率大。

二、通过各级毕业生就业指导机构获得信息

国家教育部成立了全国高校毕业生就业指导中心，各地也陆续建立了毕业生就业指导机构。这些机构的一项重要任务，就是与毕业生和用人单位交流信息，提供咨询服务。

三、通过社会各级人才市场获得信息

随着社会主义市场经济建设的发展，我国人才市场中介机构也应运而生了，在那里不仅可以了解到许多各类不同的机构和职位，而且为你提供了一次极好的锻炼面试技能和增强面试中自信心的机会。

四、通过新闻媒体获得信息

每年大学生毕业就业之际，报纸杂志上一般都会刊登一些关于大学生就业的指导信息，信息从不同侧面和角度反映了当年大学生就业的需求情况。在传媒业高速发展的今天，广播、电视、报纸、杂志等新闻媒体受到了招聘机构和求职者们的共同青睐，如《大学生就业》等每期都刊载数量不等的招聘信息，除此以外，还辟出《择业指导》和《政策咨询》等专栏，为毕业生就业提供指导。

五、通过社会关系网获得信息

在寻找就业信息的时候千万不要忘记了你周围的亲戚、朋友，以及朋友的朋友，也许他们会给你提供一些机会。实际上大多数用人单位更愿意录用经人介绍和推荐进来的求职者，他们认为这样录用进来的人比较可靠，如果你有这种机会最好不要放过。从另一层面来讲，招聘单位每天收到数百封求职信函，而且这些求职信函在内容上并无太大的差别，所述的求职资格和工作能力也都相差无几，谁也不比谁更为突出。那么招聘者面对如

此众多的没有多大区别的陌生人，能有什么更好的方法分辨出究竟哪一个更强些，强多少？在求职中，能够让用人单位更多地注意你，就必须想些切实可行的办法。所以，在关键时候找个"关系"帮你推荐一下，也许是最为有效的。当然，关系要靠自己去发掘，途径也应该正当，切不可不择手段。

一般可以为你提供信息的主要有以下几类人：

1. 家长亲友

他们都相当关心毕业生的就业问题，又来自社会的各个方向，与社会有多种联系，可以从不同渠道带来各种用人单位的需求信息。家长亲友提供的职业信息主要来源于其个人的社会关系，相对固定，也有相当大的局限性。一般不反映职业市场的实际供求状况，也往往不太适合那些专业比较特殊、学生本人就业个性比较强或具有某些竞争优势（如学习成绩优秀、共产党员、学生干部、有一技之长等）的毕业生。但信息的可靠性比较大，传递到毕业生本人的职业信息，一旦被接受，转变为就业岗位的可能性比较大。毕业生由家长亲友提供的职业信息的数量和质量有很大的个人差异。对有些毕业生来说，家长亲友提供的职业信息是其主要的选择，而对有些毕业生而言，则可能只是聊胜于无。

2. 学校的教师或辅导员

由于本专业的教师比一般人更了解本专业毕业生适合就业的方向和范围，在与校外的研究所、企业、公司合作开发科研项目和教学活动中，对一些对口单位的人才需求信息了解得比较详细。毕业生可以通过专业教师获得有关这些企业的用人信息，从而来不断补充自己的信息库，而且可以直接找他们作为推荐人或引荐人。

3. 自己的校友

校友提供的职业信息的最大特点是比较接近本校，尤其是本专业的毕业生在人才市场上的供求状况及其在具体行业中的实际工作、发展状况。近几年毕业的校友更有着对职业信息的获取、比较、选择、处理的经验和竞争择业的亲身体会，这比一般纯粹的职业信息更有参考、利用价值。

六、通过社会实践（或实习）过程获得信息

社会实践是大学生自我开发职业信息的重要途径。在社会实践的过程中，通过自己的努力赢得用人单位的好感、信任，取得职业信息甚至直接谋得职业的大学生不乏其人。因此，大学生在各种社会实践活动中，在了解社会，提高思想觉悟，培养社会能力的同时，要做一个收集职业信息的有心人。另外，还有一个很重要的实践环节是毕业实习，实习单位一般比较对口，通过实习可以直接掌握就业信息，如果在实习过程中与用人单位达成就业协议也是一个很好的就业途径。

七、通过计算机网络获得信息

随着信息时代的到来，计算机网络的应用已经越来越普遍。通过网络求职是近年

来才兴起的人才交流方式，对许多求职者特别是高校应届生来说不再陌生。网络人才交流，是通过先进的高科技手段，将求职信息及招聘信息上网公开，用人单位和求职者可以通过网络互相选择、直接交流。网络人才交流，最大的优势在于即使求职者身在异地也能获得大量招聘信息及就业机会。网络人才交流，突破了人才信息与招聘信息沟通的种种限制，实现跨越时空界限，打破了单向选择的传统人才交流格局。网络人才交流，讲究的是规模效应，因此其信息容量之大是其他人才交流方式所不能比拟的。毕业生不仅可以自由地从网络上取得各种职业信息，而且还能利用因特网发布自己的履历。

八、通过各种类型的“人才交流会”“供需见面会”获得信息

这类活动有的是学校主办的，有的是当地毕业生就业主管部门组织的。因为是供需双方之间见面，不仅可以掌握许多用人信息，而且可以当场拍板，签订协议，比较简捷有效。

除了以上提到的几种信息获得的渠道外，还可以通过自己在有关专业报刊上刊登广告，或者直接向数百家公司投递求职信件和个人简历，或者查阅电话簿后电话联系用人单位和亲自拜访等方法来取得有用的就业信息。但对大学毕业生来讲，一般不提倡这几种方法，因为要花的精力太大，而且收效很小。

从费用角度讲，关注校内信息和网上招聘信息所需的费用最少，而参加社会上的人才招聘活动除了需要门票开支外，还需要做必要的文字材料准备和衣着准备。求助于亲友虽然有时并不需要花费什么，但是感情投资却是相当的。对学生而言，查看各类报纸上的招聘广告并不需要太大的花费，而在报纸上刊登个人求职广告的开支却与借助中介机构持平甚至高于想象的费用。

从周期角度考察，不论何种途径都需要漫长的等待，但是相比较而言还是有所区别的。求助亲友花费的时间或许是最短的，而到刊登招聘广告的单位应聘，如果被选中，会通知你参加面试，到录用还要等待。参加人才招聘会，尽管也有面试的成分，但是由于招聘活动的规模过大，竞争比较激烈，所以也需要耐心的等待。虽然说网络的发展缩短、缩小了人与人间交流的时间和空间，但是在决定一个人是否被录用的事情上，任何一家用人单位都不会草率行事，面试是必不可少的，因此等待的时间与参加人才招聘会时等待的时间基本上是一致的。同样，求职于中介机构，不论是登记本人信息还是查找单位信息，时效性都会打折扣。

花费力气最小的求职方式莫过于浏览网上信息，在网上不仅能迅速查阅到需求信息，而且能够了解到单位动态，从中掌握一个单位的发展前景，从而为就业决定奠定基础。虽然关注校内的就业信息是每个毕业生的本分，但是还是有些毕业生过于迟钝，等、靠、要，对那些重要信息视而不见、充耳不闻。参加人才招聘会与找一家中介机构相比，一个好的中介机构似乎更难找些，参加招聘会则更耗费心力一些。

→→→→→

【案例】

某高校经贸专业毕业生小冯被北京的一家公司录用。和他一起进入试用期的还有另外6名新职工,他们被分到不同的部门实习。小冯被分到中关村大街一大型电子商城内公司的摊位卖电子产品。3个月试用期过后,小冯销售业绩相当不错,除了第一个月因不太熟悉业务销售额仅5000多元外,后两个月都超过了20000元。小冯想这个业绩证明了自己的才能,公司没有不录用他的理由。经理让他回家等消息,可是快两个月也没有动静,他给公司打电话,人事部门经理告诉他落聘了。小冯怎么也不相信自己的耳朵,后来一打听,他们这批新来的6个人一个也没有被录用。半年后小冯有一次去中关村那家电子城,无意中来到这家公司的摊位,发现又一批新来的大学生在那里站柜台。

在试用期上玩花样,除了像这家企业的招数外,还有的企业非法延长试用期。它们利用大学生不熟悉国家有关政策,找出种种理由延长试用期以获取廉价劳动力。

←←←←←

其实"注水"招聘很多都是有破绽的,如招聘广告过于简单,没有岗位职责和应聘条件;面试极为草率,面试官似乎对你的专业、能力不感兴趣;刚面试完即被告知录用,但劳动合同却迟迟不签;被录用的职位与原先应聘的职位不符,对方还会提出种种不合理要求;双方口头、书面约定的合同中有明显的不公平条款,等等。

大学生在求职时要提高警惕,善于识别。在进入试用期前要多了解相关政策和规定,多向老师和已经就业的师哥师姐取经,尽可能多地了解相关企业的信息,防患于未然。即使在试用期间遇到了以上情况,也不要忍让退缩,要以相关法律法规为武器,保护自己的正当权益。

→→→→→

【案例】

不公条约,口头承诺不兑现

张平是计算机和信息专业硕士生,毕业后应聘到一家外资公司。在签订合同时,张平发现"三险一金"(养老险、失业险、医疗险和住房公积金)合同里没有提及。人事经理解释说:"我们公司是著名公司,被录用人员都是行业的佼佼者,根本不存在失业问题。论薪酬我们是同行业中最高的,你只要在这里干上三年五年,以后所得报酬养老绝对没问题。至于医疗,到时到公司报销即可,房子嘛,保你三年后买得上房子。"张平一听觉得有道理,于是就在合同上签了字。

天有不测风云,张平在这家公司干到第三年,突然患了风湿性关节炎。由于公司没有给他缴交医疗险,他拿着医药费用单据去找公司经理,希望公司能给报销,哪怕报销一定比例也行。可是公司的答复是：公司没有这个先例，医疗费用不能在公司报销。这时张平才想起当初签合同的情形，他万分后悔当时没有坚持自己的主张。

←←←←←

阅读拓展→

世界我做主——避开求职的20大陷阱

书　　名：世界我做主——避开求职的20大陷阱

作　　者：谢礼恒，王敏

出 版 社：西南财经大学出版社

出版时间：2006年1月

I S B N：9787810884273

内容简介→

初涉职场的你是否对未来的人生满怀憧憬呢？

才华横溢的你是否已迫不及待地想要大展宏图了呢？

且慢！拥有一纸文凭，掌握专业技能，也只是拿到了参与求职而试的入场券。

如今的招聘场环境复杂，人心险恶，稍有不慎就可能落入重重骗局——个人信息遭人利用，招聘单位人间蒸发，诈骗行为防不胜防……

五花八门的求职陷阱如同鬼魅一样，成为不少"过来人"脑海中挥之不去的阴影。

这些求职路上的绊脚石就像一盘盘冷水，浇灭了求职者的求职热情，甚至对求职者的求职信心造成严重打击。

本书结合最具体表性的真实案例，深刻剖析了存在于招聘广告、招聘会、职业中介、网络招聘以及用人单位等主要求职载体中的种种骗局。如果你是职场新鲜人，从翻开这本书开始，只需花费不到学习专业知识万分之一时间，就可以拣就一双慧眼，让求职陷阱无处遁形！

思考题

1.大学生就业骗局的一般表现特征及类型？

2.大学生预防就业骗局的一般方法有哪些？

第十二章　大学生心理安全

学习导入

当前高校大学生普遍存有心理问题，据有关心理调查显示，高职院校80%的学生存有一般心理问题，其中5%～10%的学生存有比较严重的心理问题，民办高职院校学生的心理问题甚至更加严重。这不得不引起高校各级学生工作干部和广大学生的重视，也要引起广大学生家长和社会的重视。

本章主要内容有大学生心理问题与安全、心理问题的预防、大学生心理危机、心理危机干预、暴力恐怖事件与大学生心理安全等。通过学习使我们大学生能够预测自己存在的心理问题，掌握一些自我疏导排解负面情绪的方法，或者主动咨询心理老师帮助疏导自己的心理问题，促使广大学生身心健康地成长、成才。

第一节　大学生心理问题与安全

大学生正处在生理和心理快速发育的关键时期，生理和心理发育的不均衡常常会导致各种问题的出现，大学生常见的心理问题包括自我意识问题，人际关系问题、挫折压力问题、恋爱方面的问题、就业方面的问题、人格方面的问题等，这些问题都有可能威胁到大学生的生命安全，所以大学生的心理健康与安全是紧密不可分的。

一、恋爱问题与安全

【案例】

大二女生留下八封遗书后自杀身亡

2008年11月18日清晨，从云南省曲靖到梅州一所高校就读的二年级学生小尹，在学生宿舍给父母、同学、朋友留下8封遗书后，趁同宿舍3位同学熟睡之机，从7楼跳下结束了自己年仅21岁的生命。早晨，小尹的室友发现她躺在宿舍楼下水泥地板的血泊中，立即拨打120急救中心和110报警电话，并报告学校有关部门。

当地公安分局刑警大队和派出所的警员在通过深入宿舍调查了解，发现该女生已写好8封遗书，警方初步鉴定，该女生因失恋，心理承受不了，而导致了跳楼自杀的悲剧。她在遗书中提到："爸爸、妈妈，我累了，选择这样的方式结束生命与任何人都无关，所以不要追究，这样我才能安静地离去，我真的很累了。"

分析

失恋是恋爱过程的中断，是人生中最严重的一种心理挫折。调查表明，大学生存在的心理问题中35%的问题属于情感困惑，而由失恋导致的大学生心理问题是最为突出的现象。失恋带来的痛苦、绝望、抑郁、焦虑以及自卑等不良情绪如果得不到及时的宣泄和转移，心理长期处于痛苦失落的失衡状态中，就容易导致失恋者精神失常，严重的甚至会导致自杀和报复杀人等极端行为。

案例中的小尹说"自己很累了"，可以看出失恋所带来的挫折已经超出了她个人的承受能力，有的时候我们的经历可能是十分的痛苦，真的让自己没有勇气和力量再坚持下去了，我们所面临的痛苦就像是一个要坍塌的房子，而我们则是承担他全部重量的那根柱子，当我们再也坚持不住了，觉得很累了的时候要怎么办？这时应该为这个房子加添几根更有力的柱子，一起来承担这个屋顶的重量。不要让自己瘦弱的心灵背负太沉重的担子，有些问题不是你一个人可以应对的，当我们一个人无法面对的时候，要寻找他人帮助你承担，主动让他人介入你的困难，帮助你一起承担。

或许那个人是你的家人，或许那个人是你要好的朋友，或者是一个陌生人。当我们痛苦的时候，可能不愿意找自己最亲的人，不想让他们担心，那你可以寻找其他有效的求助，比如找到社会咨询热线，比如找到心理咨询老师，或者拨打危机热线，找这些人倾诉下自己的痛苦，你的痛苦就减半了；或许你会想这样可能也没有用，但是你都没有尝试过，怎么就知道别人无法帮你分担呢，如果一个人无法帮助到你，那就换一个人，倘若这个人还是无法帮到你，那就再换一个人，永远都不要放弃寻找任何有效的帮助，因为你永远都不确定哪个人才是打开你心灵这把锁的钥匙。

其实这也是需要勇气的，选择在这个时候活下去面对痛苦的经历，要比选择死亡付出更大的勇气。其实我们大部分的问题之所以是问题，都是因为我们不敢去面对它，然而当你开始面对自己的问题的时候，其实就已经开始寻找有效的资源来解决问题了，当你从这段危机中走出来的时候，你会发现其实当时的困难没有什么，而且可以用自己的人生经历去安慰那些正在经历同样痛苦的人，为他人带去祝福。

杀人后淡定上网，声称自己杀了人

今年25岁的杨蜀国是通江县农村人，2002年夏天，杨蜀国考上绵阳一所大学。因为家贫，杨蜀国边打工边读书。2005年夏天，杨蜀国在一家公司做推销员，结识了陈晓美。21岁的陈晓美来自达州市农村，在绵阳城里另一所大学读书。很快，两人在校外租房同居。不久，因为觉得杨蜀国"心胸狭窄，爱走极端"，加之父母的反对，陈晓美和杨蜀国分手。为此，杨蜀国十分痛苦，杨蜀国开始沉溺赌博，自我麻痹。

去年3月31日晚，杨蜀国以取回自己的银行卡为由，打电话将陈晓美约出学校。当晚，杨蜀国带着陈晓美投宿在游仙区游仙镇一小旅馆里。4月1日凌晨4时，杨蜀国趁陈晓美熟睡之机，持随身所带的铁锤砸向陈晓美的头部，接着又用双手卡住陈晓美的颈部，致其当场死亡。在对陈晓美的尸体实施奸淫后，杨蜀国逃离现场。经法医鉴定，陈晓美系被人卡压颈部致机械性窒息死亡。

杨行凶后，与一同学网聊，说自己最近杀了一个人，还主动将被害人电话告诉了该同学："不信你可以打个电话证实"。4月2日，杨蜀国在江油市一网吧内被公安机关抓获。

分析

大学生性生理已经成熟，性意识逐渐觉醒，对爱情充满了向往，往往感觉有好感后就马上确定了恋人的关系，但是相处一段时间后又发现不合适提出分手，不仅浪费了自己的感情，也伤害了对方。恋爱是一门人生的功课，需要在进入恋爱之前有人给予正确的引导。有人说"如果一场爱情失败了，不能代表以后的爱情都会失败，但是，如果一个人的爱情观是错误的，就注定他的每一场爱情都会以失败告终。"

案例中的杨某和陈某正处在青春发育期，对爱和性充满了幻想，相识后马上在外同居，急于品尝性爱的甜蜜，但要知道人们是很容易适应的，包括对快乐的适应，同居一段时间后，性带来的满足感逐渐降低，而其他方面的问题就会慢慢的凸显出来。在他们彼此充满激情的时候根本不会考虑性格、价值观和彼此家庭的问题，当激情过后，这些问题则会慢慢地浮现出来，两个人可能会觉得性格不合，或者根本不是一个世界的人，于是可能会产生很多的矛盾，最终导致分手。

于是"由爱生恨"，实际上两个人根本就没有爱过彼此，只是在一起彼此取暖而已，从对方那里获取自己想要的满足感，而当对方不能给予自己足够的满足时，便产生了报复心理。真正的爱难道不是舍己的爱么，不是付出的爱么，不是只要看着对方幸福自己就会很幸福么。

这个案例告诉我们，在我们还不明白爱情之前，要慎重地踏进爱情的海洋当中，以免迷失了自己。在你准备开始一段爱情之前，你要审视自己的恋爱动机是什么，不要因为寂寞空虚而恋爱；你是否能为你们两个人的幸福负责，有人很不喜欢谈责任，认为"不求天长地久，但求曾经拥有"，殊不知这样的态度，最终毕竟酿成悲剧。

←←←←←

二、人格问题与安全

→→→→→

【案例】

云南大学恶性杀人事件

马加爵，1999年至2000年读高中，成绩优异，被预评为"省三好学生"，2000年考入云南大学生化学院生物技术专业。就是这样一个亲戚、朋友以及老师都寄予厚望的好学生，却一手捏造了一起震惊全国的杀人惨案。

2004年2月23日，云南大学学生公寓发生一起恶性凶杀案，四名在校大学生被杀害。案发后，公安部门从现场遮盖尸体的报纸黏附的胶带纸上提取到一枚犯罪分子遗留的血指纹。血指纹与死者所在宿舍学生马加爵左手拇指指纹一致，且调查发现，案发前马加爵行为反常，并已于2月16日21时后失踪，遂认定马加爵为此案重大犯罪嫌疑人。3月1日公安部发出A级通缉令，3月15日晚7点30分左右马加爵在海南省三亚市河西区落网，对其犯罪事实供认不讳。

分析

马加爵事件曾一度是社会关注的焦点，许多社会公众对马加爵表现出了同情，把其杀人动机归结于他的贫困，他因为贫困而受到的歧视和因此而对社会产生的仇恨。也有人认为，这是家庭、学校乃至社会教育的失败，甚至这是当前社会矛盾和不公平的结果，社会应对此悲剧负主要责任。不可否认，学校、社会在其杀人惨案中要负一定的责任，但这只是客观因素，而主观因素才决定了其必然性既马加爵的杀人行为。

马加爵出生于广西宾阳县宾州镇一个普通的小山村里，家境情况并不是很好，因为贫困，他也经常受到同学们的嘲笑，导致他过度自卑自闭。读中学时其母亲失踪，后发现时已经死亡，他亲眼目睹了母亲被解剖的全过程，这件事对其心理造成了严重的消极影响，加上各种负性的生活事件，导致其人格的缺陷，他十分的敏感，性格孤僻又暴躁。上大学后与其他同学相处时常发生矛盾，常常因为一件小事深深记仇。随着事态的发展，积怨过久，由量变到质变，马加爵的人格逐渐发生严重扭曲。最后因为一次打牌吵架，马加爵下定决心设计加害于同宿舍的四位同学并于事后畏罪潜逃。

可见性格孤僻、暴躁、敏感多疑、严重的自卑等问题导致了马加爵人际关系不合，与周围同学出现了人际交往方面的问题，这些问题导致了其报复心理，因此大学生若发现自己有这些不良的人格缺陷时，应及时加以矫正，必要时可以找心理老师帮助辅导，健全统一的人格是大学生健康成长不可或缺的。

因“长相丑”而杀人

曾世杰，四川大学公共管理学院2008级信息资源管理专业本科学生，来自四川凉山州的农村家庭。2010年3月30日晚9:10左右在江安校区明远湖边制造凶杀案，造成一死二伤。2010年12月29日，成都中院对川大学生曾世杰“因丑杀人案”做出一审判决：依法以故意杀人罪判处曾世杰死刑，剥夺政治权利终身。法院判决中重申了一审复审采纳的司法鉴定意见，认为曾世杰在作案时无精神障碍，并且具有完全刑事责任能力，应当对其行为负责。

分析

曾经的曾世杰被认为是天才少年，他在高考中也不负众望地夺取了县高考状元的头衔。不过曾世杰跟马加爵极为相似，都是学习成绩极好，但家境贫穷，两人且都有极强的自尊心。曾世杰之所以杀人就是因为同学嫌他丑，他认为受到了歧视，所以展开报复。

其实自卑感是人人都有的一种正常的感觉状态，甚至过于自负的人也是由于严重的自卑而导致的。虽然自卑有很多消极的方面，但是自卑同时也是我们所有人奋斗的动力，心理学家阿德勒在《自卑与超越》中提到，我们每个人都有不同程度的自卑感，因为我们都发现我们所处的位置是我们希望加以改进的。因此自卑是所有人奋斗的动力，自卑感非但不是弱点或异常，反而是创造的源泉，因而会促使人们追求卓越和完美，所以我们应积极地将自卑感转化为一种动力。

反社会型人格障碍

王某生身父母均系农民，有兄长四人。王出生后即由养父领养，7 岁前由祖母抚育。家庭经济状况优越，从小受到溺爱，性格固执、顽皮、喜欢恶作剧。

上学后王某不断打架闹事，欺侮小同学，辱骂老师、在课桌上剖剐老鼠、麻雀等。初中一年级时(13 岁)因三门功课不及格留级，此后表现更差，终被勒令退学。以后发展到不服家长管教，顶撞、吵闹以致与父母对打。1981 年 1 月被送去工读学校就读。但经常借故离校，一两个月不返校，直至被捆绑送回校。1982 年 7 月由家长领回，半年中，多次与人盗窃公私财物。虽然多年受祖母无微不至的照料、袒护，却经常打骂祖母。

1985 年 6 月 5 日，王某向张某寻衅闹事，纠集另外两个人用棍棒、皮带毒打张某。致使张某多处软组织挫伤。同年 7 月 6 日中午、王某骑自行车撞了蒋某。反说“你挡我路，我打死你”随即对蒋拳打脚踢，致其脑震荡、胸部软组织挫伤，住院二十多天。10 月 24 日晚，某矿务局司机张某因行车与他人发生纠纷时，王某不问缘由便对张某谩骂、毒打。

分析

王某公然反抗社会规范，对他人无同情心，经常无故打骂他人，甚至经常打骂年迈的祖母，他的问题属于典型的反社会性人格障碍。反社会型人格障碍以行为不符合社会规范，经常违法乱纪，对人冷酷无情为特点，男性多于女性，往往在童年或少年期，18 岁前就出现品行问题。成年后指 18 岁后习性不改，主要表现行为不符合社会规范，甚至违法乱纪。

若发现周围的同学有严重的反社会型人格障碍，需要及时报告给辅导员老师，此类问题不是简单的咨询或者管教可以解决的，往往身边这样的人都将被送往管教所或者监狱，但是他们出来后还是习性不改，因为这不仅仅是一种品行问题，更是一种严重的心理障碍，需要及时到专业的医疗机构寻求治疗，必要时需要服药治疗，及早的干预是对自己和他人负责的表现。

←←←←←

三、情绪问题与安全

→→→→→

【案例】

告别女友跳湖自尽的男生

2011年3月30日上午，湖南师大大三学生张湘波的女友小丁开机收到张湘波的短信："我生不如死，永别了，如果有来生我们再见。"短信的发送时间是凌晨4点13分。小丁立即回拨过去，接电话的是张湘波的舍友，对方告诉她，张湘波一大早就不见了。

在失踪6天后，张湘波的尸体在桃子湖被其母亲发现。死者尸体被拉到浅水区，盖上了一层油布，一双惨白的赤脚露在外面。目击者称，死者的手腕上有明显的刀伤。在张湘波生前租住的房间内，卫生间的血迹已被清理掉，菜刀也被警方拿走，但门把上的血印仍清晰可见。据同学透露，高中时张湘波有过抑郁症，大学时也有过抑郁情绪，事发前，曾半夜爬起来哭泣。

分析

该案例的张同学有明显的抑郁倾向，这种情况下需要及时地寻找专业人员的帮助，同时周围的同学也应该将这样的情况及时反馈给辅导员老师，千万不要忽视抑郁情绪带来的影响，在众多异常心理疾病中，心境障碍中的抑郁症是近年来危害人类生命安全的一大杀手，因该病导致的自杀率极高。近年高校大学生因抑郁症等异常心理问题导致的自杀事件也时有发生。

大学生应简单掌握识别抑郁症的方法，当发现自己情绪长期低落、对什么都不感兴趣且时间持续两周以上时，就需要及时找心理老师交流了。抑郁症并没有什么大不了，但很多人对抑郁症的错误观念才是导致悲剧的主要原因，我们平时感冒去看医生觉得很平常，同样地我们的心灵也会的感冒，抑郁就是常见的心理感冒，当意识到自己心灵感冒的时候，除了选择自助，还需要学会寻找更有效的途径，就是寻找专业人员的帮助。

←←←←←

第二节　大学生心理问题的预防

大学生的心理问题具有普遍性，其中常见的心理健康问题有抑郁情绪、性的迷恋、情感困扰等。对于这些问题如不做好预防和及时的疏导，将会导致问题的恶化，影响青少年的学习、人际交往和生活，甚至会给自己和他人的生命财产安全造成巨大的损害。这就需要青少年从自身做起，了解一定的心理健康常识，掌握基本的心理调节技术，主动寻求帮助，积极促进心理健康的发展。

一、了解基本的心理健康常识

（一）心理健康的相对性

心理健康的概念是相对的，可以从纵向比较和横向比较谈心理健康的相对性。纵向比较就是与他人比较，我们只能说自己比别人更健康或更不健康，而不能说自己是绝对的健康的，就像我们的身高一样，与某些人相比你可能稍微高一些，但与某些人相比可能稍矮一些；另外，横向比较就是与自己比较，即使一个人现在是健康的，也不代表他会一直健康，在不同的时间阶段，个人的心理健康情况是有所不同的，如突发一些意外导致近来的情绪低落，则不能说最近是处在健康的状态。

尽管心理健康是相对的概念，我们还是可以依据一定的标准将健康划分为不同的状态，总体上可以划分为正常心理和异常心理，正常心理包括心理健康、一般心理问题、严重心理问题和可疑神经症；异常心理包括心境障碍、人格障碍、精神分裂等严重的心理问题，而大部分的心理状态是处于正常心理状态，尽管有时会有一些严重的心理问题出现，但总体上并没有偏离常态，因此不能叫作异常心理。

（二）大学生心理健康的标准

1.能保持对学习较浓厚的兴趣和求知欲望。

2.能保持正确的自我意识，接纳自我。自我意识是人格的核心，指人对自己与周围世界关系的认识和体验。

3.协调与控制情绪，保持良好的心境。心理健康者经常能保持愉快、自信、满足的心情，善于从行动中寻求乐趣，对生活充满希望，情绪稳定性好。

4.能保持和谐的人际关系，乐于交往。

5.能保持完整统一的人格品质。心理健康的最终目标是保持人格的完整性，培养健全人格。人格完整是指人格构成的气质、能力、性格和理想、信念、人生观等各方面平衡发展。

6.能保持良好的环境适应能力包括正确认识环境及处理个人和环境的关系。

7.心理行为符合年龄特征。一个人的心理行为经常严重地偏离自己的年龄特征，一般都是心理不健康的表现。

（三）自我检测

指导语：如果在过去的一个月里，这一题所列症状从未出现，评 0 分；出现 1～2 次，评 1 分；出现 3 次或 3 次以上，评 2 分。

题目：

1.做事时，不明原因地走神，脑子里想东想西，精神难以集中。

2.翻来覆去睡不着，或噩梦不断，或频频醒来，以至于次日感到精力不足。

3.看什么都不顺眼，烦躁，动辄发火。

4.处于敏感紧张状态，惧怕并回避某人、某地、某物或某事。

5.为自己的生活常规被扰乱而不高兴，总想恢复原状。对已做完的事，已想明白的问题，反复思考和检查，而自己又为这种反复而苦恼。

6.身上有某种不适或疼痛，但医生查不出问题，而仍不放心，总想着这件事。

7.很烦恼，但不一定知道为何烦恼；干其他事常常不能分散对烦恼的注意，也就是说烦恼好像摆脱不了。

8.情绪低落、心情沉重，整天不快乐，工作、学习、娱乐、生活都提不起精神和兴趣。

9.易于疲乏，或无明显原因感到精力不足，体力不支。

10.怕与人交往，厌恶人多，在他人面前无自信心，感到紧张或不自在。

11.心情不好时就晕倒，控制不住情绪和行为，甚至突然说不出话、看不见东西、憋气、肌肉抽搐抖动等。

12.觉得别人都不好，别人都不理解你，都在嘲笑你或和你作对，但事过之后能有所察觉，似乎自己太多疑和钻了牛角尖。

解释：

12 题共得分在 2 分以下说明你心理相对较健康；3～5 分就可能有些问题了，可以学习一些方法帮助自己，有条件时应找一下心理医生；如在 6 分以上，就不要犹豫，赶快找个心理专家聊一下。

二、掌握简单的心理调节技术

(一)呼吸放松训练法

有的同学经常觉得紧张、困倦，有的甚至觉得心慌、胸闷、呼吸困难。如果有这样的情况，不妨在自己的呼吸方式上找找原因。如果我们经常做的则是浅表的呼吸，就很难使自己的身体保持在最佳的状态。而如果我们尝试改变一下自己的呼吸方式，我们的身体就会产生不同的感觉。当心慌、胸闷的时候，不由自主地深吸一口气，顿觉神清气爽，这就是深呼吸。

下面，我们列出了两种不同的呼吸练习。每一种练习都举例说明了呼吸对人体能量的影响。做下面的练习时，你可以采取坐姿或站姿，眼睛或开或闭都可以。

1.呼吸振作法

精神集中于你的鼻子，感受你的呼吸过程。

一边缓慢地通过鼻腔深吸一口长气，一边在心中慢慢地从 1 数到 5。

屏住呼吸，从 1 数到 5。(约 5 秒钟)

5 秒钟以后，缓慢地用鼻腔呼气，呼的时候，心中慢慢地从 1 数到 5。

重复以上过程 7 次。

做练习的时候，注意感受你身体的变化。继续反复练习，次数越多，你越能感到心情平静、精神集中、充满活力、全神贯注。记住：要随时随地练习这项呼吸技巧。

2.腹式呼吸放松训练法

腹式呼吸:我们平常的呼吸,都是靠肺部的运动进行的。前面讲过,深呼吸能确效地放松心身。进行腹式呼吸练习,更能使个体保持心情平静,达到缓解紧张、恐惧焦虑等负性情绪的目的。

大家都有这样的体验:当我们心情紧张、焦虑时,不仅是大脑会紧张、焦虑,而且呼吸也会变得急促,特别是心脏跳动也会随之加快。如果我们能够采取一定的方法,先让我们的呼吸变得顺畅了,那么我们的心脏跳动会平静下来,情绪的紧张、焦虑也会随之消失。实践证明,腹式呼吸放松训练确实可以达到这样的目的。

(二)合理情绪疗法

合理情绪治疗是20世纪50年代由埃利斯在美国创立的。合理情绪治疗是认知心理治疗中的一种疗法,因它也采用行为治疗的一些方法,故被称之为一种认知行为治疗的方法。合理情绪治疗的基本理论主要为ABC理论。

1.ABC理论

在ABC理论的模型中:A是指诱发性事件。B是指个体在遇到诱发性事件之后相应而生的信念,即他对这一事件的看法、解释和评价。C是指在特定情景下,个体的情绪及行为的结果。

通常,人们会认为人的情绪及行为反应是直接由诱发性事件A引起的,ABC理论指出,诱发性事件A只是引起情绪及行为反应的间接原因,而B——人们对诱发性事件所持的信念、看法、解释才是引起人的情绪及行为反应的更直接的起因。

2.不合理信念的特征

对于人们所持有的不合理的信念,韦斯勒等曾总结出下列3个特征。这就是绝对化的要求,过分概括化和糟糕至极。绝对化的要求这一特征在各种不合理的信念中是最常见到的。对事物的绝对化的要求是指人们以自己的意愿为出发点对某一事物怀有认为其必定会发生或不会发生这样的信念,这种信念通常是与"必须"和"应该"这类字眼联系在一起的;过分概括化是一种以偏概全,以一概十的不合理思维方式的表现,埃利斯曾说过"过分概括化是不合逻辑的,就好像以一本书的封面来判定一本书的好坏一样。过分概括化的一个方面是人们对其自身的不合理的评价。";糟糕至极是一种认为如果一件不好的事发生将是非常可怕、非常糟糕,是一场灾难的想法。

3.操作步骤

因为合理情绪治疗认为人们的情绪障碍是由于人们的不合理信念所造成的,因此,这一治疗简要地说,就是要以理性治疗非理性。帮助来访者以合理的思维方式代替不合理的思维方式,以合理的信念代替不合理的信念,最大限度地减少不合理的信念给他们的情绪带来的不良影响,以改变认知为主的治疗方式来帮助来访者减少或消除他们已有的情绪障碍。

(1)治疗的第1步

要向来访者指出其思维方式、信念是不合理的,帮他们搞清楚他们为什么会这样,怎么就变成目前这样了的,讲清楚不合理的信念与他们的情绪困扰之间的关系。可以直接或间接地向来访者介绍 ABC 理论的基本原理。

(2)治疗的第 2 步

要向来访者指出,他们的情绪困扰之所以延续至今,不是由于早年生活的影响,而是由于现在他们所存在的不合理信念所导致的。对于这一点,他们自己应当负责任。

(3)治疗的第 3 步

是通过以与不合理信念辩论的方法为主的治疗技术,帮助来访者认清其信念之不合理进而放弃这些不合理的信念,帮助来访者产生某种认知层次的改变。这是治疗中最重要的一环。

(4)治疗的第 4 步

不仅要帮助来访者认清并放弃某些特定的不合理信念,而且要从改变他们常见的不合理信念入手,帮助他们学会以合理的思维方式代替不合理的思维方式,以避免再一次成为不合理信念的牺牲品。

这 4 个步骤一旦完成,不合理信念及由此而引起的情绪困扰乃至障碍即将消除,来访者将会以较为合理的思维方式代替不合理的思维方式,从而较少受到不合理的信念的困扰了。

三、主动寻求心理方面的帮助

(一)走出误区

在许多人眼里,去做心理咨询是一件很丢人的事情,认为有精神病的人才会去看心理医生,实际上并不是这样,真正有严重精神疾病的人并不会去看心理医生,他们往往丧失了对自己健康状况了解的能力,所以在心理咨询中心看到的往往并不是严重的精神疾病患者,而是一些勇敢地面对自身问题的人,他们有较强的求助动机,并能配合心理专家进行咨询,就好像你在运动场上很少看到体弱多病的人,而更多的是身体健康的人一样,在心理咨询中心的大部分咨询者也是心理正常,而偶尔遇到困惑的人。

心理咨询是一种精神上的美容,是一种精神的享受,可以让自己和家人终身受益,我们平时非常注重身体的美容养颜,有时却忽略了心灵的美容。在美国的大部分家庭中都有专门的心理医生,帮助其定期进行心灵的体检,我们的身体会偶尔感冒,心灵有时也会感冒,所以有心理问题并不是什么大不了的事情,也绝非患上了精神疾病,定期为自己的心灵做个体检,是一件对自己和他人负责任的行为。

(二)心理咨询

心理咨询不同于一般的心理安慰,就在于它不仅要使人开心,更要使人成长。这里的成长,就是通过咨询过程,使来询者自己想明白了,认清了问题的本质,知道以后遇到类似问题该怎样应对,达到人们常言的心理平衡。所以,使人开心只是心理咨询的前奏曲,而使人成长才是心理咨询的主旋律。心理咨询力图使个人将不愉快的经历当作自我成长的良机,它竭力使人们积极地看待个人所经受的挫折与磨难,从危机中看到生机,从困难中看到希望。从这层意义上讲，心理咨询也在于帮助人学会辩证地看待生活当中的忧愁烦恼。但这一切不是靠指教劝导得来，而是靠启发领悟获得。

第三节　大学生心理危机

据相关数据统计，在中国，每年至少有28.7万人死于心理危机，有200万人自杀未遂；平均每两分钟就有一人死于心理危机，可见，心理危机已成为非常严重的社会性问题。而近十年来一个应当引起重视的社会问题是年轻人的自杀问题，每9分钟就有一个青少年企图自杀，每90分钟就有一个青少年自杀成功。尤其是在高校，接连的大学生心理危机事件在社会上引起了巨大震动，继农民、破产者、下岗工人、明星等成为自杀高危群体后，高学历人群也正在成为这一群体中的一员。据《中国日报》报道，自杀已成为我国20～30岁人群死亡的第一原因。显示在这个群体中已经有相当数量的人处于"临界状态"，生存状态堪忧，亟须对他们进行心理危机干预，更需要来自全社会的关系和理解。人们在为这些天之骄子扼腕叹息的同时，也不免发出质疑：这些大学生怎么了？

思考：如果身边有同学或者朋友表现出心理危机甚至是自杀倾向，应如何予以帮助，使其放弃轻生的念头？

一、心理危机的内涵

首先，我们要了解心理危机的内涵。危机有两种含义：一种指突发事件，即危机事件；一种指突发事件引发的心理感受，即心理危机。这两个含义虽然不同，但是密切相关。

1. 危机第一个含义中的危机事件，具体来说主要分为两类：天灾和人祸。天灾比如泥石流、地震、海啸、冰雪灾害等，这些小部分是人类可以预防的，但大部分天灾都没有办法抵挡，甚至没办法预测的。人祸最典型代表的就是恐怖事件，例如2001年发生在美国的9·11事件，2013年波士顿爆炸案。还有现在充斥于媒体报道中的校园危机事件，例如2010年3月23日发生在福建南平的校园惨案，2012年12月14日美国康涅狄格小学发生的校园枪击惨案。校园危机事件的共同点有三：一是突然性。尽管现在许多高校已制定和完善了严格的规章制度，但稍有疏忽，某个偶然的原因就能使校园危机事件迅速发生。二是破坏性。不论什么性质和规模的危机事件，都必然会给学校的财产、声誉和正常的教学秩序带来不同程度的影响和破坏，甚至可能影响到高校的安全稳定。三是敏感性。作为开放性的文化组织，高校拥有大批思想开放、思维活跃的大学生，他们关注社会动态，一旦某一社会矛盾被激化，大学生就有可能立即响应，并迅速扩展，难以控制，并很快成为社会关注的焦点。

2. 危机的第二个含义是指一些危险性的刺激引发人的心理失衡，我们称作心理危机。大学生心理危机可以分为发展性危机、境遇性危机和存在性危机三种情况。发展性危机是个人在正常的成长和发展过程中，急剧的变化或转变所产生的异常反应；境遇性危机是个人无法控制或预测的突发或超常事件，例如交通事故、自然灾害等；存在性危机是一些人生重要而根本问题(人生目的、意义、价值、责任等)的出现导致的个人内心的冲突和焦虑。

二、心理危机的成因和特点

(一)大学生心理危机的成因

社会竞争激烈,学习和就业压力增大,加上身心疾病、感情波折和经济困难等因素,大学生心理危机时有发生,甚至出现自杀和违法犯罪等恶性事件。

有关研究显示,目前在我国每年有25万人自杀,在15岁到34岁的青少年死亡事件中,自杀已经成为第一死因,约占死亡总人数的26.04%。2009年2月23日,河北邢台威县一名大学生刘伟因就业压力自杀了,留下的仅是一本近10万字的日记;2009年4月14日,中国传媒大学两名学生先后从学校公寓楼窗口坠亡;2009年4月15日,北京理工大学一名大四男生从新一学生公寓8层坠楼身亡。每年约有150万人因家人或亲友自杀而产生长期、严重的心理创伤,从而成为一种严重的社会负担。大学生心理危机问题已经开始引起全社会的广泛关注。

→→→→→

【案例】

1. 案例背景

刘某,女,是某高校班级的生活委员,同时也是系学生会女生部的成员。刘某是独生女,为人乖巧,遵守学校的规章制度。与陈某相恋后,感情曾经相对稳定。随着交往的深入,两人因个性不合发生争吵,刘某对陈某失去耐心,便在一次见面中提出分手,以引陈某重视。然而陈某竟早已移情别恋,正想与刘某中断彼此关系。分手给刘某带来沉重的打击。失恋的痛苦就像恶魔一样折磨着她的心。刘某情绪开始抑郁,开始出现旷课、早退等现象。期间刘某的班长曾将此事告知辅导员,引起辅导员重视,并联系同宿舍与其经常接触的同学柯某,要求密切关注刘某。2010年5月某日上午,刘某告知柯某说生病不能上课,柯某产生怀疑,便与班长说明,并反馈给辅导员。辅导员遂带班长及柯某到宿舍查看,发生刘某正在割腕,他们立刻将其送至医院,进行治疗。

2.案例思考

从刘某的案例来看,自杀的原因是多样的,但其背后都有心理问题在推波助澜。大学生是一个特殊的群体,他们的心理、需求、思想和价值观等有特殊性,使得大学生的危机行为表现出与一般个体不同的规律性。

大学生心理危机的诱因很多,我们可以将其归纳为以下七个方面:

(1)大学生缺乏心理支持系统。大学生要维持自己的心理健康,需要有一个来自于亲人、朋友、同学等多方面的心理支持系统。有很多大学生的心理比较闭锁,即使有心理问题也不愿向周围的人倾诉,也不愿意求助专业人员,长久积累下去,一旦超越心理承受能力，必然引发心理危机。

(2)人际关系适应不良或交际困难。来自不同地方的同学之间，由于生活习惯、性格、兴趣的差异不可避免地产生摩擦或冲突，有的大学生不能正确处理这种冲突，导致心理失衡，表现为自卑、抑郁、悲观、怨恨等负情绪，从而引发心理危机。

(3)不适应大学学习环境。某些学生上高中时，考大学的目标非常明确，上大学后，突然失去了目标，心中茫然，有一种失落感。现代社会转型加速，科技迅猛发展，市场经济初步确立，导致社会竞争压力加大，使得不少大学生精神迷茫，常常陷入剧烈的心理冲突之中。

(4)恋爱与失恋问题。进入大学，学生的生理发育已步入成熟，刚刚离开父母的管束和摆脱高考的压力，相对宽松的学习和生活环境，众多适龄青年聚集的大学，成了学子们恋爱的温床。但由于大学生学业、就业压力大，其心理尚在发展成长阶段，产生感情的异性之间往往存在诸多矛盾和冲突。加之大学生在恋爱中往往过分追求浪漫、只重视恋爱过程的新奇，而不考虑结果。当恋爱中遇到重大挑战或遭受重大挫折时，恋爱中的当事人又往往无法承受，严重者甚至引发荒废学业、精神分裂、自杀、暴力犯罪等现象。

(5)性行为问题。许多学生在性的问题上行为超前，而本应具有的性知识和性观念滞后。由于缺乏相应的性生理卫生知识、性心理，因此意外怀孕的情况也时常发生，给身心带来巨大的伤害，加上发生性关系导致的一系列道德和传统观念的冲突，以及大学恋爱中许多的不确定性，一旦分手，恋爱中的女性常常因为付出太多，得不到相应的回报，极端者会采取自杀，或者进行报复杀人等具有毁灭性的行为。还有一些特殊群体：同性恋大学生。他们由于恋爱交往面狭窄，社会接纳程度低，容易出现恋爱挫折，且心理危机出现时社会支持系统弱，危机发生的可能性和危险性增大。

(6)社会贫富差距越来越大。高校并轨招生以来，学费成为贫困地区学生沉重的经济压力和心理负担，由此出现了贫困生的心理危机问题。会导致贫困生对社会不满进而产生抱怨，降低其参与社会建设的主动性和积极性；“仇富心态”加深，产生伦理困惑，犯罪率上升。如果说不合理贫富悬殊首先造成了弱势群体的消极性，那么不合理贫富悬殊的扩大就可能进一步激发不同阶层的矛盾和冲突，带来了不稳定。

(7)就业压力。近年来就业形势严峻，大学生为增加就业机会拼命参加各种形式的等级考试和资格考试，使得部分大学生长期处于身心疲惫状态，从而引发心理危机。就业观念滞后，就业期望值过高。我们国家过去是精英教育，能上大学的就是人才。现在大学扩招，教育已趋向普及化，大家都有受教育的机会。可是一些学生和家长的观念却没有转变，非要找一个理想工作不可，求职期望值非常高，与现实不符，这样就给学生造成极大的心理压力。

←←←←←

(二)心理危机的特点

1. 心理危机标准

大学生心理危机的主要形成因素涵盖生理、心理、社会关系诸多方面：处于性成熟过程与“生长爆发”阶段的发育冲突；自我意识与人际关系的模糊性(同一性迷惘)；突发事件与应急能力低下(重大灾难、亲人亡故、身患重症、高考落榜、恋爱失败等)；以及一些与心理障碍、精神疾病等有关系的前驱表现。心理危机至少要符合三个标准:一是存在一些重大的影响心理的事件;二是有急剧的情绪、认知,包括身体行为上的一些改变;三是个人原有的一些方法无法去应对或者应对无效。

2. 大学生心理危机的特点

(1)突发性和紧急性:心理危机常常是出人意料的,而且具有不可控制性,需要紧急应对。

(2)痛苦性和无助性:心理危机给人带来的体验一般是痛苦的,而且还可能涉及人的尊严丧失或羞辱等;心理危机的降临,常常使人觉得无所适从。

(3)破坏性和传染性:心理危机不仅给当事人造成危险,也会使全校师生处于紧张状态,甚至在某些情况下,一些危机事件成为其他处于困境中的学生模仿的对象,使得危机事件再次加重。

(4) 危险性:心理危机之中隐含着危险,这也是我们必须注意的一个重要方面。这种危险可能危及学生的日常学习与人际交往等,严重的还可能危及学生生命。

三、大学生心理危机的发展过程与影响因素

(一)大学生心理危机的发展过程

一般来说,大学生心理危机的发生会经历以下几个时期。第一,冲击期。在危机事件发生后不久或当时,感到震惊、恐慌、不知所措。第二,防御期。表现为想恢复心理上的平衡,控制焦虑和情绪紊乱,恢复受到损害的认知功能,但不知如何做。此时会出现否认、攻击、退化等心理防御反应,这些都不是能合理解决问题的心理状态。第三,解决期。积极采取各种方法接受现实,寻求各种资源想方设法解决问题从而减轻焦虑,增加自信,恢复社会功能。第四,成长期。经历了危机后变得更成熟,获得应对危机的技巧。

但也有人消极应对而出现种种心理不健康的行为。从危机的后果来说,会有四种不同结局。第一种是顺利度过危机,并学会了处理危机的方法策略,提高了心理健康水平;第二种是度过了危机但留下心理创伤,影响今后的社会适应;第三种是经不住强烈的刺激而自伤自毁;第四种是未能度过危机而出现严重心理障碍,其中以创伤后应激障碍(Post-traumatic Stress Disorder, PTSD)最为严重。创伤后应激障碍是指突发性、威胁性或灾难性生活事件导致个体延迟出现和长期持续存在的精神障碍,其临床表现以再度体验创伤为特征,并伴有情绪的易激惹和回避行为,从而影响心理健康。

正如2013年4月20日在四川芦山县发生的7.0级地震,导致了一大部分人和他们的亲人受到了身体和财产上的伤害,而我们不能忽略的是,灾民心理也会遭遇心理危机。这个时候,他们需要的不仅是赈灾物资和医疗队伍,还需要心理方面的专业人士对他们做相关的心理疏导来让他们知道,灾难虽然发生了,但国家和人民都有在密切关注。家园被摧毁,但在将来一定会重建,灾难带走了亲人,但这个并非他们自己的错误,不需要为了亲人死去、自己却幸存而感到内疚自责。这类重大灾害不仅会导致受灾民众产生严重而急性的心理危机而出现急性应激障碍,而且在灾害发生后的一段时间,未解决的心理危机问

题可能延迟出现或长期持续存在，可以说重大灾害后的心理危机干预也属于赈灾行动中的重要组成部分。

(二)大学生心理危机的影响因素

究竟是哪些因素影响了个体应对危机的结果呢？个体的人格特点、对事件的认知和解释、社会支持状况、以前的应对危机经历、个人的健康状况、干预危机的信息获得渠道和可信程度、个人适应能力、所处环境等都会影响危机的进程与应对效果。

1. 个体对事件的知觉。对事物的认知和主观感受影响人们行为的性质和发展程度，同时也限制了人们面对压力事件时候的信念，进一步影响人们对他人的知觉、人际关系以及对采取不同类型的心理治疗的反应。如果个体对事件的知觉是客观的、合乎逻辑的，则问题解决的可能性会大大提高。

2. 社会支持系统。社会支持系统是人们应对大量压力的重要的心理资源。既包括我们所拥有的客观的、物质化或可以数量化的支持，更强调我们主观上对支持的感受和体验。社会支持既是外界提供给我们的，同时也可能因为我们每个人的个性和心理差异决定我们对社会支持的感受度和利用度存在差异。这种资源的缺乏或丧失，使面对压力的个体变得无比脆弱、失衡并进一步产生危机。

3. 应对机制。人在成功地适应、解决问题和接受考验时采用的所有方法。人们通过日常生活，学会了运用各种手段去应对焦虑和减少紧张，并逐步形成了应对压力的模式。那些被人们运用的、有效的应对策略会成为人们日常生活中解决压力的一部分而被纳入他们的认知模式中，并逐渐形成了人们解决压力的一套有效的应对机制。相反，如果没有恰当的、有效的应对机制，个体的压力或紧张持续存在，危机便会随之产生。

4. 个体的人格特征。心理危机还受个体的人格特征的影响，容易陷入危机状态的个体在人格上具有特异性。如注意力明显缺乏，看问题只看表面看不到本质；社会倾向性过分内倾，这种人格特征使个体遇到危机时往往瞻前顾后，总会联想不良后果；在情绪情感上具有不稳定性，自信心低，独立处理问题的能力极差；解决问题时缺乏勇气进行尝试，行为冲动缺乏理性，经常会有毫无效果的反应行为。

第四节　大学生心理危机的干预

基本上，处在心理危机中的大学生如果没有得到及时的帮助有可能会出现各种心理障碍，包括强迫症、抑郁症、焦虑症、恐怖症、疑病症等，也会表现为躯体化症状，比如神经衰弱等，严重的可能出现伤害他人、自残，甚至自杀。

心理危机是一种正常的生活经历，并非疾病或病理过程。每个人在人生的不同阶段都会经历危机。由于处理危机的方法不同，后果也不同。一般有四种结局：第一种是顺利渡过危机，并学会了处理危机的方法策略，提高了心理健康水平；第二种是渡过了危机但留下心理创伤，影响今后的社会适应；第三种是经不住强烈的刺激而自伤自毁；第四种是未能渡过危机而出现严重心理障碍。对于大部分的人来说，危机反应无论在程度上或者是时间方面，都不会带来生活上永久或者是极端的影响。他们需要的只是有时间去恢复对现状和生活的信心，加上亲友间的体谅和支持，能逐步恢复。但是，如果心理危机过强，持续时间过长，会降低人体的免疫力，出现非常时期的非理性行为。对个人而言，轻则危害个人健康，增加患病的可能，重则出现攻击性和精神损害；对社会而言，会引发更大范围的社会秩序混乱，冲击和妨碍正常的社会生活。

一、高校心理危机干预体系

(一)干预对象

存在心理危机倾向与处于心理危机状态的学生是关注与干预的对象。存在心理危机一般指对象存在具有影响生活事件，情绪剧烈波动或认知、躯体或行为方面有较大改变，且用平常解决问题的方法暂时不能应对或无法应对眼前的危机。

对存在下列因素之一的学生，应作为心理危机干预的高危个体予以特别关注：

1.在心理健康测评中筛查出来的有心理障碍或心理疾病或自杀倾向的学生。

2.遭遇突然打击和受到意外刺激后出现心理或行为异常的学生：

(1)家庭发生重大变故(亲人伤亡、父母离异或分居、父母失业、家庭暴力等)后出现心理或行为异常的学生；

(2)身体发现严重疾病(传染性的疾病，如：肝炎、肺结核等；费用很高又难以治愈的疾病等)后出现心理或行为异常的学生；

(3)遭遇性危机(性伤害、性暴力、性侵犯、意外怀孕等)后出现心理或行为异常的学生；

(4)感情受挫(失恋、单相思情绪失控等)后出现心理或行为异常的学生；

(5)受辱、受惊吓(当众受到羞辱；受到严重惊吓，如看恐怖片情绪失控等)后出现心理或行为异常的学生；

(6)与他人发生严重人际冲突(被多人排斥、受到歧视或误解等)后出现心理或行为异常的学生。

3. 学习压力特别大出现心理或行为异常的学生，如第一次出现不及格科目的优秀生、需要重修多门功课的学生、将被退学的学生、完成毕业论文(设计)有严重困难的学生、高分低录的学生等。

4. 性格内向、经济严重贫困且出现心理或行为异常的学生，如性格内向、不善交际且交不起学费的学生、需要经常向亲友借贷且缺乏社会支持系统的学生等。

5. 有严重心理疾病且出现心理或行为异常的学生，如患有抑郁症、恐怖症、强迫症、癔症、焦虑症、精神分裂症、情感性精神病等疾病的学生。

6. 出现严重适应不良导致心理或行为异常的学生。

对近期发出下列警示讯号的学生，应作为心理危机的重点干预对象及时进行危机评估与干预：

没有任何人100%想自杀，有自杀意念的人通常是非常矛盾的，他们总是在茫然之中，想紧紧抓住生命，因而通常会提供多种线索和呼救信号，这给我们实行救助提供了机会。把握自杀过程，准确识别自杀征兆是预防自杀和救助的关键。

有研究表明，52%～60%的自杀者在自杀前1～8周曾发出过求助信号。80%的自杀者曾向外界表达过自杀意图。因此，那些认为"自杀是没有先兆的""说自杀的人是不会自杀的"观点是错误的。大学生自杀的征兆具体表现为：

精神病患者而有自责、自罪、指令性幻听、强制性思维等病理现象。近期发生亲人去世等重大生活事件，有严重的躯体和心理创伤。曾有过自我伤害或自杀未遂历史。患有重病而有失败的医疗史。

语言——通过话语表现出厌世念头，或谈论有关死亡的话题。如"人生意义何在""人活着真没意思""人是不是真的有来世"，等等。这实际上是有自杀意图的大学生发出的自杀信号，表明其正处于生与死的两难选择中。另外，一般情况下，大学生自杀者会在自杀前与最亲近的人(一般是父母)联系，对后事做交代，如"感谢你们的养育之恩""今后一定要注意身体"等等。此时，如果能及时通过这些信息发现其自杀意图并予以有效的帮助，很可能促使其放弃自杀。但是，这些重要信息却往往被当事人忽略。

行为——明显的行为改变。如突然整理自己的物品，将自己有用的物品赠送他人；个人喜好发生改变，对以前关心的事物漠然处之；作息时间和饮食习惯发生改变；逃学旷课；夜不归宿等。

心理——在情绪等方面，发生较大改变。人们在自杀前，会处于复杂的心理矛盾中，会有一些明显的表现，如情绪不稳定，忽悲忽喜；或平时乐观开朗，突然郁郁寡欢；或平时寡言少语，突然爱说爱笑等。

生理——突然的身体不适。一个人想自杀，在生理方面会有所反映，如呼吸急促、疼痛、出汗、颤抖、失眠、体重下降等。有的自杀者本身没有生理疾病，但在自杀前常常感到身体不适，其实这是心理冲突在生理上的反应。

(二)预警与干预机制

1.建立学校、学院、班级、宿舍四级预警系统。

(1)一级预警：学校

学校心理咨询中心，隶属学工部、学生处，负责全校学生的心理健康教育工作；开展大学生心理健康测评，建立大学生心理健康档案，筛查出需要主动干预的对象并采取相应措施。心理咨询中心老师要牢牢树立心理危机干预及自杀预防意识，在心理辅导过程中，如发现处于危机状态需要立即干预的学生，要及时采取相应的干预措施。

(2)二级预警：学院(系)

院系设立兼职心理辅导员，密切关注学生异常心理、行为，对班级心理委员上报的处于危机状态需要立即干预的学生有针对性地与其谈话，帮助学生解决心理困惑，对重要情况要立即向院系领导、心理咨询中心和学生处报告，并在专业人员指导下及时对学生进行快捷、有序地干预。

(3)三级预警：班级

各班设立心理委员，应关心同学，广泛联系同学，通过多种方式，加强思想和感情上的联系和沟通，了解思想动态和心态，一旦发生异常情况，及时向班主任、辅导员、心理咨询中心报告。

(4)四级预警：宿舍

各宿舍的宿舍长，要及时了解本宿舍同学思想动向和心态，一旦发生异常情况，及时向辅导员或班级心理委员报告。

高校心理危机预防与干预对象心理危机预防与干预的重点对象是心理普查、心理排查以及日常生活中发现的具有严重心理问题、心理障碍或具有自杀及伤害他人倾向的学生。研究发现，在每年春季和秋冬季节换季的时候，大学生自杀人数相对较多，对此应予以高度关注。

→→→→→

【案例】

(一)背景介绍

张某，男，工程专业大二学生，来自农村家庭，经济条件差，被评定为特殊困难学生，学习成绩良。单亲家庭，父亲在其六岁时去世，母亲独自将其抚养长大。高考后打工时认识一社会女青年，与其交往，建立恋爱关系。近期，张某经常逃课，找各种理由请假回家，精神状况不佳，学习态度不积极，整日吸烟，整个人看起来很颓废。经了解，张某近期失恋，其女友提出分手，导致张某出现紧急心理问题，多次有自杀念头。

(二)案例分析

经详细了解，分析张某出现紧急心理问题成因如下：

1.双方存在较大差异，女方突然提出分手，男方情感失衡产生绝望心理。因学业负担较重，且张某经济条件差，时间和经济上都不允许张某经常回老家陪伴女友，女友认为张某有考研想法，自己才初中毕业，两人并不合适。女友的父母也反对其与张某交往，在半年前经人介绍认识了新的男友并且打算结婚，一直隐瞒，近期才将此事告知张某。张某本以为双方关系很好，突如其来的分手电话，使其无法接受，他反复回忆两人交往过程，认为自己付出很多，宁可辍学回家打工娶女友，也不分手。在得到女友坚定拒绝后，认为失去女友就失去了一切，生活无望，想从图书馆跳楼解决痛苦。张某成长在单亲家庭，在幼年时期所受的早期心理创伤对其有较大影响，残缺家庭的孩子往往因缺少父爱或母爱而导致心理失衡。这种心态得不到及时矫正，时间久了孩子就会性格扭曲，影响其情感、意志和品格的发展。因此张某的情感失衡与其成长环境有一定关系。

2.社会支持系统不健全。张某平时沉默寡言，性格内向，不爱运动和参加集体活动，故朋友较少。其母亲年龄较大，张某从小到大很少和母亲交流，母亲只关心张某的学习成绩，对其心理状况不曾在意。

3.不能合理宣泄情绪，存在严重认知错误。张某不承认失恋，认为自己的错误都可以改掉，女友一定会回到他身边。面对失恋的困扰，他没有找人倾诉，只是自己胡思乱想整夜不睡，认为自己爱女友，可以为女友去死，没有人能比自己给女友更多，所以女友必将选择自己。

4.自卑，归属性和安全性需要得不到满足，产生报复心理。张某家庭经济困难使他感觉低人一等。他跑回老家去找女友，被女方家长赶出门，与女友现任男友发生肢体冲突，被推搡倒地，张某非常愤怒，又打不过人家。愤怒情绪是一种迅猛的、冲动的、爆发性的情绪体验，常会造成难为理智所控制的粗暴失态行为，这种极端情绪在大学生中表现比较明显。张某认为自己既没钱又没体力，非常自卑，想要采取极端方式用学过的知识报复，来释放积聚在心中的不满和愤恨。

（三）干预措施

1.采取临时措施，稳定张某情绪，尽量使其恢复理智思考。给张某戴上眼罩，请他在失明的状态下帮老师打水，扫地。其情绪渐渐稳定，摘下眼罩后，请张某讲述其感受。他感到失去双眼做事太不方便了，老师趁机和他谈到健康的重要性。谈到辛苦抚养她长大的母亲渐渐老去，如果张某不去照顾她，她可能比失明的人生活还要辛苦不便。张某点头表示认可。张某拒绝到学校心理咨询中心接受咨询也坚决不允许联系家长，因此，辅导员要求张某接受自己的帮助，首先保证不自伤，老师和宿舍同学帮助他解决问题，张某同意。

2.组织张某宿舍同学轮流监护张某，保证其安全。老师和他宿舍同学都写信给张某，告诉他我们都愿意帮助他，不想失去他，离开他我们都会痛苦，张某看完信流泪。辅导员联系张某母亲，没有直接告诉事情原因，对其母亲说明张某性格内向，在校一项表现很好，但是，最近情绪有些低落，希望她多关爱张某的心理和生活冷暖。辅导员老师精心为张某搭建了良好的社会支持系统。

3.联系张某女友，了解其想法，经多次沟通该女生对其欺骗行为向张某道歉，其男友也向张某道歉，帮助张某找回了自尊。辅导员和同学们写出张某优缺点。优点是张某学习认真、乐于帮助同学解答问题、注意宿舍卫生、聪明、勤劳、诚实、尊敬师长，不足之处是内向，不愿意参加集体活动，给同学们一种距离感。张某看到老师和同学的对自己的中肯评价，感觉温暖，表示愿意改掉缺点。

4.请一名曾经走出失恋误区的学生和张某交流，讲述自己曾经的痛苦以及最终走出痛苦后的释怀，推行朋辈教育。同时，也增加了张某的倾诉机会。

5.联系心理咨询中心专业老师，利用合理情绪疗法为主的整合性心理治疗方法对其多次进行辅导，运用认知转变法纠正张某错误认知，帮他树立正确的恋爱观，除了定期见面交流外，还坚持网上和短信与张某交流各类问题，及时疏导张某的不良情绪。为张某讲授海格力斯效应，鼓励他放下怨恨，学会宽容。教授张某采用运动、参加集体活动、写信自我珍藏、倾诉等情绪宣泄方法。

6.法国社会学家杜尔凯姆在他的《自杀论》中说过："自杀与由个人组成的社会团体的融合程度成反比关系"。辅导员老师采用素质拓展训练，同学们共同制定班级、宿舍目标等方式加强班级和宿舍凝聚力建设，提高学生归属感。

7.召开主题班会开展挫折教育和生命教育，带领同学们观看励志短片，共同探讨应该如何面对各种困境，介绍真实的自强自立典型事迹，帮助同学们树立正确的挫折观。除此之外，还请张某参加了学院的雷锋突击队自愿服务组织，他们定期去敬老院服务，让张某在为他人提供帮助的过程中感受快乐。

经过辅导员和同学们近一个学期的努力，张某渐渐走出失恋的痛苦，现在已经是一名研究生，并且担任班委，经常组织集体活动。

←←←←←

二、大学生心理危机预防与干预策略

开展心理危机教育，增强学生识别心理问题的能力。目前，大学生对心理危机及其干预知识缺乏足够的了解，一部分学生出现危机后不能获得及时的救助，导致严重的后果。

在实践中，我们可以从以下几个方面来增强学生识别心理问题的能力。

1.可以利用公共选修课、专题讲座、校刊、心理健康教育网站等形式，开展心理健康教育活动，丰富大学生心理危机方面的知识，增强他们的心理保健意识，端正他们对心理咨询的看法，引导他们主动寻求帮助，缓解负性的情绪，避免因心理问题加重而导致心理危机的发生。其次，建立心理危机干预知识培训制度，对班主任、辅导员、学生干部进行预防心理危机的专题培训，使他们具备初步的辨别心理问题的能力。

2.建立动态的大学生心理档案。对刚入校的新生进行心理测试，以了解新生的心理状况。通过对参加测试的学生的测量结果进行统计、分析，掌握学生的心理健康状况，从中发现有问题的学生特别是有严重心理问题的学生，建立第一手心理档案，然后对其进行初步的心理访谈和心理辅导，加强与其辅导员的联系，及时了解学生的心理动态。

3.确立预警对象，分析心理危机诱发因素，针对性地制定解决方案。在心理档案的基础上，确定预警对象。分析各种心理危机的诱发因素，确定心理危机类型，有针对性地引导和心理救治，以防患于未然。

4.构建“学校—院系—班级—宿舍”四位一体的危机干预体系。“学校－院系－班级－宿舍”四位一体的干预体系是以学校心理咨询机构为心理健康教育的核心阵地，以院系辅导员、班主任为依托，以班级中的学生干部等朋辈心理咨询员作为支撑点，以宿舍支持关爱为后盾构建的四级体系。

有了该体系的存在，可以让学生在遭遇心理危机时，得到最及时、最有效的救助，也可以在最短的时间内发现需要心理危机紧急干预的对象，减少心理危机恶性事件的发生。

大学生心理危机干预的最终目的并不是解决一个或两个心理危机，而是从整体上促进学生心理素质的提高，最终使他们与他人、社会相适应，并最终在心理上能悦纳自己。因此，大学生心理危机干预是一项复杂而艰巨的任务，只能在实践中慢慢地探索出科学的、行之有效的机制。

随着科技的发展，以及从事心理健康教育工作人员素质的提高，相信高校心理危机干预机制会不断改进和完善，不断促进当代大学生身心健康、德智体育美全面发展。

第五节 暴力恐怖事件与大学生心理安全

一、盘点2014暴力恐怖事件

3月1日晚上9时20分，昆明一伙歹徒持械冲进昆明火车站广场、售票厅，见人就砍，现场有人伤亡。截至2014年3月2日18时，已造成29人死亡、143人受伤。暴徒为新疆东突分子，东突即怂恿和支持新疆地区"独立"的反华势力。

5月6日上午11时30分许，广州火车站邮局前广场一名身穿白衣的男子持刀乱砍过往旅客。警方在警告无效后，开枪击中并与民众一起制服持刀歹徒。事件造成6名旅客受伤。

5月28日山东招远发生的故意杀人案，6名犯罪嫌疑人系邪教组织成员。为发展组织成员，向在事发餐厅就餐的人索要电话号码。遭受害人拒绝后，将其残忍殴打致死。

这些事件对于有些人，不亚于一场地震所带来的创伤。很多人感慨之余传播各种信息，表达心里的各种不安，仿佛这个内心世界的安宁被投了一颗手榴弹，虽然未必造成多大破坏，但是也弥漫了很多硝烟，无法安宁度日。那么面对这样的暴力恐怖事件，我们作为普通人，能够做些什么呢？

二、我们应对的方法

（一）掌握一些逃生和自救的知识

暴力恐怖的事件时有发生，只是近几年媒体传播速度比较快，所以大家很快就可以获取相应的资讯，但最重要的是恐怖事件来临的时候，我们有没有办法将伤害降到最低。

1.个人日常安全

远离可疑场所和可疑人物；服装，打扮保持低调，避免露富或露财；不要设置过于固定的日常行程，尤其是旅行在外时；不要在微信等各类通信工具向不必要的人泄露个人信息；不要向陌生人透露你的旅行信息；拒绝在工作场所以外约见陌生人；记住几个日常关键联系人的电话，以备不时之需。

2.注意识别恐怖嫌疑人

实施恐怖袭击的嫌疑人脸上不会贴标记，但会有些不同寻常的举止行为可以引起我们的警惕。具体如下：神情恐慌，言行异常者；着装、携带物品与环境及季节明显不符；检查过程中态度蛮横，催促检查，不愿接受检查者；冒充熟人，假献殷勤者。

3.恐怖袭击现场自救

遭遇恐怖袭击时，美国人教导民众的三条准则：RUN、HIDE、FIGHT（逃、躲、战）。尽量稳定情绪，观察现场，时机成熟时迅速撤离现场，切勿激怒暴力事件实施者，更不要惊恐喊叫，不要因财物浪费逃生时间，或重返危险场地；如果正处在公共场所暴力事件当中无法逃避时，找大型遮蔽物遮掩及卧倒，也可以倒地装死；实在无法躲避袭击就放手一搏，或许还可以保命。

4.报警时需注意

保持镇静，不因慌张而影响基本判断；判明自己目前是否面临危险，如有危险，做好个人防护，迅速离开危险区域并隐蔽；首先报告最重要的内容，如地点、时间、发生什么后果等等，如枪击事件位置，嫌疑人体貌特征、衣着打扮，伤亡人数等。

5.如何在紧急情况进行自救和他救

止血，降低血流速度，防止大量血液流失导致休克昏迷，可采取手指直接按压在出血伤口上或出血的供血动脉上进行止血。四肢受伤可用丝带、腰带、衣服撕成条状等，在大臂上 1/3 和大腿中间处进行止血绑扎；固定，对受伤关节、骨折处进行固定，避免造成新的伤害，减轻疼痛和减少搬运。烧伤急救，用大量清水清洗伤口，除非伤口烧黑变白或伤口太深。不要直接冰敷，不要刺破水泡，轻轻脱下戒指、手表、皮带或松开紧身衣服，用干净无黏性的布盖住伤口。休克急救，避免受伤者过冷过热，毛毯或大衣覆盖；不要给伤者喂水和饮食，注意伤者的清醒程度，向医护报告。呼吸受阻急救，如果是胸部受伤出现呼吸障碍，可以张开手掌紧贴身体压住伤口，维护胸腔压力与外界大气压的压力差来保持呼吸顺畅。腹部受伤急救，闭合性伤口及时压住止血，开放性伤口应用水打湿，避免伤口外露在空气中，也不要把沾染污染物的内脏填回腹腔，平躺或侧卧等待救援，尽量不移动。心肺复苏，一拍、二按、三呼叫，将伤员仰卧，拍打双肩并同时呼叫。没有反应判定为神志丧失。人工呼吸，抬下颌角使呼吸道畅通，注意排除嘴和咽喉中的异物。心脏按压，一旦发现伤者停止心跳，立即在伤者心前区胸骨体上急速叩击 2～3 次，若无效，则立即进行胸外心脏按压。

6.被恐怖分子劫持后怎么办

保持冷静，不要反抗，相信政府；不对视，不对话，趴在地上，动作要缓慢；尽可能保留和隐藏自己的通讯工具，及时把手机设为静音，适时用短信向警方(110)求助，短信主要内容为自己所在位置，人质人数，恐怖分子人数等；注意观察恐怖分子人数，头领，以便事后提供证言；警察发起突击瞬间，尽可能趴在地上，在警方掩护下脱离现场。

(二)保持并传递正能量

1.不帮恐怖分子传播仇恨

面对血腥的屠杀，很多人无法抑制住内心强烈的愤怒，这时候，我们需要警惕自己内心的愤怒感和仇恨，不要再帮助恐怖分子传播恐怖信息，从而达到了恐怖分子期待的效果。当我们以正义的名义到处发泄愤怒的时候，就滑向了恐怖主义的极端。

对于恐怖主义也没必要痛之入骨，想要将其千刀万剐，当你让仇恨占据自己时，正义变成了比恶更恶，正义与邪恶天然的较量变成了恶与更恶的较量，越是这个时候越需要冷静和正能量。

舆论应该选择理性的克制，不要配合恐怖分子去传播他们想制造的仇恨。不传播恐怖分子的极端政治主张；不强调恐怖分子的民族宗教背景；不夸大恐怖分子的血腥残忍手段；不渲染受害者的悲惨境遇。

2.不帮恐怖分子传播冷漠

与上面仇恨恐怖主义相对的是一些人十分的冷漠，觉得这些事情离自己远着呢，跟自己扯不上任何关系，不关心他人的死活。

这也是我们身边绝大多数人的状态，这个世界“冷漠”在蔓延，“冷漠”是一种病，当你身边经常发生暴乱的事件时，原本对此很敏感的心却变得冷漠了，原本冷漠不是一种常态，但却因为大多数人都是冷漠的而变成了一种常态，有的时候我们“病”的久了，就不知道自己病了。

我们迟早有一天要为自己的“冷漠”付上代价的。有人会说“我不关心别人，这是我自己的事情”。但也许有一天你曾经的冷漠会转过来伤害到你自己。在我们谴责暴徒心灵扭曲，道德沦丧的时候，你是否有想过，这个人曾经是社会的最边缘群体，或许就是冷漠将其再次推向疯狂的边缘。

三、相关心理障碍

暴力恐怖事件容易造成现场人员的心理障碍，导致创伤后应激障碍，甚至有些人没有在现场，仅仅听到媒体报道就产生了严重的恐惧和焦虑，不敢外出活动，不敢使用任何交通工具出行，甚至出现晕厥，引起了强烈的焦虑和恐惧。现将容易引发的心理障碍介绍给大家，如果有相应的问题出现应及时找心理咨询师求助，切勿拖延。

（一）创伤后应激障碍

创伤后应激障碍（PTSD）是指个体经历、目睹或遭遇到一个或多个涉及自身或他人的实际死亡，或受到死亡的威胁，或严重的受伤，或躯体完整性受到威胁后，所导致的个体延迟出现和持续存在的精神障碍。PTSD 的发病率报道不一，女性比男性更易发展为 PTSD。

PTSD 的核心症状有三组，即创伤性再体验症状、回避和麻木类症状、警觉性增高症状。但儿童与成人的临床表现不完全相同，且有些症状是儿童所特有的。

1.创伤性再体验症状

主要表现为患者的思维、记忆或梦中反复、不自主地涌现与创伤有关的情境或内容，也可出现严重的触景生情反应，甚至感觉创伤性事件好像再次发生一样。

2.回避和麻木类症状

主要表现为患者长期或持续性地极力回避与创伤经历有关的事件或情境，拒绝参加有关的活动，回避创伤的地点或与创伤有关的人或事，有些患者甚至出现选择性遗忘，不能回忆起与创伤有关的事件细节。

3.警觉性增高症状

主要表现为过度警觉、惊跳反应增强，可伴有注意力不集中、激惹性增高及焦虑情绪。

4.其他症状

有些患者还可表现出滥用成瘾物质、攻击性行为、自伤或自杀行为等，这些行为往往是患者心理行为应对方式的表现。同时抑郁症状也是很多PTSD患者常见的伴随症状。

(二)恐怖症

恐怖症是以恐怖症状为主要临床表现的一种神经症。患者对某些特定的对象或处境产生强烈和不必要的恐惧情绪,而且伴有明显的焦虑及自主神经症状,并主动采取回避的方式来解除这种不安。患者明知恐惧情绪不合理、不必要,但却无法控制,以致影响其正常活动。比如暴力恐怖事件后若出现不敢外出,甚至不敢乘坐任何交通工具出行。本病以青年期与老年期发病者居多,女性更多见。

恐怖症的核心症状是恐惧紧张,并因恐怖引起严重焦虑甚至达到惊恐的程度。因恐怖对象的不同可分为以下几种:

1.社交恐怖症

主要是在社交场合下几乎不可控制地诱发即刻的焦虑发作,并对社交性场景持久地、明显地害怕和回避。具体表现为患者害怕在有人的场合或被人注意的场合出现表情尴尬、发抖、脸红、出汗或行为笨拙、手足无措,怕引起别人的注意,因此回避诱发焦虑的社交场景。

2.特定的恐怖症

特定的恐怖症是对某一特定物体或高度特定的情境强烈的、不合理的害怕或厌恶。典型的特定恐怖是害怕动物(如蜘蛛、蛇)、自然环境(如风暴)、血、注射或高度特定的情境(如高处、密闭空间、飞行),患者会因此而产生回避行为。

3.场所恐怖症

不仅害怕开放的空间,而且担心在人群聚集的地方难以很快离去,或无法求援而感到焦虑。场所恐怖性情境的关键特征一是没有即刻可用的出口,因此患者常回避这些情境,或需要家人、亲友陪同。

(三)焦虑症

焦虑症,又称为焦虑性神经症,是神经症这一大类疾病中最常见的一种,以焦虑情绪体验为主要特征。可分为慢性焦虑(广泛性焦虑)和急性焦虑发作(惊恐障碍)两种形式。主要表现为:无明确客观对象的紧张担心,坐立不安,还有自主神经症状(心悸、手抖、出汗、尿频等)。注意区分正常的焦虑情绪,如焦虑严重程度与客观事实或处境明显不符,或持续时间过长,则可能为病理性的焦虑。焦虑症主要有以下两种:

1.慢性焦虑(广泛性焦虑)

情绪症状在没有明显诱因的情况下,患者经常出现与现实情境不符的过分担心、紧张害怕,这种紧张害怕常常没有明确的对象和内容。患者感觉自己一直处于一种紧张不安、提心吊胆、恐惧、害怕、忧虑的内心体验中。

自主神经症状:头晕、胸闷、心慌、呼吸急促、口干、尿频、尿急、出汗、震颤等躯体方面的症状。

运动性不安:坐立不安,坐卧不宁,烦躁,很难静下心来。

2.急性焦虑发作(惊恐发作、惊恐障碍)

濒死感或失控感在正常的日常生活中,患者几乎跟正常人一样。而一旦发作时(有的有特定触发情境,如封闭空间等),患者突然出现极度恐惧的心理,体验到濒死感或失控感。

自主神经系统症状同时出现,如胸闷、心慌、呼吸困难、出汗、全身发抖等。

一般持续几分钟到数小时发作开始突然,发作时意识清楚。

极易误诊。发作时患者往往拨打"120"急救电话,去看心内科的急诊。尽管患者看上去症状很重,但是相关检查结果大多正常,因此往往诊断不明确。发作后患者仍极度恐惧,担心自身病情,往往辗转于各大医院各个科室,做各种各样的检查,但不能确诊。

阅读拓展→

大学生心理

书　　名:大学生心理
作　　者:唐宏
出 版 社:吉林大学出版社
出版时间:2011 年 5 月
I S B N:9787560172163

内容简介→

本书共设计了十四章,探讨了做"身心健康的人是受益终生的事",而"认识自己和人格成长"是个性成长的第一要义。学习固然是学生的主要任务,但已不同于以往学习概念的局限,本书在"生涯规划和职业发展"这一大的框架下探讨"学习心理";针对大学生迫切需要的心理养分,设计了"情绪调节与管理""压力应对""爱情心理""人际交往心理""网络心理";此外,"心理疾病""大学生心理危机干预""校园心理咨询"等内容让大学生更深入地了解一些心理问题及调适方法。

思考题

1.大学生的一般心理问题有哪些?

2.如何预防大学生一般心理问题?

3.大学生心理危机的干预措施与方法是什么?

4.暴恐事件给大学生带来的主要心理影响有哪些?

第十三章 维护高校安全稳定 构建文明和谐校园

学习导入

安全与稳定是高校的头等大事。高校的安全稳定都得不到保证，谈何保障正常的教学、管理和生活秩序？我们大学生又如何完成学业与成长成才？所以，高校的安全稳定是学校教育教学和正常管理秩序的基础，是学校人才培养和建设发展的根本保证。

本章节内容主要有维护高校安全稳定、构建文明和谐校园、崇尚科学反对邪教、增强安全意识保障人身安全、远离毒品预防毒品侵袭、预防暴恐分子犯罪活动等。通过学习，使我们广大学生进一步明确维护高校安全稳定的意义，增强安全稳定意识，同时在思想上和行动上自觉维护学校的安全稳定。

第一节 维护高校安全稳定

大学生在校期间学习任务十分繁重，学习时间非常宝贵，一个稳定的校园环境对大学生顺利完成学业至关重要。大学生是十分宝贵的人才资源，充满活力与热情，是维护高等学校政治稳定的积极而重要的力量。大学生要做维护高校政治稳定的模范，应努力做到以下几点：

（一）树立坚定的理想信念，自觉抵制西方敌对势力的渗透和破坏活动

坚定的理想信念，是我国人民团结一致的思想基础，是克服艰难险阻的法宝，也是保障社会稳定的关键。大学生要按照邓小平同志关于“有理想、有道德、有文化、有纪律”四有新人的要求，不断深化对我国历史和国情的认识、对改革开放40年伟大进程的认识，进一步增强民族自尊心、自信心和自豪感，进一步坚定跟党走中国特色社会主义道路、实现中华民族伟大复兴的信念。大学生发现西方敌对势力、民族分裂势力、非法宗教势力和邪教组织的渗透和破坏活动，要及时向学校报告，要同它们作坚决的斗争，努力维护安定团结的大局。

（二）承担起历史责任，理性理解爱国主义

大学生是民族的希望，是祖国的未来，党和人民希望他们成为可靠的社会主义事业的

建设者和接班人。历史证明，青年兴则国家兴，青年强则国家强。当前，我国正处于重要战略机遇期。大学生一定要努力学习，正确认识社会发展规律，认识国家的前途命运，承担起自己的历史使命和社会责任，在维护社会稳定的大局中发挥积极的模范作用。热爱祖国是中华民族的光荣传统，爱国主义是我们民族的伟大凝聚力。

（三）学会辨别真伪，自觉抵制网上的不良信息

大学生要保持警惕、头脑清醒，要通过学习和实践不断提高自己的政治意识和理论素质，提高识别各种错误思潮的能力，善于辨别真伪和是非，善于识破别有用心的人的各种企图，努力维护高等学校和全社会的政治稳定。对网上的有害信息，要努力分辨，自觉抵制，不受它的影响。对于一时分辨不清的，要向学校咨询、核实、查证，而不要轻信，不要随波逐流。自觉抵制网上不良信息的影响，就是维护稳定的实际行动。

（四）理解和支持学校的改革，通过正常途径反映意见

为了提高办学水平和质量，适应社会主义现代化建设的需要，高等学校不断进行办学体制、学科设置、学科建设、人才培养模式、人事制度、分配制度、管理制度、后勤等方方面面的改革，有些改革措施涉及学生的利益，学生对于学校的某些改革措施有这样那样的意见，是完全正常的。大学生要理解和支持学校的改革。学校的具体改革措施，不一定完备。学生对涉及自身利益的改革措施表示关注，是完全正当的，但要学会通过正常的途径反映意见，如通过学生中的党团组织、学生会、研究生会向学校有关部门反映意见，也可以通过学校校园网络反映意见。学生通过正常途径反映意见，不仅是正确行使民主权利的体现，也有利于维护学校的政治稳定。

（五）妥善处理各类纠纷，主动化解矛盾

在高校内部，大学生之间、大学生和教职工之间、大学生和教职工家属之间、大学生和学校外来人口之间，难免发生一些矛盾和纠纷。这些矛盾和纠纷若处理不当，就有可能被激化，影响学校的正常秩序和安定团结。大学生要依据法律和学校的规章制度妥善处理这些矛盾和纠纷，构成刑事案件、治安案件的报公安部门和学校保卫部门处理，未构成刑事案件、治安案件的，由学校相关部门或者保卫部门调解解决。调解过程中，大学生要实事求是地反映情况，提出维护个人利益的合理要求，绝不能在矛盾和纠纷中推波助澜。要经过协商、调解，主动化解矛盾。自己有错误的，主动做自我批评，自己没有错误的，也要得理让人，化干戈为玉帛。

第二节　构建文明和谐校园

构建社会主义和谐社会的是我们党在准确把握社会主义本质和科学判断中国国情基础上提出的一项重大战略任务，是一项复杂的系统工程。作为党的事业重要组成部分的高等教育——大学，理应在建设社会主义和谐社会中发挥重要作用。打造平安校园，构建和谐校园是建设和谐社会的必然要求，也是高等学校事业发展的内在需要。建设和谐社会需要稳定的社会局面，构建和谐校园需要安定有序的校园环境。高校安全稳定在构建和谐校园，打造平安校园进程中具有不可替代的重要作用。

一、和谐校园的内涵、特征

和谐校园是一种以和衷共济、内和外顺、协调发展为核心的素质教育模式，是以校园为纽带的各种教育要素的全面、自由、协调、整体优化的育人氛围，是学校教育各子系统及各要素间的协调运转，是学校教育与社会教育、家庭教育和谐发展的教育合力，是以学生发展、教师发展、学校发展为宗旨的整体效应。和谐校园各个要素、各个环节处于一种相互协调、相互促进、事业健康持续发展的状态。按照社会主义和谐社会的内涵要求，结合高等教育的特点和发展趋势，和谐校园应具备以下特征：第一，和谐校园应是依法治校、民主决策的校园；第二，和谐校园应是改革创新、科学发展的校园；第三，和谐校园应是以人为本、充满活力的校园；第四，和谐校园应是人际和谐、团结奋进的校园；第五，和谐校园应是安定有序、环境优雅的校园。

二、构建文明和谐校园的重要意义

1. 和谐需要稳定，稳定才能和谐，稳定是和谐的前提和基础。推进和谐社会建设，必须保持社会的平安、稳定、有序。构建社会主义和谐社会，关系到最广大人民的根本利益，关系到巩固党执政的社会基础、实现党执政的历史任务，关系到全面建设小康社会的全局，关系到党的事业兴旺发达和国家的长治久安。我们所要建设的社会主义和谐社会，应该是民主法治、公平正义、诚信友爱、充满活力、安定有序、人与自然和谐相处的社会。

2. 大学是社会的一部分，构建和谐校园是构建社会主义和谐社会的重要组成部分。一个和谐的校园将会对其自身的发展和社会主义和谐社会的建设发挥巨大作用，将有利于大学生健康成长。大学的根本任务是培养人才，培养人才需要良好的育人环境。在改革不断深入和市场经济日益发展的条件下，高校内各种不甚和谐或完全不和谐的现象不可避免地仍然存在。这就必然会给高校正常的教学科研秩序和安宁的校园生活环境带来负面影响。高校要通过深入学习和领会中央关于构建和谐社会的精神，深入思考并采取一系列切实有效的措施，努力构建"校园和谐"的运行机制，创建有利于人才成长的环境，包括建立流畅、科学的工作协调机制，畅通、公正、规范、民主的社会利益表达机制和利益协调、矛盾疏导机制，建立健全快速、有效、全方位的校园安全保障机制、不稳定事端的预警机制等，真正实现高校各项事业全面、协调、可持续发展，实现校园的和谐。构建和谐校园对于保障学校有一个良好的秩序，为更好地开展教学和科学研究提供较好的环境奠定了基础。和谐校园还促成了人际关系的和谐，教师、学生、管理服务人员之间的关系融洽，每一个人的积极性、创造性得以充分发挥，每一个人的活力得以充分显现，这必然会创造良好的育人环境，有利于大学生进行正常的学习和生活，并尽快成才。

3. 大学生在构建和谐校园中应发挥的作用。

学生是学校的主体，也是学校的主人。没有大学生主体作用的充分发挥是不可能实现和谐校园的。在构建和谐校园中，大学生应该发挥积极作用，做到以下几点：

(1)身体力行，努力维护校园稳定

稳定是建设和谐校园的必然要求。没有稳定的校园，就谈不上校园的和谐。在当前及今后一段时间，高校在发展过程中将面临诸多的问题和矛盾，此外，社会问题与高校内部问题相互穿插，治安、交通和生活等问题相互影响，思想认识问题与敌对势力的影响相互交织，致使影响高校稳定的因素复杂化、多样化。面对复杂的国际国内环境和各种矛盾问题，作为大学生，要顾全大局、冷静理智、依法有序地表达自己的诉求和爱国情感，自觉维护国家安定团结的政治局面和校园稳定。

(2)遵纪守法，维护校园良好秩序

法规、纪律和管理制度是校园安全、有序、稳定的基本保障，也是构建和谐校园的基本要求。一个漠视法规、无视纪律、缺少制度而秩序混乱的校园既不能保持稳定，更谈不上和谐。在一定意义上，和谐社会也就是法治社会。只有实行法治，才能维护良好的社会秩序，保证社会的安定有序。因此，在构建和谐校园时，每个大学生不仅自己要遵纪守法，还要帮助、劝导别人遵纪守法，坚决和一切违法乱纪的行为作斗争，积极维护法律的尊严，维护纪律的权威，以使校园达到民主法治、安定有序，进而实现校园的和谐。

(3)讲究公德，树立社会主义道德

公德，即公共道德。道德，是人们共同生活中的行为准则和行为规范，是人们精神境界在外部的反映。道德有阶级性，不同的阶级有不同的道德标准。道德通过社会舆论对社会生活、对人的言行发挥约束作用。社会主义道德是人类历史上最先进、最文明的道德，是人类精神境界的升华。一个和谐社会必然是道德高尚的社会，一个明礼诚信、团结友爱、文明向上的社会。大学生要坚持知行统一，积极开展道德实践活动，把道德实践活动融入自己的学习生活之中，要以"八荣八耻"作为自己的行动指南，牢固树立社会主义荣辱观。

(4)乐于助人，发扬甘于奉献精神

乐于助人，甘于奉献，是中华民族的优良传统和美德。孟子曾说："生，亦我所欲也，义，亦我所欲也。二者不可得兼，舍生而取义者也。"义，就是正义、道义、情义，简单地说就是做好事，乐于助人，勇于奉献。当代伟大的文学家巴金说："生，的确是美丽的，乐生是人的本分。有些杀身成仁的志士勇敢地戴上荆棘的王冠，将生命视为敝屣，他们并非对于生已感到厌倦，相反的，他们倒是乐生的人。"中华民族从来都把乐于助人、勇于奉献作为自己的行为准则，甚至献出自己的生命也在所不惜。和谐校园要求人们互帮互助、团结友爱、融洽相处，在别人遇到困难、挫折或者需要帮助的时候，能够支持别人、鼓励别人、帮助别人，给人以力量。大学生积极参与各种志愿活动，为群众开展无偿服务，为他人排忧解难，这就是帮助别人、勇于奉献的实践，也是在为构建和谐校园贡献力量。

(5)热爱集体，发挥集体主义精神

集体主义精神是社会主义社会所倡导的精神，它要求人们一切从集体出发，把集体利益放在个人利益之上。集体主义和个人主义是相对立的。个人主义是一切从个人出发，把个人利益放在集体利益之上，只顾自己，不顾别人。个人主义思想严重的人，很难融入集体、融入社会，很难与别人相处和合作，也就不能达到和谐。大学生要大力提倡集体主义精神，做事情、处理问题，先考虑集体，先想到别人，不要一事当前，首先为自己打算，要做到先公后私，先人后己，使自己和别人融洽相处，达到人际关系的和谐。

第三节　崇尚科学　反对邪教

→→→→→

【案例】

2001 年 1 月 23 日下午，中央音乐学院在校大学生陈果，因痴迷法轮功在天安门广场自焚，造成终身残疾的严重后果。陈某习练“法轮功”之前在学校是品学兼优的学生，在国内的小提琴大赛中多次获奖。1998 年她在母亲的影响下，开始习练“法轮功”，被李洪志的歪理邪说蒙骗，且越陷越深，不能自拔，以至于最后走向自残的道路。

【案例】

1998 年 6 月中旬某日凌晨，上海某大学医学院一名在读三年级的男学生×××从教学楼高层窗口坠下，当场死亡。死者头部、左侧鼻孔出血，后脑勺凹陷，双手抱拳呈打坐姿势，其状惨不忍睹。该生 1998 年初开始修炼“法轮功”，并投入大量精力练功，经常一坐就是几个小时。他与女友、同学们相处也谈“法轮”，劝说同学修炼“法轮功”，但被同学拒绝。他把学业、前途置之脑后，一心“修佛”，要“普度众生”。仅仅三四个月的时间，一个积极向上、朝气蓬勃的热血青年，“修炼”成了一个悲观厌世的“法轮功”弟子。邪理使他中毒太深，走火入魔，终于背负不起极端的矛盾和痛苦，惨死他乡，做了邪教“法轮功”组织的牺牲品。

←←←←←

在社会主义市场经济体制初步建立并不断完善的条件下，大学生思想状况有了新的变化，特别是他们的人生价值观形成和发展的思想观念和心态环境发生了新的变化。如较为普遍存在的以自我成长为中心的成才观；又如，新形势下大学生面对新的学习压力、经济压力和就业压力等，这就使得大学生的价值观，也就是他们的价值取向，出现了主体性、兼容性、多样性和不稳定性等特点。在大学生的思想素养稍有松动的情况下，一些反动的、腐朽的、迷信的思潮便会乘虚而入，占据了他们的思想阵地，玷污了他们的灵魂，以至于做出一系列愚蠢的事情。

一、邪教的危害性

邪教是使信徒的人格受到损害及其与正常社会环境的感情联系和交流渠道遭到严重破坏的一种极端组织。邪教不是宗教,但它常常冒用正统宗教的名义,以宗教的面目出现,借以迷惑吸引教徒。邪教是社会肌体上的毒瘤。近年来,邪教已经成为国际社会范围内的一大公害,引起了各国政府和人民的重视。

依法防范和打击邪教,是每一个国家政府的职责,也是全社会公民包括大学生在内的共同责任。任何一个负责任的政府,都不会听任邪教危害人民的生命安全,破坏公共秩序和社会稳定。邪教组织毒害大学生心灵,危害大学生的健康成长,对正常的校园教学、科研秩序也造成了破坏。

二、大学生要做崇尚科学的模范

(一)崇尚科学精神,反对迷信思想

科学技术是第一生产力。科学的力量改变了世界的面貌。科学思想是唯一能够指导人们前进的精神力量。中国共产党的历史,是崇尚科学、破除迷信的历史,是领导中国人民坚持用马列主义的科学世界观不断破除迷信、按照科学规律艰苦创业的历史。科学是关于自然、社会和思维的知识体系,是人类对于自然规律和社会发展规律的认识与把握,是推动历史进步的杠杆和基石。迷信,则是一种无知,一种对于自然力量和社会力量的畏惧和屈服。科学和迷信是对立的。科学使人聪明,使国强盛,迷信使人愚昧,使国衰落。“法轮功”邪教组织宣扬,世界末日即将来临,人类即将毁灭,对此,现代科学无能为力,任何政府管不了,只有“法轮功”才能拯救人类。这明明白白是在戏弄和蒙骗群众。在日益深入的社会变革和复杂多变的国际风云中,科学的力量是决定性的力量。当今世界,科学迅猛发展,技术日益创新,科学正在推动着人类社会飞速前进。无数事实证明,科学是使国家富强、人民幸福、社会和谐的唯一力量。在未来的国际竞争中,我们要能站稳脚跟,战胜一切艰难险阻和邪恶势力,尽快把我们的国家建设成一个强大的国家,就必须崇尚科学,发展科学,依靠科学,破除迷信,清除一切伪科学、假科学、反科学逆流的影响。大学生要使自己成为国家的有用之才,真正为人民谋幸福,就必须崇尚科学,坚信科学,努力学习科学,用科学知识、科学方法、科学思维、科学技术去反对和揭穿一切形式的迷信和邪说。

(二)坚持唯物主义,反对唯心主义

唯物主义认为世界本质上是物质的,是不依赖人的意志而客观存在的,物质是第一性的,意识是物质存在的反映,世界是可以认识的。唯心主义认为物质世界是意识、精神的产物,意识、精神是第一性的,客观世界是主观意识的体现或产物。辩证唯物主义和历史唯物主义是科学的世界观,是认识世界、改造世界的锐利武器。“法轮功”等邪教组织所宣扬的是一种唯心主义的神秘论。它宣称拥有使一切问题迎刃而解的灵丹妙药,可以使精

神战胜物质。修炼“法轮大法”可以“开天目”,“看到另外的时空”,“看到常人看不到的景象”,可以“隔墙视物,透视人体”等完全是一套唯心主义的谬论。历史唯物主义认为,社会发展不是什么超自然、超社会的力量推动的,也不是某个“神”推动的,而是社会生产力决定社会的发展,是人民群众创造历史。历史已经证明,一个人当他坚持唯物主义时,就能做出较大的贡献,当他偏离唯物主义走向唯心主义时,就很难再有作为。中国历史上的一些人物,当他们符合历史发展规律时,就有所作为,当他们“不问苍生问鬼神”时,便气数将尽。社会主义时代的大学生必须坚持科学的世界观,做一个坚定彻底的唯物主义者。只有这样,才能在错综复杂的形势下,排除任何形式的唯心主义的干扰,始终保持强大的精神力量,为社会主义事业做出应有的贡献。

(三)注意心理健康,不要自我封闭

“法轮功”等邪教组织编造了一整套歪理邪说,说得天花乱坠,好处多多,让你佩服得五体投地,从而实现对人思想上的渗透、腐蚀。那些相信“法轮大法”的人,都在心理上对其产生了依赖,以至达到难舍难分的程度。有的大学生在学习、生活、恋爱等方面遇到困难和挫折或者是身体有某种疾病而陷入苦恼的时候,或者对社会上的腐败现象和不正之风缺乏正确、科学的分析而想逃避现实、追求洁身自好、独善其身的时候,不去找老师谈,不去和同学、朋友交流,而是自我封闭,苦思冥想自我解脱的途径。邪教组织利用人们的善良愿望,向修炼者许诺,只要你练功和修炼心性,就能祛病健身、解除心理困惑。不仅如此,它还能使你获得一种神奇的功能,达到一种超常的境界。在各方面关心帮助不够的情况下,邪教组织所宣扬的歪理邪说乘虚而入。有些人为了摆脱精神压力,在心理上投向了“法轮功”等邪教组织,以为找到了灵丹妙药,以致越陷越深,越深越信,越信越迷。提高心理素质,是抵御一切错误思潮侵蚀的有效措施之一。大学生要注重培养自己良好的心理品质和自尊、自爱、自律、自强的优良品格,增强克服困难、经受考验、承受挫折的能力,要注意心理健康,积极参加班级的集体活动,多交朋友多谈心,把自己融入集体之中。

第四节　增强安全意识　保障人身安全

一、人身安全概述

人身安全是大学生的头等大事,作为新一代的大学生要做到:增强安全意识,加强安全防范;掌握安全自救、自我防护常识,遵守法律、法规、校规、校纪,严格按规章制度办事;提高警惕,注意防范,不断提高自身排险自救能力;同学之间互帮互助,关爱生活、关爱生命,树立生命重于一切的观念。

人身安全的范畴从广义上讲包括人的生命、健康、行动自由、住宅、人格、名誉等安全。从狭义上讲指刑法上人身安全的本义,是作为自然人的身体本身的安全。

二、人身伤害的分类

1. 自然灾害造成的人身伤害，如火山爆发、台风、飓风、地震、森林大火、水灾、雷击、海啸等；

2. 意外事故造成的人身伤害，如运动损伤、溺水、烧（烫）伤、化学物质灼伤、触电，爆炸等；

3. 人为因素造成的人身伤害，如打架斗殴、食物中毒、传染病等；不法侵害造成的人身伤害，如抢劫、滋扰、性侵害等。

三、积极预防，防止侵害

人的生命只有一次，防止大学生生命不受伤害，就是大学生安全最主要、最基本的内容。

（一）因纠纷引发人身伤害

→→→→→

【案例】

1998年6月20日晚，××大学校学生篮球队员邢××与其他队友欢送1994级毕业队员在学生餐厅就餐。21时邢××因事提前离开，骑车行至学生宿舍13栋南侧马路，与材料学院1994级毕业生胡××、闫××因让路发生口角并互殴，胡××、闫××将邢××打伤。随后，刑××纠集多名队友到胡××、闫××宿舍发生互殴。互殴中，胡、闫头部被打伤，邢××队友谭××、王××腹部被胡××用刀扎伤。谭××、王××伤情严重，均伤及内脏，经北医三院抢救脱离了生命危险。经公安机关调查取证，法院以伤害罪判处胡××有期徒刑3年。

←←←←←

在大学生的打架斗殴案件中，学生往往法治观念淡薄，意气用事，缺乏个人修养，自控能力差，因而丧失理智，引发事端，直至造成打架、斗殴等人身伤害案件的发生。希望同学们加强个人修养，珍惜学习机会，开阔心胸，遇事冷静，以理服人，不要意气用事，做一些违法违纪的蠢事。

→→→→→

【案例】

厦门某民办高校大一学生林××一直爱慕同班张××,对其更是爱护有加。一日王××与张××在运动场闲谈开玩笑,并有拉扯现象,被林××的同学看到并告知了林××。林××心生醋意,待两人分开后找到王××质问。双方话不投机大打出手。导致王××鼻梁被打歪。后王××报警处理。林××被派出所行政拘留3天并赔偿了王××治疗费用。

←←←←←

大学生要树立正确的恋爱观。恋爱是人生的一件大事,但并不是人生的全部。大学生应该以学业为重,因为学习是大学生的主要目的。恋爱是未来寻找志同道合、白头偕老的终身伴侣,而不是为了安慰解闷,寻找刺激,更不是单纯为了性的满足,为了一己之私,将对方占为己有。作为有理智的大学生应该正视如何恋爱、失恋、三角恋等现实。切勿被恋爱冲昏头脑做出一些追悔莫及的事情。

预防措施:

1. 内强素质,外塑形象

大学生中的打架斗殴多数由口角引起,参与者一般缺乏修养,言行粗鲁,举止失雅,预防大学生打架斗殴的发生,首先大学生要加强自身修养,提高自身素质。

2. 冷静克制,学会容忍

打架斗殴一般源于纠纷,在每个人的生活中难免会和别人产生一些矛盾,发生一些误会,这是很正常的。关键是如何以良好的心态妥善处理。古人尚能"理从是处让三分",当代大学生更应如此。

3. 自我约束,遵章守纪

俗话说"国有国法,校有校规",作为大学生,与大家共同生活在一个集体当中,就必须遵循这个集体的规章制度,即使处理生活中的一些小事也要依规矩而行。如果大家都能这样做,完全可以避免许多不该发生的矛盾和纠纷。

4. 严于律己,宽以待人

严格要求自己,多作自我批评,多换位思考,善于理解他人,替别人着想。

5. 加强沟通,减少猜疑

生活在一个集体中的大学生,同学之间要相互信任,对于一些事情不能只凭主观臆断和揣测,要认真分析,弄清事实,不要胡乱联想。遇到问题,多与同学谈心,交流意见,沟通感情。

(二)寻衅滋事

寻衅滋事,是指出于不正当目的肆意挑衅,无事生非,起哄闹事,进行扰乱破坏的行为。寻衅滋事是一个涉及学生、家庭、社会等诸多方面复杂因素交错的社会问题。

1. 大学生受外部滋扰的常见形式

(1)校内外的不法青少年通过多种途径与少数大学生进行交往,如发生矛盾或纠葛,便有目的地入校寻衅滋事、伺机报复等。

(2)社会不法青年,在游泳、沐浴、购物、看电影、参加舞会、观看比赛,甚至走路等偶然场合,与大学生发生矛盾,进而酿成冲突。

(3)有的不法青年,专门尾随女同学或有目的地到学生宿舍、教室等处侮辱、骚扰、调戏女生,甚至对女生动手动脚。

(4)青少年犯罪团伙邀约到校园内斗殴滋事,使围观或路过的大学生无端遭殃。

(5)外来人员或教职工子女与学生争抢活动场地、喧宾夺主,从而引发矛盾和冲突。

(6)一些游手好闲的青少年,把学校变为玩乐场所,在校园内游逛,或故意怪叫谩骂、吵吵嚷嚷,或有意扰乱秩序。

(7)有的不法青年,喜欢在师生休息的时候不停地拨打电话,或者无聊地谈天说地,或者口出污言秽语。

(8)少数无赖之徒,千方百计地打听异性大学生的姓名,然后不停地给其写信纠缠,甚至敲诈勒索。

2. 遇到寻衅滋事时怎么办

(1)提高警惕,做好准备,正确看待,慎重处置。面对违法青少年挑起的流氓滋扰,千万不要惊慌而要正确对待。要问清缘由、弄清是非,既不畏惧退缩、避而远之,也不随便动手,一味蛮干,而应晓之以理,以礼待人,妥善处置。

(2)充分依靠组织和集体的力量,积极干预和制止违法犯罪行为。如发现流氓滋扰事件,要及时向教师或学校有关部门报告,一旦出现公开侮辱、殴打自己的同学等恶性事件,要敢于见义勇为,挺身而出,积极地加以揭露和制止。要注意团结和发动周围的群众,以对滋事者形成压力,迫使其终止违法犯罪行为。

(3)注意策略,讲究效果,避免纠缠,防止事态扩大。在许多场合,滋事者有时仅有挑逗性的言语和动作,很难获取有效证据。遇到这种情况,一定要冷静,注意讲究策略和方法。一方面及时报告并协助有关部门进行处理;另一方面采取正面对其劝告的方法,注意避免纠缠,目的就是避免事态扩大和免得把自己与无赖之徒置于等同地位。

(4)自觉运用法律武器保护他人和保护自己。面对流氓滋扰事件,既要坚持以说理为主,不要轻易动手,同时又要注意留心观察、掌握证据。比如,有哪些人在场,谁先动手,持何凶器,滋事者有哪些重要特征,案件大致的经过是怎样的,现场状况如何,滋事者使用何种器械、有何证件,毁坏的衣物和设施是什么,地面留有什么痕迹,等等。

(三)交通事故

大学生交通安全是指大学生在校园内和校园外的道路行走、乘坐交通工具时的人身安全。只要有行人、车辆、道路这三个交通安全要素存在,就有交通安全问题,也许只是一个小小的意外,就会造成严重后果,断送美好的前程,甚至生命。

交通安全是一个非常突出的问题。100 多年来,全世界葬身于车轮之下的人数已超过4000万，超过了第二次世界大战期间死亡人数，而且每年还在以40万人的速度递增，因此人们称交通事故是“马路上的战争”。

我国是道路交通事故死亡人数最高的国家，连续数年一直居世界第一位，每年道路交通事故死亡人数约10万。据全球各交通和警察部门的统计，2003年全世界交通事故死亡人数为50万人，其中中国交通事故死亡人数为10.4万人。我国交通事故的致死率也是世界最高的，为27.3%，而美国为1.3%，日本只有0.9%。交通安全必须引起我们的高度重视。

1. 大学校园易发生交通事故的主要原因

随着高校改革的不断深入，高校与社会的交流越来越频繁，使校园内人流量、车流量急剧增加。许多高校教师拥有私家轿车已不算稀奇，摩托车更是普遍，学生骑自行车的很多，甚至有摩托车、私家车的也在不断增多，开汽车上学也已不再是新闻了。校园道路建设、校园交通管理滞后于高校的发展，一般校园道路都比较狭窄，交叉路口没有信号灯管制，也没有专职交通管理人员管理；校园内人员居住集中，上、下课时容易形成人流高峰等等原因，致使高校的交通环境日益复杂，交通事故经常发生。学生出入校园不遵守交通规则，为图方便横穿马路者比比皆是。搭乘无牌无证车辆等更是隐患频出。

步行安全

1. 行人不得进入高速公路。

2. 行人在道路行走时，有人行道的要走人行道，没有人行道的要走非机动车道，人行道和非机动车道都没有的，要紧靠道路的右侧行走。

3. 行人横穿道路时，要在划定的人行横道内通行。

4. 在有隔离护栏、花圃的路段，行人要在缺口处横穿，不要钻跨、倚坐隔离护栏或踩踏花园。

5. 行人通过铁道路口时，要遵守道口信号指示，听从交警指挥。

6. 行人要遵守交通标志、标线的规定，行经设有禁止行人进入的交通标志的路段时，应严格遵守，不得进入。

7. 行人不要在公路上扒车、追车、强行拦车或扔东西砸车，也不能在马路上打球、溜冰、嬉戏等。

校园内发生交通事故的主要原因是思想麻痹和安全意识淡薄。许多大学生刚刚离开父母和家庭，缺乏社会生活经验，头脑里交通安全意识比较淡薄，同时有的同学在思想上还存在校园内骑车和行走肯定比公路上安全的错误认识，一旦遇到意外，发生交通事故就在所难免。

2. 发生交通事故的处理办法

(1)及时报案

无论在校外还是在校内，一旦发生交通事故，首先想到的是及时报案，这样做有利于事故的公正处理，千万不能与肇事者“私了”。若在校外发生交通事故，除及时报案外，还应该及时与学校取得联系，由学校出面处理有关事宜。

(2)保护现场

事故现场的勘查结论是划分事故责任的依据之一，若现场没有保护好会给交通事故的处理带来困难，造成“有理说不清”的情况。切记，发生交通事故后要保护好事故现场。

(3)控制肇事者

若肇事者想逃脱一定要设法控制，自己不能控制可以发动周围的人帮忙控制，若实在无法控制也要记住肇事车辆的车牌号等特征。

(四)意外事故

大学生意外伤害事故已经成为高校频发的现象，社会影响力也日益增强，越来越多的人开始关注大学校园安全问题。了解意外事件，思考大学生发生意外事故的类型，总结相应的应对措施，是减少意外事件的发生及其造成的损害。

大学生意外伤害事故指在学校实施的校内外教育教学活动中，在负有管理责任的校舍，场地，其他教育教学设施、生活设施内发生的，造成大学生人身损害后果的事故。

学生受到的意外伤害形式多样，归纳起来，大致分为：

(1)由学校设施损害、学生违规等引发的意外事件

学校设施损害引发的意外事件指因学校的校舍，场地，其他教育教学设施、生活设施不完善或因各种自然灾害导致的意外事件。如学校体育设施破损、安装不牢，楼道过窄、消防设施老化等，可能引起的意外或人员损伤。学生违规引发的意外事件指学生违反学校纪律、规章制度所引发的各种意外事件。包括违章用火、用电导致火灾等事件的发生，学生使用禁止的“热得快”、电热毯而引发火灾的例子屡见不鲜，还有学生之间的游戏打斗导致的意外伤害，等等。

→→→→→

【案例】

2012年厦门某高校李某与同学排练完舞蹈后回到宿舍门口，发觉两人均未带钥匙。这时李某从隔壁敲门进去，跟同学打了个招呼，准备翻越阳台围栏。在翻越时不料左脚打滑后仰着摔了下去，掉到楼下的平地上，经抢救无效宣告死亡。

←←←←←

大学生应该熟知自我保护意识，切勿在无任何防范的情况进行高空攀爬、翻越等危险行为，避免因此发生危及人身安全的意外事件。

(2)因学生本人身心等方面的原因而发生的意外伤害

心理原因引发的意外事件指因不良心理、情绪困扰而引发的意外事件。学生进入高校后,往往不再有中学时代的优越地位,在心理上造成很大的落差;现在绝大多数大学生是独生子女,上大学很可能是他们第一次远离亲人,独自在外生活,他们处理人际关系或情感方面的能力较弱,使得这方面的意外伤害事故时有发生;或是一些学生面对丰富多彩的大学生活会产生自卑心理,由此产生心理障碍而酿成惨剧。身体原因指学生身体患有某些疾患,如先天性心脏病,严重的血液、内分泌及代谢系统疾病,重症或难治性癫痫,在校发病所引发的意外事件。在现实中由于种种原因,有一些患有这些疾病的学生在体检时未能发现,而后在一定条件下发生意外事故。如有的学生患有先天性心脏病,老师在不知情的情况下安排其参加剧烈的或高对抗性的体育项目,结果导致意外发生。

→→→→→

【案例】

2011年厦门某高校张某与同寝室的三位同学打牌,并约定输一次要做十下俯卧撑或深蹲,直至其中一人累计先输到100下。当张某输到100下后,三人便停止打牌。张某在做深蹲之后突然倒地、不省人事。他们慌得急忙下楼报告老师。"120"急救人员赶到现场时,确认张某已死亡。张某父母将学校和打牌的三位同学告上法庭,要求赔偿。

【案例】

2010年厦门某高校吴某为了准备参加学校举行"五系杯"篮球赛,在学生宿舍走廊跟其他同学一起练习啦啦舞时突然倒地昏迷,呼吸困难。同学赶紧给她掐人中穴,叫她的名字,但她最终也没有醒来。

←←←←←

在娱乐和运动中要考虑个人身体因素,适度适量运动,避免因过度运动造成身体不适引发突发性意外。

(3)外部环境以及自然灾害所致的意外事件

外部环境所致的意外事件指学校所处的外部环境所引发的,导致学生受到损害的意外事件。外部环境从小的方面来说可以指学校周边治安环境,如果学校周边治安环境不佳则可能遭遇威胁、骚扰和敲诈勒索,导致财产损失甚至伤亡;从大的方面说可以指整个社会环境,大学相对初中开放性大大加强,面对社会上的诸多诱惑,学生容易受到不良影响,从而走上违法犯罪的道路。自然灾害如发生洪涝、强台风、泥石流、地震等造成的学生人身伤害。由于大学生意外伤害事故发生的原因是多种多样的,对不同类型意外伤害事件的了解与分析,有利于意外事件发生前的积极预防和发生后的有效控制管理。

→→→→→

【案例】

2012 年某日晚，厦门某高校学生许某准备外出吃夜宵，行走至校门口时，遇当地几个流氓在学生街喝酒时与学生发生打架后，一路追寻至校门口。因喝醉酒根本不知道是和谁发生打架，就指着许某问是不是他和他们打架。经过三番四次言语之后，许某不耐烦并与他们发生言语冲突，导致许某被几个流氓打伤，幸好在校保卫人员的制止下才未酿成更大的后果。

←←←←←

第五节 远离毒品 预防毒品侵袭

一、毒品的种类

(一)常见传统毒品种类

1. 鸦片

鸦片也叫阿片，俗称大烟，是罂粟果实中流出的乳液经干燥凝结而成的。因产地不同而呈黑色或褐色，味苦。生鸦片经过烧煮和发酵，可制成精制鸦片，吸食时有一种强烈的香甜气味。吸食者初吸时会感到头晕目眩、恶心或头痛，多次吸食就会上瘾。

2. 吗啡(Morphine)

吗啡是从鸦片中分离出来的一种生物碱，在鸦片中的含量为 10%左右，为无色或白色结晶粉末状，具有镇痛、催眠、止咳、止泻等作用，吸食后会产生欣快感，比鸦片容易成瘾。长期使用会引起精神失常、谵妄和幻想，过量使用会导致呼吸衰竭而死亡。历史上它曾被用作精神药品戒断鸦片，但由于其副作用过大，最终被定为毒品。

3. 海洛因(Heroin)

海洛因化学名称“二乙酰吗啡”，俗称白粉，它是由吗啡和醋酸酐反应而制成的，镇痛作用是吗啡的 4～8 倍，医学上曾广泛用于麻醉镇痛，但成瘾快，极难戒断。长期使用会破坏人的免疫功能，并导致心、肝、肾等主要脏器的损害。注射吸食还能传播艾滋病等疾病。历史上它曾被用作精神药品戒断吗啡，但由于其副作用过大，最终被定为毒品。海洛因被称为“世界毒品之王”，是我国目前监控、查禁的最重要的毒品之一。

4. 大麻

大麻属桑科，是一年生草本植物，分为有毒大麻和无毒大麻。无毒大麻的茎、秆可制成纤维，籽可榨油。有毒大麻主要指矮小、多分枝的印度大麻。大麻类毒品主要包括大麻烟、大麻脂和大麻油，主要活性成分是四氢大麻酚。大麻对中枢神经系统有抑制、麻醉作用，吸食后会产生欣快感，有时会出现幻觉和妄想，长期吸食会引起精神障碍、思维迟钝，并破坏人体的免疫系统。

5. 杜冷丁

杜冷丁即盐酸哌替啶，是一种临床应用的合成镇痛药，为白色结晶性粉末，味微苦，无臭，其作用和机理与吗啡相似，但镇静、麻醉作用较小，仅相当于吗啡的1/10～1/8。长期使用会产生依赖性，被列为严格管制的麻醉药品。

6. 古柯

古柯是生长在美洲大陆、亚洲东南部及非洲等地的热带灌木，尤为南美洲的传统种植物。古柯树株高1.5～3米，生长周期为30～40年，每年可采摘古柯叶3～4次。古柯叶是提取古柯类毒品的重要物质，曾为古印第安人习惯性咀嚼，并被用于治疗某些慢性病，但很快其毒害作用就得到科学证实。从古柯叶中可分离出一种最主要的生物碱——可卡因。

7. 可卡因

可卡因是从古柯叶中提取的一种白色晶状的生物碱，是强效的中枢神经兴奋剂和局部麻醉剂，它能阻断人体神经传导，产生局部麻醉作用，并可通过加强人体内化学物质的活性，刺激大脑皮层，兴奋中枢神经，表现出情绪高涨、好动、健谈，有时还有攻击倾向，具有很强的成瘾性。

此外，传统毒品还有可待因、那可汀、盐酸二氢埃托啡等。

(二)常见新型毒品种类

1. 冰毒

冰毒即"甲基苯丙胺"，外观为纯白结晶体，故被称为"冰"(Ice)。对人体中枢神经系统具有极强的刺激作用，且毒性强烈。冰毒的精神依赖性很强，吸食后会产生强烈的生理兴奋，大量消耗人的体力和降低免疫功能，严重损害心脏、大脑组织甚至导致死亡。还会造成精神障碍，表现出妄想、好斗、错觉，从而引发暴力行为。

2. 摇头丸

摇头丸是冰毒的衍生物，以MDMA等苯丙胺类兴奋剂为主要成分，具有兴奋和致幻双重作用，滥用后可出现长时间随音乐剧烈摆动头部的现象，故称为摇头丸。外观多呈片剂，五颜六色。服用后会产生中枢神经强烈兴奋，出现摇头和妄动，在幻觉作用下常常引发集体淫乱、自残与攻击行为，并可诱发精神分裂症及急性心脑疾病，精神依赖性强。

3. K粉

K粉即"氯胺酮"，静脉全麻药，有时也可用作兽用麻醉药。白色结晶粉末，无臭，易溶于水，通常在娱乐场所滥用。服用后遇快节奏音乐便会强烈扭动，会导致神经中毒反应、精神分裂症状，出现幻听、幻觉、幻视等，对记忆和思维能力造成严重的损害。此外，易让人产生性冲动，所以又称为"迷奸粉"或"强奸粉"。

4. 咖啡因

咖啡因是化学合成或从茶叶、咖啡果中提炼出来的一种生物碱。大剂量长期使用会对人体造成损害，引起惊厥、心律失常，并可加重或诱发消化性肠道溃疡，甚至导致吸食者下一代智能低下、肢体畸形，同时具有成瘾性，停用会出现戒断症状。

5. 三唑仑

三唑仑又名海乐神、酣乐欣，淡蓝色片，是一种强烈的麻醉药品，口服后可以迅速使人昏迷晕倒，故俗称“迷药”“蒙汗药”“迷魂药”。可以伴随酒精类共同服用，也可溶于水及各种饮料中。见效迅速，药效比普通安定强45～100倍。

此外，新型毒品还有安纳咖、氟硝安定、麦角乙二胺(LSD)、安眠酮、丁丙诺啡、地西泮及有机溶剂和鼻吸剂等。

另外，纯度在99%以上的毒品被称为“美金”。

二、毒品的危害性

(一)吸毒对社会的危害

1. 对家庭的危害。家庭中一旦出现了吸毒者，家便不称其为家了。吸毒者在自我毁灭的同时，也破害了自己的家庭，使家庭陷入经济破产、亲属离散，甚至家破人亡的困难境地。

2. 对社会生产力的巨大破坏。吸毒首先导致身体疾病，影响生产，其次是造成社会财富的巨大损失和浪费，同时毒品活动还造成环境恶化，缩小了人类的生存空间。

3. 毒品活动扰乱社会治安。毒品活动加剧诱发了各种违法犯罪活动，扰乱了社会治安，给社会安定带来巨大威胁。无论用什么方式吸毒，对人体的身体都会造成极大的损害。

(二)吸毒对身心的危害

1. 生理依赖性

毒品作用于人体，使人体体能产生适应性改变，形成在药物作用下的新的平衡状态。一旦停掉药物，生理功能就会发生紊乱，出现一系列严重反应，称为戒断反应，使人感到非常痛苦。用药者为了避免戒断反应，就必须定时用药，并且不断加大剂量，使吸毒者终日离不开毒品。

2. 精神依赖性

毒品进入人体后作用于人的神经系统，使吸毒者出现一种渴求用药的强烈欲望，驱使吸毒者不顾一切地寻求和使用毒品。一旦出现精神依赖后，即使经过脱毒治疗，在急性期戒断反应基本控制后，要完全康复原有生理机能往往需要数月甚至数年的时间。更严重的是，对毒品的依赖性难以消除。这是许多吸毒者一而再、再而三复吸毒的原因，也是世界医药学界尚待解决的课题。

3. 毒品危害人体的机理

我国目前流行最广、危害最严重的毒品是海洛因，海洛因属于阿片灯药物。在正常人的脑内和体内的一些器官，存在着内源性阿片肽和阿片受体。在正常情况下，内源性阿片肽作用于阿片受体，调节着人的情绪和行为。人在吸食海洛因后，抑制了内源性阿片肽的生成，逐渐形成在海洛因作用下的平衡状态，一旦停用就会出现不安、焦虑、忽冷忽热、起鸡皮疙瘩、流泪、流涕、出汗、恶心、呕吐、腹痛、腹泻等症状。这种戒断反应的痛苦，反过来又促使吸毒者为避免这种痛苦而千方百计地维持吸毒状态。冰毒和摇头丸在药理作用上属中枢兴奋药，毁坏人的神经中枢。

三、大学生应远离毒品，预防毒品的侵袭

1. 充分认识毒品违法犯罪活动的危害性，加强自身的学习和法律意识修养，培养高尚的情操和伦理道德观念；

2. 积极参加有益健康的文体活动，增强集体观念，培养广泛的兴趣和爱好，避免孤僻的生活方式；

3. 提高对毒品的防御能力，不要结交有吸毒恶习的朋友或听信他们的话；

4. 决不可因好奇而尝试毒品，防止上瘾后难以自拔；

5. 一旦沾染毒品，要积极主动向老师和学校报告，自觉接受学校、家庭及社会有关部门的监督戒除及康复治疗。

第六节　预防暴恐犯罪活动 维护自身安全与学校稳定

一、恐怖主义概念

恐怖主义是当代世界一个极为突出的现实问题，它是现实世界中财富的严重不平衡、霸权主义和强权政治、种族歧视和民族矛盾、宗教极端主义和文化冲突等许多矛盾不断激化的产物，它会随着时代的变化而变化，从而给国际社会带来巨大的灾难。特别是自20世纪60年代末以来，恐怖主义在全球范围内普遍滋生与蔓延，已经成为全球的一大公害。

《辞海》对恐怖主义的定义是：主要通过对无辜平民采取暴力手段以达到一定的政治目的和宗教目的的犯罪行为的总称。暴恐分子一般采用制造爆炸事件、劫机、扣押、纵火、屠杀人质等方式造成社会恐怖，打击有关政府和组织，以满足其某些要求或扩大其影响。英国学者哈利戴指出："恐怖主义是指战争或内战以外，出于某种政治目的而采取的个别的暴力行为"。

进入21世纪以来，恐怖活动对国际社会的冲击明显加剧，已成为影响地区和世界安全局势的一个新的不稳定因素。特别是近几年，恐怖活动在一些国家此起彼伏，劫机、爆炸、绑票和劫持人质、劫船、劫车、暗杀、袭击等形式的恐怖行为急剧增多。2001年发生在美国的"9·11"恐怖袭击则把恐怖活动推向高潮。

美国“9·11”恐怖袭击事件：指美国东部时间2001年9月11日早晨8:40，四架美国国内民航航班几乎被恐怖主义分子同时劫持，其中两架撞击位于纽约曼哈顿的世界贸易中心，一架袭击了首都华盛顿美国国防部所在地五角大楼。而第四架被劫持飞机在宾夕法尼亚州坠毁，据事后调查失事前机上乘客试图从劫机者手中重夺飞机控制权。这架被劫持飞机目标不明，但相信劫机者撞击目标是美国国会山庄或白宫。造成包括美国纽约地标性建筑世界贸易中心（双子塔）在内的6座建筑被完全摧毁，其他23座高层建筑遭到破坏，美国国防部总部所在地五角大楼也遭到袭击。世贸的两幢110层塔楼在遭到攻击后相继倒塌。在事件中共有3201人死亡，6291人受伤，直接经济损失约3500亿美元。

恐怖主义在人类社会的泛滥，已经成为当今世界各国面临的严峻现实。中国亦深受恐怖主义之害，特别是自20世纪90年代以来，在海外兴风作浪多年的“东突”恐怖势力为实现建立所谓“东突厥斯坦”的邪恶目的，勾结国际恐怖主义组织，与国内分裂主义分子、反动宗教分子一起，严重危害了中国各族群众生命财产安全和社会稳定，并对有关国家和地区的安全与稳定也构成了严重威胁。

二、暴恐活动对大学生的威胁

在以本·拉登为首的“基地”组织的恐怖手册中，明确把学校列为恐怖活动的重要目标，“因为那是异教徒中的精英和未来所在，防备松懈……”；“东突”恐怖组织在他们培训用的小册子中也把学校、幼儿园、医院列为“圣战”的重点目标。

自20世纪90年代以来，“东突”分裂主义分子就把魔爪伸向了高校，他们在学校少数学生中发展组织成员，进行民族分裂宣传活动。被公安机关通缉的几个恐怖暴力活动分子也混进高校校园，以参加培训为名，掩护其身份，暗地里与恐怖组织频繁联系，策划阴谋破坏活动。在北京的几所高校中也发现了参加民族分裂组织的学生，个别学生还成为民族分裂组织的负责人。

2003年2月25日中午11时20分许，20多岁的福建籍男子黄旻翔为了实施爆炸活动制造个人影响的目的，先后来到清华大学荷园工餐厅、北京大学农园餐厅放置定时爆炸装置。11时50分、13时20分许，两个爆炸装置分别爆炸，造成9人受到不同程度的身体伤害，两食堂的部分建筑被炸毁，财产损失达人民币22万余元。最终黄旻翔因爆炸罪被判处无期徒刑。在清华、北大两所高校发生的前所未有的校园爆炸伤人案，震惊了全国，受到世界关注。

2004年9月1日，一伙武装分子占据了俄罗斯北奥塞梯共和国别斯兰市第一中学，并将大约1500名出席开学典礼的学生、老师和家长关押在校园体育馆内作为人质。9月3日俄罗斯特种部队突击队员冲进被武装分子占据的学校，同扣押数百名师生的恐怖分子进行了激烈枪战。这次别斯兰人质事件共造成331人死亡，700多人受伤。

几乎与“别斯兰人质事件”同时，山东、江苏、湖南等地校园相继爆发了一系列针对学生（幼儿）的暴力恐怖事件。近年来，个别高校的学生受到过恐怖信件、恐怖电子邮件和恐怖手机短信，还发生过大学校长被绑架的案件，这表明，学校由于它易受袭击的脆弱和恐怖事件所产生的独一无二的轰动效应开始成为恐怖组织和严重刑事犯罪分子所青睐的袭击目标。

爆炸和劫持人质是恐怖分子在校园使用最多的恐怖活动手段。目前(包括自杀性爆炸和遥控装置爆炸)以巨大的声响,大面积的破坏和热源伤亡,十分符合恐怖活动以少数的力量制造尽可能大的轰动效应和尽可能大的威胁压力的要求;而后者可通过现代化新闻网络瞬间传遍全球,从而给家长和整个社会造成一种挥之不去的恐怖心态,恐怖分子就是希望借助媒体实现骇人听闻的政治目的和报复社会的心理目的。

三、我国近期的几起暴恐事件

→→→→→

【案例一】

昆明“3·01”恐怖事件

2014 年 3 月 1 日晚上 9 时 20 分,5 名歹徒持械冲进昆明火车站广场、售票厅,见人就砍,现场有人伤亡;歹徒手持刀具、统一着装;10 多辆警车赶赴现场抓捕嫌疑人。随后特警赶到,当场击毙 4 名暴徒、抓获 1 人。截至 2014 年 3 月 2 日 18 时,已造成 29 人死亡、143 人受伤的事件。

【案例二】

新疆“5·22 ”恐怖事件

2014 年 5 月 22 日 7 时 50 分,新疆乌鲁木齐市的暴徒努尔艾合买提·阿布力皮孜、麦麦提·麦麦提明、热依木江·麦麦提、麦麦提敏·麦合买提、阿卜来提·阿卜杜喀迪尔等 5 人驾驶 2 辆车到新疆乌鲁木齐市沙依巴克区公园北街早市,冲破防护隔离铁栏,冲撞碾压人群,引爆爆炸装置,共造成 31 人死亡,94 人受伤,这是一起性质极其恶劣、丧心病狂的严重暴力恐怖案件。

【案例三】

北京天安门“10·28”恐怖事件

2013 年 10 月 28 日 12 时许,乌斯曼·艾山、其母库完汗·热依木及其妻古力克孜·艾尼 3 人驾乘吉普车闯入长安街便道,沿途快速行驶故意冲撞游人群众,造成 2 人死亡,40 人受伤。嫌疑人驾车撞向北京天安门广场前金水桥护栏,点燃车内汽油致车辆起火燃烧,车内的乌斯曼·艾山等 3 人当场死亡。

新华网乌鲁木齐 2014 年 6 月 16 日电(记者曹志恒、于涛)新疆乌鲁木齐市中级人民法院 16 日对北京“10·28”暴力恐怖袭击案件一审公开宣判,分别以组织、领导恐怖组织罪和以危险方法危害公共安全罪,数罪并罚,判处被告人玉山江·吾许尔、玉苏甫·吾买尔尼亚孜、玉苏普·艾合麦提死刑,剥夺政治权利终身;以参加恐怖组织罪、以危险方法危害公共安全罪，数罪并罚，分别判处被告人古丽娜尔·托乎提尼亚孜、布坚乃提·阿卜杜喀迪尔无期徒刑和有期徒刑20年；以参加恐怖组织罪，分别判处托合提·麦合麦提、吐逊江·阿不力孜、阿布拉·尼牙孜有期徒刑10年至5年。

←←←←←

四、暴恐犯罪活动类型和特点

(一)暴恐犯罪活动类型

1.爆炸犯罪活动；
2.枪杀犯罪活动；
3.投毒犯罪活动；
4.绑架、劫持人质犯罪活动；
5.纵火犯罪活动；
6.其他暴力恐怖犯罪活动。如利用交通工具冲撞民众和各种器械伤害民众的犯罪活动。

暴力恐怖犯罪分子一般采取上述犯罪类型，在人员密集场所或闹市区实施突然的、极端的行为爆炸、枪杀、冲撞并伤害无辜民众的团伙犯罪。

(二)暴力恐怖犯罪活动特点

1.目的性。暴力恐怖分子有的受反动宗教势力、分裂势力或境外反华势力的指使，策划或操纵通过极端手段的杀人犯罪活动，目的就是要造成社会不稳定，民众心理恐慌，政局动荡，进而达到推翻政府的目的。

2.预谋性。暴力恐怖犯罪分子在实施犯罪活动前，对犯罪手段，实施地点、时间、对象以及组织领导和指挥等一般都需要预先周密谋划，做好实施前的各项准备工作。

3.突然性。为了达成暴力恐怖犯罪活动的目的性，暴力恐怖分子在时间、地点的选择上保守秘密，以达成突然袭击的效果，预防被逮捕的可能性。

4.残忍性。暴力恐怖分子将采取十分残忍的手段和方式，在较短的时间里，力求最大限度地杀害并伤及无辜民众。

5.极端性。暴力恐怖分子在实施犯罪活动时，既无视他人生命的存在，同时也无视自身生命的存在，一般情况下他们会采取极端的自杀式方式，来杀害并伤及无辜民众。

五、校外遭遇暴力恐怖犯罪活动时的注意事项

我们广大学生经常要离开学校、离开家庭去探亲访友、旅游观光，参加社会实践或勤工助学等活动，都可能要光顾汽车站、火车站，机场、码头，大型商场、广场等人员密集场所。当我们突然遭遇暴力恐怖分子的犯罪活动时，应当注意以下注意事项：

1. 保持冷静的头脑和思维，立即判明暴力恐怖分子正在实施犯罪的地点或区域。

2. 任何时候都是生命第一，财物第二，保护生命，放弃财物。

3. 当发现可疑爆炸物时，不碰触，立即报警、拍照记录、撤离。

爆炸正发生时，迅速隐蔽，卧倒，卧倒时脚掌心朝爆炸位置，护住重要部位，或判断情况迅速撤离，撤离时尽量半伏身体。如不能撤离，就地卧倒，等待救援。

4. 遭遇暴恐分子枪击时，应快速趴下，寻找掩体，不要随意站起来走动，在室内听到外面枪声时，不到室外观看。合适的掩体，主要指不易被子弹穿透的大树、墙体、汽车前部、立柱等。挡不住子弹但能争取时间的柜台、座椅、垃圾桶、灌木丛等。

5. 遭遇暴恐分子劫持被当成人质时，应保持冷静和理智，不要做无谓的反抗，不对视、不对话，动作缓慢隐藏交通工具，手机静音，适时向110发求救短信。警方突击时，趴在地上。

6. 遭遇暴恐分子纵火时，视情形扑救小火，辨清方向，寻找安全出口，用湿物捂住口鼻，伏身前进。如果火已及身，可就地打滚，并向外界发出求救信号。

7. 当遭遇暴恐分子利用各种交通工具冲撞犯罪时，应立即向民众稀少的地方或者各类建筑物隐蔽处撤离，或者就近以室内隐蔽，并立即报警处理。

8. 报警时，应确保自己处于安全境地，要特别留心现场可疑分子以及暴恐分子特征。报警时应详细描述具体位置、现场情况、暴恐分子的特征等。

9. 现场遭遇各种暴恐分子的犯罪活动，在撤离时，均应向民众较少的地方撤离，同时应立即向辅导员报告遭遇的暴恐分子的犯罪活动，争取学校的及时救援。

10. 当警方在现场处理时，应接受警方的统一指挥，服从现场管理与安排。如有负伤应接受统一的救治安排。同时有向警方提供信息的义务，协助警方尽快破案。

六、校园突发暴力恐怖犯罪时的应对办法

1. 当校园突发暴恐犯罪活动时，应立即启动应急预案，现场师生应立即报警请求援助。

2. 学校保卫部门应加强保卫力量封闭校园，防止暴恐分子随意出入校园，同时应将部分保卫力量立即向事发现场集中，掌控情况，稳定局势，等待警方处理。

3. 在警方还没有到达学校现场时，在场的辅导员、老师和班团干部，应保持沉着冷静的心态，如遇纵火、刀砍、冲撞等有机会疏散撤离的，应立即疏散撤离现场；如遇爆炸或枪杀时，应立即就地卧倒，卧倒时脸朝下，脚朝向爆炸或枪击方向，尽可能保护好自己身体的重要部位。待有机会时快速撤离现场。

4. 在警方到达后，应在警方和校领导的统一指挥下，有序地组织好撤离和现场救护、救灾工作。

5. 妥善组织好伤亡学生的送医救治和后事处理工作。加强师生的思想教育，总结经验教训，通报表彰好人好事。尽快恢复正常的教学和管理秩序。

七、积极预防校园暴力恐怖犯罪活动

高校是人员密集场所之一，也是暴力恐怖分子有预谋实施犯罪活动的主要地点，积极预防校园暴力恐怖犯罪活动，显得十分重要，作为广大学生来说主要应做好以下预防工作：

1. 高度重视，在思想上充分认识暴恐犯罪活动对社会对民众安全的危害性。

2. 加强学习，不断熟悉暴恐分子犯罪活动的主要类型和特点。

3. 强化演练，认真熟悉疏散演练过程与步骤，熟练掌握预防暴恐活动分子发动突然袭击时的应对办法、措施、技巧。

4. 熟悉预案，尤其是要掌握应对校园突发事件的程序和方法，包括第一时间报警的内容与方法。

5. 信息收集，群策群力认真发现可能发生校园暴恐犯罪活动的有效信息，及时上报处理。

6. 做到“四不”，不传播有害信息；不转发有害短信、微信或微博；不在校内外非法聚集；不参与各种非法组织和非法活动。

阅读拓展→

大学生伤害事故预防与处理

书　　名：大学生伤害事故预防与处理
作　　者：冯建立
出 版 社：科学出版社
出版时间：2009 年 11 月
I S B N：9787030258748

内容简介→

本书不仅是教育行政部门、高等学校在预防与处理大学生伤害事故时的参考资料，也是大学生及其家长在处理学生人身损害赔偿案件时的重要帮手，为迅速解决法律纠纷，依法维护当事人的合法权益助一臂之力。近些年来，大学生在校期间的人身伤害事故频发，明显呈上升趋势，引发了大量的法律纠纷，高校学生管理工作面临着巨大压力和严峻挑战，大学校园安全问题已经成为社会、学校、家长们关注的焦点。本书以我国现行有效的法律法规及司法解释为依据，选取发生在大学校园里的真实案例，试图对大学生伤害事故的界定、归责、预防和处理做一些有益探索。

思考题

1.大学生维护高校安全稳定的重要意义是什么？

2.大学生构建文明和谐校园的主要工作有哪些？

3.大学生如何做崇尚科学的模范？

4.大学生如何远离毒品，预防毒品的侵害？

5.大学生在校内外遭遇暴力恐怖袭击时应如何应对？

第十四章　坚持总体国家安全观

学习导入

提到国家安全，我们可能会联想到间谍，特工等，往往会认为这些离我们很远，但是您知道吗？随手拍一张照片，回国带份特产，转发一条视频，您的这些行为就可能危害到国家安全，您了解什么是国家安全吗？哪些行为会危害国家安全？维护国家安全，我们又可以做些什么呢？

本章主要内容有总体国家安全观概述，包括总体安全观基本含义、基体内容，学习和坚持总体国家安全观的意义，国家安全的基本原则，以及当前我们国家的安全形势与发展趋势，当前国际战略安全形势与趋势等内容。通过学习教育，进一步增强大学生的国家安全意识，在思想上和行动上自觉维护总体国家安全。

第一节　总体国家安全观概述

国家安全的意思是保证一个国家的安全不仅是不受外国侵略，而且在国内也要稳定，要反对颠覆，并且随着国家安全的提出，我国有了一个概念性的转折，由“战争与革命”发展成为“和平与发展”。这样使得中国在国际地位上更加发达，强调了经济战略。在 2014 年 4 月 15 日举行的中央国家安全委员会第一次全体会议上，习近平总书记首次正式提出了“总体国家安全观”的理念。2015 年我国颁布《中华人民共和国国家安全法》，将“总体国家安全观”纳入法制轨道。同时，《中华人民共和国国家安全法》还规定每年的 4 月 15 日为“国家安全教育日”。

一、国家安全的内涵

《中华人民共和国国家安全法》第 2 条：“国家安全是指国家政权、主权、统一和领土完整、人民福祉、经济社会可持续发展和国家其他重大利益相对处于没有危险和不受内外威胁的状态，以及保障持续安全状态的能力。”国家安全就是一个国家处于没有危险的客观状态，也就是国家既没有外部的威胁和侵害，又没有内部的混乱和疾患的客观状态。这是国家安全的基本含义。

首先，国家安全是国家没有外部的威胁与侵害的客观状态。

所谓外部的威胁与侵害，大致可分为外部自然界的威胁和侵害与外部社会的威胁和侵害两大类，但由于国家安全是一种社会现象，国家的外部威胁和侵害也就主要是指处于一国之外的其他社会存在对本国造成的威胁和侵害。从威胁和侵害者看，这种外部威胁和侵害包括：其他国家的威胁；非国家的其他外部社会组织和个人的威胁，如某些国际组织或地区组织对某国的威胁和侵害；国内力量在外部所形成的威胁和侵害，如国内反叛组织在国外从事的威胁和侵害本国的活动。

图 14-1 国家安全的内涵

其次，国家安全是国家没有内部的混乱与疾患的客观状态。

危及国家生存的力量不仅来源于一个国家的外部，而且还时常来源于一个国家的内部。国内的混乱、动乱、骚乱、暴乱，以及其他各种形式的疾患，直接都会危害到国家生存，造成国家的不安全。因此国家安全必然包括没有内部混乱和疾患的要求。仅仅是没有外部的威胁和侵害，国家并不一定就会安全。

第三，只有在同时没有内外两方面的危害的条件下，国家才安全，因此，只有这两个方面的统一，才是国家安全的特有属性。

无论是“没有外部威胁”，还是“没有内部混乱”，都不是国家安全的特有属性，由此并不能把国家安全与国家不安全完全区别开来，单独从这两方面的任何一方面来定义国家安全，都是片面的、无效的。但是，如果把这两个方面结合起来，表述为“既没有外部威胁和侵害，又没有内部混乱与疾患”，那么这就把国家安全与国家不安全区别开了，因而也就抓住了国家安全的特有属性，从而就形成了一个真实有效的定义：“国家安全是国家既没有外部威胁和侵害也没有内部混乱与疾患的客观状态”。

要充分理解国家安全的内涵，我们可以将国家安全概括为以下五个方面：

第一，国家安全的主体是国家。安全有不同的主体，不同的主体有不同的安全问题。当安全的主体是国家时，便构成了国家安全。

第二，国家安全的客体可以是任何现实的物体、系统及其组成部分。这些安全客体需要得到安全保护，使其免受损害或破坏。我国国家安全的客体，既包括个人与全体公民、社会组织和国家机构，也包括国家领土、主权、统一和其他各个国家利益领域组成的不同系统。

第三，“国家安全”概念本身虽然非常抽象、非常概括，但它全面反映了国家安全现实。国家安全是一个国家既没有外部威胁和侵害又没有内部混乱和疾患的客观状态。国家安全包括外部安全和内部安全两个方面，既重视外部安全，又重视内部安全，才是符合国家安全概念的全面的国家安全观。

第四，国家安全是一种国家利益，但不是一般利益，而是国家的基本利益。我国的国家安全利益构成，涉及国家政权、主权、统一和领土完整、人民福祉、经济社会可持续发展和国家其他重大利益。我国的国家安全构成要素，既包括传统国家安全利益维护问题，也包括非传统国家安全利益维护问题。

第五，国家安全不仅指没有内外威胁和危害的客观状态和心理感受，也包括保障国家持续安全状态的能力。如果没有保障国家持续安全状态的能力，国家安全必然受到威胁与危害。

二、总体国家安全观

（一）总体国家安全观的定义

《中华人民共和国国家安全法》第三条：国家安全工作应当坚持总体国家安全观，以人民安全为宗旨，以政治安全为根本，以经济安全为基础，以军事、文化、社会安全为保障，以促进国际安全为依托，维护各领域国家安全，构建国家安全体系，走中国特色国家安全道路。

图 14-2 总体国家安全观

国家安全是国家生存发展的前提、人民幸福安康的基础、中国特色社会主义事业的重要保障。2014 年 4 月 15 日，习近平总书记在中央国家安全委员会第一次全体会议上首次提出总体国家安全观重大战略思想，强调当前我国国家安全内涵和外延比历史上任何时候都要丰富，时空领域比历史上任何时候都要宽广，内外因素比历史上任何时候都要复杂，必须坚持总体国家安全观，走中国特色国家安全道路。总体国家安全观是以习近平同志为核心的党中央对国家安全理论的重大创新，是新形势下维护和塑造中国特色大国安全的强大思想武器，充分体现了我们党奋力开拓国家安全工作新局面的战略智慧和使命担当，具有重大的时代意义、理论意义、实践意义和世界意义。

（二）总体国家安全观的核心内容

增强忧患意识，做到居安思危，是我们治党治国必须始终坚持的一个重大原则。我们党要巩固执政地位，要团结带领人民坚持和发展中国特色社会主义，保证国家安全是头等大事。

习近平指出，贯彻落实总体国家安全观，必须既重视外部安全，又重视内部安全，对内求发展、求变革、求稳定、建设平安中国，对外求和平、求合作、求共赢、建设和谐世界；既重视国土安全，又重视国民安全，坚持以民为本、以人为本，坚持国家安全一切为了人民、一切依靠人民，真正夯实国家安全的群众基础；既重视传统安全，又重视非传统安全，构建集政治安全、国土安全、军事安全、经济安全、文化安全、社会安全、科技安全、信息安全、生态安全、资源安全、核安全等于一体的国家安全体系；既重视发展问题，又重视安全问题，发展是安全的基础，安全是发展的条件，富国才能强兵，强兵才能卫国；既重视自身安全，又重视共同安全，打造命运共同体，推动各方朝着互利互惠、共同安全的目标相向而行。

(三)坚决维护国家主权、安全、发展利益——关于新时代坚持总体国家安全观

1.国家安全是安邦定国的重要基石

国家安全是国家生存发展的基本前提。维护国家安全是全国各族人民根本利益所在。习近平总书记强调："我们党要巩固执政地位，要团结带领人民坚持和发展中国特色社会主义，保证国家安全是头等大事。"

统筹发展和安全，增强忧患意识，做到居安思危，是我们党治国理政的一个重大原则。当前，我国面临复杂多变的安全和发展环境，各种可以预见和难以预见的风险因素明显增多，各方面风险可能不断积累甚至集中显露。国家安全内涵和外延比历史上任何时候都要丰富，时空领域比历史上任何时候都要宽广，内外因素比历史上任何时候都要复杂，维护国家安全和社会稳定的任务十分艰巨。

图 14-3　学习《习近平新时代中国特色社会主义思想学习纲要》

在准确把握国家安全形势变化新特点新趋势的基础上，以习近平同志为核心的党中央创新国家安全理念，统揽国家安全全局，创造性提出总体国家安全观。总体国家安全观把我们党对国家安全的认识提升到了新的高度和境界，为破解我国国家安全面临的难题、推进新时代国家安全工作提供了基本遵循。

总体国家安全观关键在"总体"，强调的是做好国家安全工作的系统思维和方法，突出的是"大安全"理念，涵盖政治、军事、国土、经济、文化、社会、科技、网络、生态、资源、核、海外利益、太空、深海、极地、生物等诸多领域，无所不在，而且将随着社会发展不断拓展。贯彻总体国家安全观，要求我们既重视发展问题又重视安全问题，既重视外部安全又重视内部安全，既重视国土安全又重视国民安全，既重视传统安全又重视非传统安全，既重视自身安全又重视共同安全。要完善国家安全制度体系，加强国家安全能力建设，坚决维护国家主权、安全、发展利益。

2.走出一条中国特色国家安全道路

坚持总体国家安全观，必须坚持国家利益至上，以人民安全为宗旨，以政治安全为根本，以经济安全为基础，以军事、文化、社会安全为保障，以促进国际安全为依托，维护各领域国家安全，构建国家安全体系，走中国特色国家安全道路。

坚持统筹发展和安全两件大事。发展是安全的基础和目的，安全是发展的条件和保障，发展和安全要同步推进。既要善于运用发展成果夯实国家安全的实力基础，又要善于

图 14-4 总体国家安全观的十六个方面

塑造有利于经济社会发展的安全环境，以发展促安全、以安全保发展，努力建久安之势、成长治之业。

坚持人民安全、政治安全、国家利益至上的有机统一。人民安全是国家安全的宗旨，政治安全是国家安全的根本，国家利益至上是国家安全的准则。要坚持国家安全一切为了人民、一切依靠人民，为人民创造良好生存发展条件和安定生产生活环境；把政权安全、制度安全放在首要位置，为国家安全提供根本政治保证；把国家利益作为制定国家安全战略的出发点，更坚决更有效地维护好捍卫好国家利益尤其是核心利益，实现人民安居乐业、党的长期执政、国家长治久安。

坚持立足于防，又有效处置风险。面对波谲云诡的国际形势、复杂敏感的周边环境、艰巨繁重的改革发展稳定任务，我们必须始终保持高度警惕。既要警惕"黑天鹅"事件，也要防范"灰犀牛"事件；既要有防范风险的先手，也要有应对和化解风险挑战的高招；既要打好防范和抵御风险的有准备之战，也要打好化险为夷、转危为机的战略主动战。

坚持维护和塑造国家安全。维护国家安全，要立足国际秩序大变局来把握，立足防范风险的大前提来统筹，立足我国发展重要战略机遇期大背景来谋划，保持战略定力、战略自信、战略耐心，把战略主动权牢牢掌握在自己手中。塑造是更高层次更具前瞻性的维护，要发挥负责任大国作用，引导国际社会共同塑造更加公正合理的国际新秩序，推动各方朝着互利互惠、共同安全的目标相向而行。

坚持科学统筹。要统筹处理好安全领域的各类问题，科学研判、辩证分析，全面把握、协调推进，既注重总体谋划，又要以重点突破带动整体推进，切实做好国家安全各项工作。

加强国家安全教育，增强全党全国人民国家安全意识，充分调动各方面积极性，推动全社会形成维护国家安全的强大合力。

坚持党对国家安全工作的绝对领导，是做好国家安全工作的根本原则，是维护国家安全和社会安定的根本保证。要建立健全党委统一领导的国家安全工作责任制，实施更为有力的统领和协调，做到守土有责、守土尽责。①

→→→→→

黑天鹅事件(英文：Black swan event)指非常难以预测，且不寻常的事件，通常会引起市场连锁负面反应甚至颠覆。一般来说，"黑天鹅"事件是指满足以下三个特点的事件：它具有意外性；它产生重大影响；虽然它具有意外性，但人的本性促使我们在事后为它的发生编造理由，并且或多或少认为它是可解释和可预测的。

灰犀牛体型笨重、反应迟缓，你能看见它在远处，却毫不在意，一旦它向你狂奔而来，定会让你猝不及防，直接被扑倒在地。它并不神秘，却更危险。可以说，"灰犀牛"是一种大概率危机。很多危机事件，与其说是"黑天鹅"，其实更像是"灰犀牛"，在爆发前已有迹象显现，却被忽视。"灰犀牛事件"是太过于常见以至于人们习以为常的风险，"黑天鹅事件"则是极其罕见的、出乎人们意料的风险。

←←←←←

图 14-5　黑天鹅事件与灰犀牛事件

3.维护重点领域国家安全

维护重点领域国家安全是主阵地、主战场。全面贯彻落实总体国家安全观，要聚焦重

① 坚持拥护国家主权、安全、发展利益——关于新时代坚持总体国家安全观[N].人民日报，2019-08-09(06).

点，抓纲带目，把确保政治安全作为首要任务，统筹推进各重点领域国家安全工作。

维护政治安全。政治安全的核心是政权安全和制度安全，最根本的就是维护中国共产党的领导和执政地位、维护中国特色社会主义制度。各种敌对势力从来没有停止对我国实施西化、分化战略，从来没有停止对中国共产党领导和我国社会主义制度进行颠覆破坏活动，始终企图在我国策划“颜色革命”。要坚持党对一切工作的领导，切实加强意识形态工作，持续巩固壮大主流舆论强势，严密防范和坚决打击各种渗透颠覆破坏活动。高度重视对青年一代的思想政治工作，教育引导广大青年自觉坚持党的领导，听党话、跟党走。

维护国土安全。国土安全是立国之基。要提升维护国土安全能力，加强边防、海防、空防建设，坚决捍卫领土主权和海洋权益，有效遏制侵害我国国土安全的各种图谋和行为，筑牢国土安全的铜墙铁壁。坚决反对一切分裂祖国的活动，深入打击恐怖主义、分裂主义、极端主义这“三股势力”，坚决防范“藏独”、“东突”，坚决挫败任何形式的“台独”分裂图谋，全力维护香港、澳门长期繁荣稳定。

维护经济安全。经济安全是国家安全的基础。维护经济安全首先要保证基本经济制度安全。要保障关系国民经济命脉的重要行业和关键领域安全。健全金融宏观审慎管理和金融风险防范、处置机制，防范和化解系统性、区域性金融风险，防范和抵御外部金融风险的冲击。保障经济社会发展所需的资源能源持续、可靠和有效供给。确保国家粮食安全，把中国人的饭碗牢牢端在自己手中。加强自主创新能力建设，加快发展自主可控的战略高新技术和重要领域关键核心技术，保障重大技术和工程的安全。

维护社会安全。社会安全与人民群众切身利益关系最密切，是人民群众安全感的晴雨表，是社会安定的风向标。随着经济发展、社会进步，人民群众对过上美好生活有更高的期待，对社会安全有更高的标准。要积极预防、减少和化解社会矛盾，妥善处置公共卫生、重大灾害等影响国家安全的突发事件。深入推进扫黑除恶专项斗争，坚持保障合法权益和打击违法犯罪两手都要硬、都要快。

维护网络安全。网络安全已经成为我国面临的最复杂、最现实、最严峻的非传统安全问题之一。没有网络安全就没有国家安全，就没有经济社会稳定运行，广大人民群众利益也难以得到保障。要加强网络综合治理，形成从技术到内容、从日常安全到打击犯罪的网络治理合力。坚持自力更生、自主创新，加速推动信息领域核心技术突破。加强关键信息基础设施网络安全防护，不断增强网络安全防御能力和威慑能力。加强网络安全预警监测，切实保障国家数据安全，切实维护国家网络空间主权安全。

维护外部安全。和平稳定的国际环境和国际秩序是国家安全的重要保障。要坚持共同、综合、合作、可持续的新安全观，积极塑造外部安全环境，加强安全领域合作，引导国际社会共同维护国际安全。切实维护我国海外利益安全，保护海外中国公民、组织和机构的安全和正当权益，努力形成强有力的海外利益安全保障体系。

4.增强忧患意识、防范风险挑战

“安而不忘危，存而不忘亡，治而不忘乱。”忧患意识是中华民族的一个重要精神特质。我们党是生于忧患、成长于忧患、壮大于忧患的政党。习近平总书记指出：“我们共产党人的忧患意识，就是忧党、忧国、忧民意识，这是一种责任，更是一种担当。”

一百年来，中国共产党所取得的成就与进步震古烁今，所经历的困难与风险世所罕见。其中有危难之际的绝处逢生，有挫折之后的毅然奋起，有失误之后的拨乱反正，有磨难面前的百折不挠，既充满艰险又充满神奇，既历尽苦难又辉煌迭出。有困难、有风险、有危机、有曲折，都不可怕，关键在于我们党始终勇于面对、遇变不惊、攻坚克难、化险为夷。正是一代代中国共产党人心存忧患、肩扛重担，才团结带领中国人民不断从胜利走向新的胜利。

当前，我国正处于一个大有可为的历史机遇期，发展形势总的是好的，大局是稳定的。但我们面临的风险也是多方面的，有外部风险，也有内部风险；有一般风险，也有重大风险。重大风险既包括国内的经济、政治、意识形态、社会风险以及来自自然界的风险，也包括国际经济、政治、军事风险等。特别是要看到，各种威胁和挑战联动效应明显，各种矛盾风险挑战源、各类矛盾风险挑战点相互交织、相互作用。如果发生重大风险又扛不住，国家安全就可能面临重大威胁，实现中华民族伟大复兴的进程就可能迟滞或被迫中断。

习近平总书记强调："前进的道路不可能一帆风顺，越是前景光明，越是要增强忧患意识，做到居安思危，全面认识和有力应对一些重大风险挑战。"必须把防风险摆在突出位置，着力破解各种矛盾和问题，力争不出现重大风险或在出现重大风险时扛得住、过得去。

"明者防祸于未萌，智者图患于将来。"预判风险所在是防范风险的前提，把握风险走向是谋求战略主动的关键。要加强战略预判和风险预警，见微知著、未雨绸缪，力争把风险化解在源头，防止各种风险传导、叠加、演变、升级。提高风险化解能力，透过复杂现象把握本质，抓住要害、找准原因，果断决策，善于引导群众、组织群众，善于整合各方力量、科学排兵布阵，有效予以处理。完善风险防控机制，建立健全风险研判机制、决策风险评估机制、风险防控协同机制、风险防控责任机制，主动加强协调配合，坚持一级抓一级、层层抓落实。

防范化解重大风险，是各级党委、政府和领导干部的政治职责。要敢于担当、敢于斗争，把防范化解重大风险工作做实做细做好，决不让小风险演化为大风险，不让个别风险演化为综合风险，不让局部风险演化为区域性或系统性风险，不让经济风险演化为社会政治风险，不让国际风险演化为国内风险。①

(四)总体国家安全观的三重实践价值

结合国际国内安全形势变化和特点，深刻领会习近平总书记总体国家安全观的思想精髓和丰富内涵，对维护和实现人民安居乐业、社会安定有序、国家长治久安具有重要意义。

其一，总体国家安全观是指导我们因应"百年未有之大变局"的基本方略。处在伟大复兴关键时期的中华民族，面对着前所未有复杂多变的国际安全环境，全球地缘冲突热点不断，多重安全风险交织，大国权力竞争回潮，矛盾交锋更趋尖锐；各种分裂势力内外勾结、更加隐秘和猖狂，威胁国家政治稳定和主权领土完整；新冠肺炎疫情带来史无前例的综合性挑战，不仅影响人民健康和国内经济发展，而且波及社会稳定、国家安全和对外关

---

① 坚持拥护国家主权、安全、发展利益——关于新时代坚持总体国家安全观[N].人民日报，2019-08-09(06).

系等方方面面。与此同时，人民日益增长的美好生活需要和不平衡不充分的发展之间的矛盾日益凸显。所以说，“我国国家安全的内涵和外延比历史上任何时候都要丰富，时空领域比历史上任何时候都要宽广，内外因素比历史上任何时候都要复杂。”

总体国家安全观正是契合这一新时代要求、应运而生的理论体系。作为完整的思想体系，它让我们有了审视新时代国家安全的系统思维和战略视野，以总体国家安全观武装头脑，我们才能深刻分析、精准把握“百年未有之大变局”下的国家安全形势发展及其矛盾演变的一般规律，并用以指导实践、应对各种挑战。

其二，总体国家安全观是指导我们防范和化解重大风险的认识论和方法论。正因为影响国家安全的领域宽广、因素多样，需要兼顾的方面和内容就多。一方面，坚持发展与安全并重，两者犹如车之两轮、鸟之双翼，要在发展中保安全、在安全中促发展，实现“更加安全的发展”。要统筹好传统安全和非传统安全，统筹推进各领域安全，既避免由于安全问题认定迟滞，阻碍相关安全政策、措施出台，又要防止不同领域的安全问题相互干扰、顾此失彼甚至出现某一安全领域压倒其他安全领域，最终损害国家总体安全利益。堤溃蚁穴、气泄针芒，要高度警惕各种潜在风险的连带效应，防范引发系统性风险危害国家安全。另一方面，统筹国内国际两个大局，要在维护国家安全的同时，主动应对外部挑战，化危为机，并积极塑造于我有利的外部环境。要在维护国家安全的同时，高举对外开放的大旗，强调中国人民的梦想同各国人民的梦想息息相通，实现中国梦离不开和平的国际环境和稳定的国际秩序，推动国内安全与国际安全的双向良性互动，致力于提升共同安全，构建人类命运共同体。

其三，总体国家安全观是指导我们坚定决心、凝聚力量、长期奋斗的路线图。伴随着大国崛起和民族复兴，我们需要提防无数避不开、躲不过的明枪暗箭，唯有以底线思维、忧患意识、斗争精神应之，以坚定不移的决心、克服一切困难的信心和坚忍不拔的耐心对之，踏平坎坷成大道，斗罢艰险又出发。说到底，加强维护国家安全的自身能力，实现国家安全治理体系和治理能力的现代化，才是硬道理。

维持国家安全，关键是夯实人民安全的基石，靠的是党对国家安全工作的绝对领导。家是最小国，国是千万家，维护国家安全，人人有责。历史和实践证明，国家安全的根基在人民，力量在人民；民心是最大的政治，也是最大的安全。广泛开展总体国家安全观的全民教育，增进全党全国各族人民的国家安全意识，国家安全才有坚实的基础。只有坚持党对国家安全工作的绝对领导，坚持党中央对国家安全工作的集中领导，才能有效防范和化解影响我国现代化进程的各种重大风险，真正筑牢国家安全屏障。

居安而念危，则终不危；操治而虑乱，则终不乱。只要我们坚定不移地贯彻总体国家安全观，做到“十个坚持”，就一定能够走出一条中国特色国家安全道路，实现人民的幸福生活和国家的长治久安。①

---

① 陶坚.总体国家安全观的三重实践价值[N].光明日报，2021-04-15(10).

第二节　国家安全的基本原则

根据《中华人民共和国宪法》《中华人民共和国国家安全法》和有关法律法规，维护国家总体安全，必须重视和坚持以下原则。

一、坚持中国共产党对国家安全工作的领导，建立集中统一、高效权威的国家安全领导体制

中国特色社会主义最本质的特征是中国共产党领导，中国特色社会主义制度的最大优势是中国共产党领导，党是最高政治领导力量。把党的政治建设作为党的根本性建设，必须坚持党的政治领导。没有党的领导，就没有新中国；没有党的领导，就不可能实现中华民族的伟大复兴。历史和人民选择了中国共产党的领导，就需要我们以坚强有力的政治领导承担起历史赋予的政治责任，完成伟大的历史使命。总体国家安全观对我们应对国内外安全挑战、维护国家长治久安具有重要指导意义。必须善于从政治上看问题，不断提高政治判断力、政治领悟力、政治执行力，深刻领会总体国家安全观的丰富内涵和实践要求，在党的绝对领导下，切实做好维护新时代国家安全和社会稳定工作。中央国家安全委员会负责国家安全工作的决策和议事协调，研究制定、指导实施国家安全战略和有关重大方针政策，统筹协调国家安全重大事项和重要工作，推动国家安全法治建设。

二、坚持社会主义法治和保障人权原则

《中华人民共和国国家安全法》第七条规定："维护国家安全，应当遵守宪法和法律，坚持社会主义法治原则，尊重和保障人权，依法保护公民的权利和自由。"这是尊重和保障人权1999年写入宪法、2012年写入刑事诉讼法后，又一次写入我国重要立法之中，受到国内外广泛关注。维护宪法体制，加强对国家机构及其工作人员行使公权力的约束，保障组织、公民、法人的主体地位、尊严、自由和利益。

《中华人民共和国国家安全法》第七十条规定："国家健全国家安全法律制度体系，推动国家安全法治建设。"国家安全是定国安邦的重要基石，维护国家安全是全国各族人民根本利益所在。党的十八大以来，习近平总书记提出总体国家安全观，推动国家安全体系变革，成立中央国家安全委员会，制定实施国家安全战略纲要和若干重要领域国家安全政策，完善国家安全立法，大力加强国家安全能力建设，推动我国国家安全思想、理念、战略、政策、法制、体系、能力、工作实现与时俱进，全面迈上一个新的台阶。党的十九届四中全会将国家安全体系纳入国家治理体系，强调健全国家安全体系是完善和发展中国特色社会主义制度的内在要求，是提高国家安全能力的重要保证。国家安全法治是中国特色社会主义法治体系的重要组成部分。健全国家安全法律制度体系，把国家安全工作纳入法治化轨道，依法维护国家安全，是一项管长远、管根本的基础性工作。

三、坚持维护国家安全与经济社会发展相协调，统筹各领域安全

《中华人民共和国国家安全法》第八条规定："维护国家安全，应当与经济社会发展相协调。国家安全工作应当统筹内部安全和外部安全、国土安全和国民安全、传统安全和非传统安全、自身安全和共同安全。"

安全是发展的保障，发展是安全的基础。要统筹安全和发展，通过发展不断提升国家安全能力，促进国家安全；通过不断提高维护国家安全能力，为发展提供稳定的环境，实现可持续发展与可持续安全相互支撑、良性互动。

四、坚持预防为主、标本兼治，专门工作与群众路线相结合

《中华人民共和国国家安全法》第九条规定："维护国家安全，应当坚持预防为主、标本兼治，专门工作与群众路线相结合，充分发挥专门机关和其他有关机关维护国家安全的职能作用，广泛动员公民和组织，防范、制止和依法惩治危害国家安全的行为。"

国家安全工作要始终坚持人民至上、生命至上。健全公共安全体制机制，全面提高公共安全保障能力，着力解决人民群众反映强烈的安全问题，不断提高人民群众的安全感。自觉贯彻党的群众路线，充分发挥广大人民群众积极性、主动性、创造性，巩固国家安全人民防线，加强国家安全宣传教育，增强全民国家安全意识，汇聚起维护国家安全的强大力量。坚持专门工作与群众路线相结合，严密防范和严厉打击敌对势力渗透、破坏、颠覆、分裂活动，打好防范化解重大风险的人民战争，筑牢国家安全屏障。坚持把预防和治乱结合起来，既防患于未然，又正本清源。坚持充分发挥专门机关和其他有关机关维护国家安全的职能作用，又要广泛动员公民和组织，防范、制止和依法惩治危害国家安全的行为，建立起维护国家安全的强大防线。

为了增强全民国家安全意识，全民积极履行维护国家安全义务。2015 年 7 月 1 日，全国人大常委会通过的《中华人民共和国国家安全法》第十四条规定，每年 4 月 15 日为全民国家安全教育日。维护国家安全与每个人的切身利益密切相关，以人民安全为宗旨也是"总体国家安全观"的核心价值。只有人人参与，人人负责，国家安全才能真正获得巨大的人民性基础，也才能有坚实的制度保障。作为当代大学生，要积极履行维护国家安全义务，遵守国家安全规定，保守国家秘密，尤其是在当今的信息社会中，要特别注意增强防间保密意识，时时不忘维护国家信息、网络以及其他各个领域的安全。

五、坚持互信、互利、平等、协作，积极同外国政府和国际组织开展安全交流合作，履行国际安全义务，促进共同安全，维护世界和平

我国改革开放之后，国家安全对内主要是实现经济发展和确保经济安全，同时坚持四项基本原则和确保政治安全；对外主要是全面发展同世界各国友好关系，提出并践行互信互利、平等协作的新安全观，为改革开放和社会主义现代化建设创造良好的外部环境。党

的十八大以来，国家安全对内是巩固党的执政地位，团结带领人民坚持和发展中国特色社会主义，推进国家治理体系和治理能力现代化，实现国家长治久安；对外则是高举合作、创新、法治、共赢的旗帜，促进国际安全和世界和平，为建设社会主义现代化国家提供坚强保障。

未来，我国发展仍然处于重要战略机遇期，机遇和挑战都有新的发展变化，机遇和挑战之大都前所未有，总体上机遇大于挑战。我们要统筹中华民族伟大复兴战略全局和世界百年未有之大变局，立足国内，放眼世界，深刻认识错综复杂的国际局势对我国的影响，既保持战略定力又善于积极应变，既集中精力办好自己的事，又积极参与全球治理、为国内发展创造良好环境。我们要强化统筹发展和安全，把安全发展贯穿国家发展各领域和全过程，不断增强发展的安全性。同时，我们必须坚持把防范化解国家安全风险摆在突出位置，提高风险预见、预判能力，力争把可能带来重大风险的隐患发现和处置于萌芽状态，随时准备应对更加复杂困难的局面，确保我们党在新发展阶段完成建设社会主义现代化国家这个历史宏愿。

第三节　国家安全形势

新形势下，世界并不太平，我国国家安全正在面临着外扰内患的双重考验。外扰方面有中美贸易争端、台湾局势严峻、东北亚局势起伏不定等方面，内患有内部分裂、民生问题、生态环境和网络安全等方面。这些方面都在很大程度上对我国国家安全造成了一定的威胁，增加了国家维护安全的成本。“安而不忘危，存而不忘亡，治而不忘乱。”国家安全是我们生存和发展之本，如果没有国家安全，其他的一切还有什么意义？因此，在当今风云变幻的国际形势下如何认清国家安全形势和规律，意义重大，且与每个人息息相关。2017 年 2 月 17 日，习近平主持召开国家安全工作座谈会时指出：“认清国家安全形势，维护国家安全，要立足国际秩序大变局来把握规律，立足防范风险的大前提来统筹，立足我国发展重要战略机遇期大背景来谋划。”

一、我国地缘环境的基本情况

(一)我国是边界线较长、相邻国家最多的国家之一

中国位于亚洲东部，太平洋西岸。北起漠河附近的黑龙江江心，南到南沙群岛的曾母暗沙。西起帕米尔高原，东至黑龙江、乌苏里江汇合处。陆地面积约 960 万平方千米，陆地边界长达 2.28 万公里，东邻朝鲜，北邻蒙古，东北邻俄罗斯，西北邻哈萨克斯坦、吉尔吉斯斯坦、西和西南与阿富汗、巴基斯坦、印度、尼泊尔、不丹等国家接壤，南与缅甸、老挝、越南相连。东部和东南部同韩国、日本、菲律宾、文莱、马来西亚、印度尼西亚隔海相望。领

海由渤海(内海)和黄海、东海、南海三大边海组成,东部和南部大陆海岸线1.8万千米。[①]此外,由于历史等多方面因素,与虽未有领土接壤,但有着密切联系的国家也有还多个,如柬埔寨、孟加拉国、泰国等。

众多邻国对我国安全问题的影响是复杂的。在这些国家中,有过去曾经对我国进行过侵略和掠夺的,并且目前仍然是经济大国或是军事大国,有着雄厚的综合国力和军事实力,具有对我国安全造成重大影响的能力。有的邻国之间积怨太深,严重对立,剑拔弩张,一旦他们之间爆发战争或武力冲突,也必将影响我国边境的安全。有的国家内部不稳定因素太多,一旦发生内乱,必将给我国边境带来极大压力。有的国家居民本是两个邻国同出一族,虽然有利于开展友好往来,改善国与国关系,但是,一旦两者之间矛盾突起,则会引起国内民族纠纷。还有一些国家对于历史遗留下来的边界问题、海洋国土纠纷争执不下,矛盾日益恶化,甚至有可能引起战争。这些都必将成为我国国内相关地区,特别是边境地区的不稳定因素。

(二)我国周边人口众多、是世界上大国最集中的地区

我国的周边拥有的人口大国有:印度、印度尼西亚、巴基斯坦、孟加拉国、俄罗斯、日本、菲律宾。我国周边地区是世界上拥有上亿人口国家最集中的地区,此外,还有越南、泰国、韩国、缅甸等国,也是人口相对较多的国家。他们和中国加起来人口达30多亿,占世界人口的一半以上。中国及其周边不仅是世界人口最密集,大国最集中的地区,也是世界热点和潜在热点最多的地区。朝鲜半岛、千叶群岛、台湾海峡、南沙群岛、克什米尔等热点都位于这一地区;世界公认的五大力量中心,除欧洲以外,美、中、日、俄均交汇于此;世界核俱乐部主要成员事实上的有核国家和核门槛国家在中国周边构成了最密集的核分布圈。这些因素汇集在一起,必然会加大对我国安全环境的压力。

(三)我国周边国家政治经济发展水平差距大,民族、宗教矛盾交织,安全环境复杂

我国与周边国家的政治制度差别很大。既有社会主义国家,又有资本主义国家;既有发展中国家,又有发达国家。我国是亚太地区中心的大国,亚太地区是同中国安全关系最为密切的外部环境,特别是周边国家形势同我国安全直接相关。中国邻国众多,周边国家和地区所奉行的国家安全战略和外交政策各不相同。这种复杂的周边环境对中国的安全造成了一定的不利影响。

同时,我国周边地区民族分布和构成不同,宗教信仰和文化传统各异,存在着区域内和区域间的巨大差异和复杂矛盾。这些矛盾所导致的冲突将不可避免地对我国的安全带来消极影响。这种影响还由于:我国是多民族,多宗教国家,不少民族和宗教还有较为密切的跨境联系;近年来,国际战略格局变化的大背景下,我国周边各地区各种极端的民族、宗教、势力日益蔓延,并向我国境内渗透;与国际反华势力相勾结、相呼应的宗教极端主义、民族分裂主义和国际恐怖主义“三股势力”的破坏活动。这些不稳定因素直接或间接

---

① 中华人民共和国版图[EB/OL].(2017-07-28)[2017-07-20].http://www.gov.cn/guoqing/2017-07/28/content-5043915.htm.

地对我国的安全稳定及民族团结带来的负面影响，构成严重威胁。

(四)中国位于世界两大地缘战略区的交接处，既受其他大国关系的影响，又影响其他大国关系

目前，世界可划分为两大地缘战略区，即海洋地缘战略区和欧亚大陆地缘战略区。美国属于海洋地缘战略区，而且是世界超级海洋强国，具有全球性影响。世界上其他强国大都集中在欧亚大陆地缘战略区，俄罗斯位于该战略区的心脏地带。中国属于欧亚大陆地缘战略区，背靠欧亚大陆，面向太平洋，处于两大战略区的交接处，历史上曾遭到两大战略区强国的侵略和压迫，现在则成为能够对两大战略区关系产生重要影响和作用的国家。①

我国必须通过强大的政治和外交手腕获得涉及我国家利益问题的主动权。努力发展经济，为我国建立强大的物质保证。加强对全民尤其是当代大学生的爱国主义教育。重视军事建设的发展，加强军费投入，建立起强大的海军，打得赢信息化条件下的胜仗，捍卫我国的国家主权。另外，我国对于侵犯我国国家主权的行为，不能一味忍让，必要时要做出实质性的动作和反应。牢记"忘战必危"，增强危机意识和机遇意识，努力解决好当下的各种矛盾。以期实现中国的伟大和平崛起。

二、我国周边的安全环境

周边安全环境，是指在一定时期内，国家周边地区对国家安全产生影响的外部及内部条件的总和。周边安全环境是周边地区各种力量长期作用的产物。周边安全环境对国防建设具有直接的影响，同时，国防建设对周边安全环境具有影响作用，也就是指一国的周边国家或集团对其国家主权、领土完整是否构成威胁、有无军事入侵、渗透和颠覆等情况的综合分析和评估。

我国地处亚太地区中心位置，陆地与东北亚、东南亚、南亚、中亚、北亚相连，海上濒临西太平洋。陆地与14个国家接壤，海上与8个国家相邻。就领土和海洋权问题上存在着很大的争议，从战略全局来看，周边热点潜在危机可能造成的影响，将成为我国安全的直接威胁。再加之我国周边地区人口众多，周边邻国政治制度及经济发展水平差距较大；我国人口众多导致社会关系复杂，社会主义与资本主义并存；各国奉行的国家安全战略和外交政策不相同等，我国周边安全面临着一定威胁和挑战。

中国周边安全环境事关国家核心利益。随着中国发展及国际形势的变化，周边安全环境对于维护国家安全利益的重要性更加突出，周边外交在中国外交全局中居于首要地位。从政治上看，中国周边是中国维护主权权益/发挥国际作用的首要依托。中国周边多为发展中国家，在重大国际问题上与中国有较多共识，多数国家长期奉行对华友好政策，在国际舞台上一直与中国相互支持、相互配合。从经济上看，中国周边是中国对外开放，开展互利合作的重要伙伴。

---

① 吴温暖.军事理论与训练教程[M].厦门：厦门大学出版社，2017：158-160.

中国的发展首先给周边国家地区带来了机遇；周边国家地区的繁荣，也使中国从中受益。中国与周边国家经济上相互依存关系日益得到加强，周边国家地区正在成为中国实施"走出去"战略的重要地区。从安全上看，周边国家地区是中国维护社会稳定、民族和睦的外部屏障。周边环境历来对中国国内形势以及发展战略有直接牵动作用，维护周边安全是中国外交工作的重要内容。周边国家地区的和平稳定是中国社会主义现代化建设事业顺利进行的重要条件。如果周边国家地区动新荡，则不可避免会对中国经济建设和社会稳定造成干扰。①

三、新兴领域的国家安全

(一)太空安全

太空安全已经成为国家安全的重要支柱和组成部分，维护太空安全已成为决定国家未来生存和发展空间的重要国家安全战略。我们要以总体国家安全观为基本遵循，坚持和平发展、领先发展、积极防御、有限应对的新型太空安全观，服务国家经济建设和社会发展，走出一条中国特色的太空安全道路。坚持和平发展的太空安全观，打造和平利用、合作共赢、安全共享、可持续发展的太空人类命运共同体。②

太空作为未来战争的战略高点，成为大国激烈博弈的新舞台。当今，在陆、海、空、天、电、网多个作战维度中，谁控制了太空，谁就能占据战略制高点。因此，世界各军事强国都在竭力为本国争夺太空创造条件，构建军事航天力量体系。我国以"神舟""天宫""嫦娥"等系列航天工程、"北斗"导航卫星系统取得了举世瞩目的伟大成就。此外，中国将于2022年左右建成的中国空间站，将成为中国空间科学和新技术研究实验的重要基地。2021年4月29日11时23分，中国空间站天和核心舱发射升空，准确进入预定轨道。今后如何真正防止爆发太空战争，成为我国以及坚持和平开发和利用太空的大多数国家所面临的重大国家安全课题。

随着世界各国对太空的开发、利用和竞争日趋激烈，太空霸权论和军备竞赛论甚嚣尘上，太空军事化、武器化日益加剧，太空碎片大量增加，太空立法修法进展缓慢，太空威胁和冲突苗头不断涌现。不断恶化的太空安全环境正威胁着各国的太空和地面安全，是全人类面临的共同安全挑战。

和平发展仍是时代主流，和平竞争应是大国战略竞争的主要形态。习近平2017年在联合国日内瓦总部的演讲中指出："要秉持和平、主权、普惠、共治原则，把深海、极地、外空、互联网等领域打造成各方合作的新疆域，而不是相互博弈的竞技场。"我们要继续坚持走和平发展道路，基于太空开放性、共存性、全球性的特点，以全人类共同的利益需求为基础，坚决反对太空霸权，遏制太空军事化、武器化势头，致力于开创和平、合作、安全共享的太空治理范式。

---

① 王春生，杨飞.大学军事教程[M].厦门：厦门大学出版社，2016：41.

② 王红军.坚持新型太空安全观[N].学习时报，2020-05-18(006).

发展航天事业，建设航天强国，是我们不懈追求的航天梦。我们要坚持优先发展的太空安全观，以发展求安全，以建设航天强国，维护国家太空安全为牵引，发挥社会主义制度优势，深化机制改革，合理配置资源，集中力量，提升航天工业基础能力，完善太空基础设施体系，不断提高进入太空能力。加强相关前瞻性、先导性、探索性重大技术和新概念研究，推动国家社会经济与太空相关的新学科、新技术、新材料等关键技术攻关和前沿技术研究快速发展，拓宽太空应用的深度和广度，力争以非对称发展和颠覆性技术创新形成突破，取得优势，占领先机，实现弯道、变道超车。在增强太空力量，提升太空能力，保障国家太空安全的同时，全面增强国家科学技术和国防实力，以太空领先推动国家领先，以航天梦引领中国梦，为实现中华民族伟大复兴提供坚强的战略支撑。

太空成为国际战略竞争制高点，太空安全是国家建设和社会发展的重要保障，具有非常重要的战略价值。但太空安全是总体国家安全观的组成部分，应服从和服务于国家整体发展和安全战略筹划全局，统筹兼顾求发展、求变革、求稳定的国内大局和求和平、求合作、求共赢的国际大局。①

(二)深海安全

→→→→→

【案例】

南海渔民发现水下探测器案

黄运来是海南岛上的一位渔民。2012 年，他在近海打鱼的时候捞到一个鱼雷。黄运来当场用手机拍下照片，发给了海南省国家安全厅的工作人员。经查，那是一个缆控水下机器人，造型轻便，性能先进，功能强大，既能搜集我国重要海域内各类环境数据，又能探测获取我国海军舰队活动动向，实现近距离侦查和情报收集任务。

评析：该案例警示我们，海洋管理、海洋预警、海洋安全方面应建立灵活有效的情报预警和海上人民防线机制。正因为建立了这样的联络机制，如发现异常情况，像黄运来这样的渔民就能在第一时间和国家安全部门取得联系。所有公民和组织都应当提高维护国家安全的意识，肩负起维护国家安全的责任。②

←←←←←

深海区域是指国际海底区域，包括“国家管辖范围以外的海床和洋底及其底土。”该区域具有特殊的法律地位，是最大的政治地理单元。地球上海洋总面积约为 3.61 亿平方公里，国际海底区域的面积是 2.517 亿平方公里，占海洋总面积的 70%，占整个地球面积的

---

① 王红军.坚持新型太空安全观[N].学习时报，2020-05-18(006).

② 《国家安全法》宣传案例二则[EB/OL].(2016-05-12)[2017-07-20].http://www.sohu.cm/a/75021158_162758.

49%,也就是说,接近地球面积的一半不属于任何国家管辖。该区域资源丰富,地位特殊,具有较高的战略价值。

深海作为未来战争的战略基点,成为各国明争暗斗的新焦点。众所周知,海洋是世界战略资源的重要基地。深海油气资源、可燃冰、砂矿等等,储量之大远超当今人类需求。谁抢占了开发深海的先机,也就掌握了人类赖以生存和发展的巨大资源宝库。我国首台自主设计的作业型深海载人潜水器"蛟龙"号是目前世界上下潜能力最深的作业型载人潜水器,此外,中国完全依靠自己的力量,建设了核潜艇部队。随着深海作战技术的出现,深海战场作战将向全维度、全时段和非对称的作战样式转变,将严重影响国际海洋战略格局,并可能对我国海洋安全带来严重的影响。

图 14-6 "蛟龙"号载人潜水器

我们国家坚持和平探索和利用国际海底区域,增强安全进出、科学考察、开发利用的能力,加强国际合作,维护我国在外层空间、国际海底区域和极地的活动、资产和其他利益的安全。在相互依赖的国际社会,我们需要坚持和平、发展、合作、共赢的理念,坚持共同利益观、全球治理观、可持续发展观,构建人类深海命运共同体。首先,中国应积极主动维护深海治理的和平与发展,在深海资源勘探、开发中遵守国际法原则,营造一个合作共赢的深海治理氛围。其次,坚持以共同利益观、全球治理观为指导,建构一种合作共治的主体间关系。最后,中国应坚持可持续发展观,全面推动深海资源开发与环境保护相结合,与国际社会一道共同推动人类深海命运共同体建设。

(三)极地安全

随着全球变暖、冰区技术的进步和交通工具的改善,极地与包括我国在内的外部世界的经济、政治、文化和安全联系变得日益广泛,直接关乎各国利益和人类未来。

极地自然资源丰富,开发利用前景广阔。资源禀赋的多寡,日益成为一个地区是否具有潜在价值的重要筹码。极地是冰雪覆盖的高纬度地区，蕴藏着足以影响未来世界能源格局乃至经济力量对比的自然资源。据美国地质调查局统计，北极圈内已探明并可用现有技术进行开发的石油储量约为 900 亿桶，占世界未探明石油储量的 13%；天然气储量约为 1669 万亿立方米，占世界未探明储量的 30%；液化天然气约为 441 亿桶，占世界未探明储量的 20%。南极地区以雪和冰的形式存储着全球 70%的淡水，还有储藏量巨大的磷虾等众多生物资源，对全球生态安全和人类永续发展意义重大。①

极地作为未来战争的战略极点，成为多国争夺的新疆域。当前，极地作为重要资源和能源的主储存地，已成为各国争夺的新疆域。许多国家都把极地研究与开发作为国家的一项重要战略。我国北极考察站有黄河站，南极考察站共有四个，分别是：长城站、中山站、泰山站和昆仑站。此外，我国研发了第一艘自主建造的极地科学考察破冰船“雪龙 2”号。因全球气候的变暖，北冰洋每年可通航的时间大大延长，对北极进行开发和利用可使海上运输成本节约 40%。极地争夺已经日趋“白热化”，我们必须深入思考维护极地权益的相关重大问题。

图 14-7 “雪龙 2”号

2021 年 1 月 25 日，习近平在世界经济论坛“达沃斯议程”对话会上的特别致辞中指出：“人类面临的所有全球性问题，任何一国想单打独斗都无法解决，必须开展全球行动、全球应对、全球合作。”作为负责任的大国，中国本着“尊重、合作、共赢、可持续”的基本原则，稳步推进极地国际合作。一是不断加强环保合作。大力推进节能减排和绿色低碳发展，积极推动全球应对气候变化进程与合作。二是积极参与区域合作。常态化委派专家参与北极理事会和南极研究科学委员会、国家南极局局长理事会等重要国际组织日常工作，推动极地的和平利用与环境保护。三是拓展多边和双边合作。在坚守极地非军事化、科研自由以及保护生态环境原则基础上，主动与有关各方开展极地事务双边磋商，加强在

① 董永在.极地安全:国家安全的新疆域[N].光明日报,2021-04-25(07).

极地科学考察、海空搜救、海上预警、应急反应、情报交流等方面的国际合作与沟通，有效应对海上事故、环境污染、海上犯罪等安全挑战，共同维护极地的长期稳定与和平利用。①

(四)生物安全

生物安全关乎人民生命健康、民生福祉，关乎国家长治久安。身为当代大学生，要有更深刻的理解和更大担当，要担负起防范生物安全风险的责任。2020年，一场突如其来的新冠肺炎疫情让“生物安全”这个概念成为焦点话题。习近平提出“把生物安全纳入国家安全体系”，将生物安全的重要性提升到了前所未有的战略高度。那么，到底什么是生物安全？生物安全有多重要？

生物安全一般是指由现代生物技术开发和应用对生态环境和人体健康造成的潜在威胁，及对其所采取的一系列有效预防和控制措施。基于生物技术发展有可能带来的不利影响，人们提出了生物安全的概念。2020年10月17日，十三届全国人大常委会第二十二次会议表决通过了《中华人民共和国生物安全法》。这部法律自2021年4月15日起施行。

图 14-8 确保生物安全

从外延上看，生物安全是总体国家安全的一部分，也是保障大家安全的前提之一；从内涵上看，生物安全关系着生活的方方面面，传染病防控、动物疫情防控、生物技术研发与应用、防止外来物种入侵、突发生物安全事件应对、保护生物遗传资源、实验室生物安全等等，都需要这部法律来规范。进入20世纪以来，全球范围内因传染病暴发、外来生物入侵、农作物病虫害等生物安全问题，对国家和社会造成了严重危害。

进入21世纪以来，世界范围内频发的严重“生物事件”，使传统国防已经突破陆、海、空、天、电的疆界，拓展至生物范畴。生物安全是国家战略目标的重要支柱。许多国家都把生物安全纳入国家安全战略，建立以军队相关机构为主的生物防御体系，并从国防和军事角度积极抢占战略制高点。美国先后制定颁布了生物盾牌计划、生物监测计划和生物传感计划，并围绕这三个计划部署了一系列明显具有国防和军事意图的项目任务，在生物反恐和疫情处置中发挥重要作用；德国将传染病定性为国家安全威胁；英国、澳大利亚等国也分别把安全、国防等部门纳入公共卫生体系，这些都足以证明生物安全在国家战略部署中的重要地位。②

从非典到新冠肺炎，两次疫情的暴发警示我们，生物安全的篱笆不扎好，疫情“黑天鹅”就会阻滞中国梦的实现。将生物安全提档升级，纳入总体国家安全体系，是党和政府

---

① 董永在.极地安全：国家安全的新疆域[N].光明日报，2021-04-25(07).
② 贺福禄，高福锁.生物安全：国防战略制高点[J].求是，2014(01)：53-54.

的重大战略安排，凸显了国家对生物安全的高度重视。当然，将生物安全纳入国家安全体系，更需要将高度的重视、包括深刻的教训转化为覆盖到基层社区的执行力。要深化拓展网格化服务管理，打破社会综合治理各部门的信息壁垒，尽可能把资源、服务、管理放到基层，使基层有职有权有物，更好地为群众提供精准有效的服务管理。抗疫实践表明，细化到基层社区的联防联控和严防死守等举措发挥了关键性的作用。因此，推进生物安全落地生根，必须重视基层治理，必须搭建覆盖到社区和乡村的生物安全网络。

生物安全法规定，任何单位和个人未经批准，不得擅自引进、释放或者丢弃外来物种。未经批准，擅自引进外来物种的，由县级以上人民政府有关部门根据职责分工，没收引进的外来物种，并处五万元以上二十五万元以下的罚款。2021 年 3 月 1 日起施行的刑法修正案（十一）规定："违反国家规定，非法引进、释放或者丢弃外来入侵物种，情节严重的，处三年以下有期徒刑或者拘役，并处或者单处罚金。"《中华人民共和国禁止携带、邮寄进境的动植物及其产品名录》明确规定，除了具有官方动物检疫证书和疫苗接种证书的犬、猫等伴侣动物外，所有活动物均属于禁止携带、邮寄的物品。然而，随着近年来国内宠物市场需求的增长，宠物爱好者常常将外来稀有物种作为宠物饲养，而经营者在寄送装有外来物种的包裹时，往往会以"礼品""玩具模型"等品名申报入境，企图蒙混过"关"。

在维护国家安全、防范和应对生物安全风险、实现人与自然和谐共生面前，本不应该出现道高一尺、魔高一丈的局面，只要每一位公民都树立起国家安全意识，自觉守护国门生物安全，一定能把外来物种阻挡在国门之外。

第四节　国际战略形势

国际战略形势是一定时期内国际体系运行的内在特点和基本规律，是影响国际安全的深层次、根本性因素，是一国安全与发展外部因素的总和。

当今世界正经历百年未有之大变局，新冠肺炎疫情全球大流行使这个大变局加速演进，经济全球化遭遇逆流，保护主义、单边主义上升，世界经济低迷，国际贸易和投资大幅萎缩，国际经济、科技、文化、安全、政治等格局都在发生深刻调整，世界进入动荡变革期。但是，和平与发展的时代主题没有改变，世界多极化和经济全球化的时代潮流也不可能逆转。我们要为人民福祉着想，秉持人类命运共同体理念，用实际行动为建设美好世界作出应有贡献。

多边主义是第二次世界大战后多边机制运作和发展的重要基础，是推进全球治理的必然要求，是维护世界和平、促进共同发展的有效途径。中国坚定维护多边主义，坚定维护以联合国为核心的国际体系，坚定维护以国际法为基础的国际秩序。

经济全球化是社会生产力发展的客观要求和科技进步的必然结果，为世界经济增长提供了强劲动力，促进了商品和资本流动、科技和文明进步、各国人民交往。当今世界正经历百年未有之大变局，经济全球化遭遇逆流。但和平与发展的时代主题没有改变，从长远看，经济全球化仍是历史潮流，各国分工合作、互利共赢是长期趋势。

中国走和平发展道路，坚定奉行独立自主和平外交政策，秉持共商共建共享的全球治理观。中国外交的总目标是构建新型国际关系，构建人类命运共同体。中国将继续做世界和平的建设者、全球发展的贡献者、国际秩序的维护者、多边主义的践行者、联合国事业的坚定支持者、全球公共产品的提供者。

人类只有一个地球，各国共处一个世界。当今世界，各国相互依存、休戚与共，越来越成为你中有我、我中有你的命运共同体。只有推动建设人类命运共同体，才能把握世界大势，跟上时代潮流，让世界变得更加美好。

一、当前国际战略形势发展变化的主要特征

当前，国际战略形势总体和平稳定，但不稳定性、不确定性因素也十分突出，大国战略竞争加剧，各种争端与摩擦此起彼伏、相互交织。乌克兰危机、中东乱局、美欧民粹主义、逆全球化、贸易摩擦等一系列具有全局性和战略性影响的重大事件，对国际战略形势产生重大冲击。

和平与发展的时代主题并未改变，但面临不确定性因素的严重冲击。一是强权政治和冷战思维仍然是威胁世界和平与稳定的重要根源。世界强国为实现所谓“绝对安全”，以强大军事实力为支撑，对其他国家频繁实施或威胁实施军事干涉；为实现经济利益最大化，逆全球化潮流而动，试图重塑国际经贸规则；打着“民主”“人权”旗号，向发展中国家输出民主模式、推动“颜色革命”，企图颠覆对方政权。二是保护主义、民粹主义、民族主义相互叠加，冲突和对抗氛围加剧。强调本国利益、忽视共同利益；强调竞争、忽视合作；追求短期利益、排斥长期政策，世界和平面临诸多不确定因素。三是国际恐怖主义势力从中东向全球范围外溢，对世界安全和稳定形成严重威胁。乌克兰危机、叙利亚内战和巴以冲突等热点问题导致的局部地区动荡等，对世界和平与发展造成严重冲击。

国际力量对比加速调整，但“一超多强”格局难以出现大的变化。当前国际体系加速转型，突出表现为国际力量对比显著变化，即西方传统大国影响力下降和非西方新兴大国力量上升。一是新兴市场国家和发展中大国群体性崛起，其经济和政治地位提升，其群体性影响力号召力不断增强，使得世界力量中心更趋多元。以美国为代表的世界强国整体实力和影响力相对下降，特别是受国内政治斗争、中东乱局、恐怖主义威胁等因素制约，在全球事务中的主导地位明显下降。二是西方势力内部面临激烈的政治博弈和复杂难解的社会治理难题，主导世界的能力总体呈下降趋势。三是非国家行为体大量涌现并日益成为国际舞台上的重要力量。国际和地区性组织成为全球治理体系中的重要力量，大型跨国公司的国际影响不断扩展，各类非政府组织积极参与国际事务和社会交往，成为政府扩展影响的重要渠道。尽管如此，世界力量格局也难以在短时期内发生颠覆性转变，美国“一超”地位难以改变。今后一个时期，东西方的力量对比态势将继续发生变化，但这种升降兴衰、转移更替将是个长期过程。

地缘政治思维回归，大国之间竞争与博弈加剧。历史上，地缘政治思维曾主导了近半个世纪的冷战。冷战结束后，西方大国地缘政治思维不仅没有减弱，而且有不断强化趋势。美国越来越强调从地缘政治角度来思考问题。2019 年 6 月 29 日，在美国颁布的《印太战略报告》中，明确把中国和俄罗斯作为主要战略对手。在欧洲，美国推动北约实施多

轮东扩，不断挤压俄战略空间。俄罗斯则凭借自身军事优势在格鲁吉亚、乌克兰、叙利亚问题上与美持续角力。在亚太，美国不断强化对华战略竞争。美国推进“印太战略”，试图构建“亚洲版北约”，在更大范围内对冲中国崛起，拓宽美国的战略回旋空间，使美国更自如地充当“离岸平衡手”。大国竞争加速从传统领域向新兴领域扩展。太空、网络、深海、极地成为大国战略竞争的新领域和争夺战略制高点的新平台。

现有国际体系遭受严重冲击，秩序之争成为当今国际斗争焦点。第二次世界大战后的国际制度和规则是在美国等西方国家的主导下建立起来的。依靠这套体系，西方特别是美国享受着制度上的红利。但现在美国认为，当前的国际制度和规则在很大程度上妨碍了美国的利益拓展。在美国看来，在现有体系秩序之下，新兴国家有选择地利用规则获取经济利益而逃避了责任，成为国际经济体系的获益者；而美国作为领导者，其付出的成本和收益是极不匹配的。两年来，美国退出巴黎气候协定、伊核协议、人权理事会等一系列协议和组织，试图打破旧有秩序，建立新的游戏规则。美国提出改变现有制度、体系，并非要放弃领导地位，而是要使现有秩序碎片化，重构对美国有利的制度规则。这样，美国不仅可以继续依靠制度获利，而且可以使美国逐步从国际责任中退出，从而能够以较低的成本、对美国有利的方式维持其霸权地位。在新旧秩序的转换过程中，新兴国家和其他发展中国家力量不断壮大，也希望改变以往西方大国主导国际秩序的局面，建立更加公平、更能反映发展中国家诉求的国际政治经济秩序。秩序之争的核心是规则之争，而规则之争的背后则是主导权之争。

二、大变局之下中国的战略选择

当前和未来一个时期，我国面临的外部战略风险呈现增强趋势，对国家安全发展构成严重挑战和冲击。随着国家实力的增强和战略威慑力的不断提升，发生大规模外敌入侵以及大国之间的全面对抗的可能性很小。除非国家核心利益面临迫在眉睫的现实危险，我们都应坚持既定战略，集中主要资源和精力，专注于国内发展和改革，不断提升自身实力，夯实国家发展基础。国与国的竞争既是实力的博弈，更是制度的较量。当前，中美之间的矛盾问题看起来体现在贸易、科技、金融等多方面，但背后支撑的是制度设计，是现代国家的治理能力。对于中国来说，无论是应对国内发展难题还是面对国际风险挑战，都应该把制度建设和治理能力建设摆到更加突出的位置。这是运用制度威力应对风险挑战、赢得主动的有力保证。

高举和平发展旗帜，加快推动构建人类命运共同体。这是对国际社会关注日益强大的中国发展方向的回应，也是对实现自身目标及其路径的必然选择。积极推动构建平等互利的世界政治经济新秩序，摒弃“以邻为壑”“零和思维”，秉持民主平等、合作共赢理念，在维护共同利益的基础上推进新秩序的建立。扩大各国利益交汇点，让利益惠及各国作为政策及行动的出发点，使新的规则制度体系能够反映最大多数国家的利益。把“一带一路”倡议作为推动构建人类命运共同体的重要载体。继续扎实推进“一带一路”建设，推动世界和平发展、实现全球有效治理。随着中国的发展强大，西方社会以及周边有关国家的疑虑也在同步上升。对于中国来说，如何营造和谐有利的国际关系，最大限度地化解国家迅速发展所带来的国际疑虑,减少因误解而出现的阻力和障碍,是目前必须面对和解决的问题。我们需要有效清晰地阐明自身意图,通过自身的善意行动以及与各国多层次多渠道的合作,取得世界的认同和理解。既合作又斗争,保持中美战略关系的动态平衡。面对战略压力,片面的斗争或妥协思维都是不足取的。当前,中美在经济方面相互依赖程度不断加深,已形成荣损与共的局面。在传统安全领域,也都达到了某种程度的相互威慑相互制衡状态。从这一现实出发,将协调与合作作为处理大国关系的基本方式,在坚持国家利益的基础上加强同美国在全球和地区性问题上的合作,在不危及中国关键核心利益问题上,尽可能地积极合作,不断增强双方的政治互信和战略互信。涉及领土主权等核心利益时,坚决维护国家利益不受侵犯。同时,在维护自由贸易体系、解决全球性问题方面,中国和欧洲、俄罗斯、日本等国家和地区有着共同的利益,应通过加强同各国在全球议题上的合作,夯实双方的信任基础,推动国际关系健康发展。

讲信修睦,营造对我有利的周边环境。和平稳定的周边形势不仅有助于中国继续深化同周边国家的互利合作,促进地区和平稳定与繁荣发展,还有利于使域外大国丧失介入地区事务的借口。积极落实"亲、诚、惠、容"的周边外交理念,按照政治上讲信修睦、经济上合作共赢、安全上守望相助、人文上心心相印、地区机制上开放包容的原则,在中国与周边国家尤其是东盟国家之间推动建立起一种涵盖利益、责任、命运在内的共同体。加强与周边地区安全合作,通过多渠道的功能性合作减少彼此敌意,加强战略信任,建立有效的危机管控机制,加紧推动与相关国家的谈判进程、会谈机制和建立有操作性的管控争议的框架机制,保证周边的安全稳定。①

中国军力的发展是世界和平力量的壮大,中国重视与各国的安全合作,充分理解尊重各国合理关切,中国的国家利益也必须得到充分尊重和维护,在涉台、涉疆、涉港、南海等问题上,中方捍卫国家核心利益的决心意志坚定不移。全世界各地区未来发展机遇和挑战并存,各方应坚持共同、综合、合作、可持续的全球安全观,打造共建共享的安全格局。

阅读拓展→

军事理论与技能训练教程

书　　名:军事理论与技能训练教程
作　　者:吴温暖
出 版 社:厦门大学 出版社
出版时间:2019 年 8 月
I S B N:9787561573532

① 刘万侠.当前国际战略形势及中国的战略选择[J].前线,2020(4):15-18.

内容简介→

《军事理论与技能训练教程》是为适应高等学校国防教育和大学生素质教育的需要，依据教育部颁发的《高等学校学生军事训练教学大纲》的精神，结合高校开展学生军训工作以来的教学实践经验，吸收近年来军事科学研究的新成果而编写的，主要供普通高等学校军事课教学使用。《军事理论与技能训练教程》分理论和训练两部分。理论部分内容主要包括"中国国防""军事思想""国家安全""现代战争""信息化装备"等。训练部分主要包括学校进行国防教育的必要性、中国人民解放军共同条令教育与训练、中国人民解放军的编成和任务、军事地形学、核(含化学、生物)武器及其防化、轻武器射击、战术、野外生存训练及军事规章制度。全书根据学生军事理论课和训练的实际需要而编写，实践性强。

附录一　学生伤害事故处理办法

中华人民共和国教育部令　第12号

（2002年6月25日发布）

第一章　总　则

第一条　为积极预防、妥善处理在校学生伤害事故，保护学生、学校的合法权益，根据《中华人民共和国教育法》、《中华人民共和国未成年人保护法》和其他相关法律、行政法规及有关规定，制定本办法。

第二条　在学校实施的教育教学活动或者学校组织的校外活动中，以及在学校负有管理责任的校舍、场地、其他教育教学设施、生活设施内发生的，造成在校学生人身损害后果的事故的处理，适用本办法。

第三条　学生伤害事故应当遵循依法、客观公正、合理适当的原则，及时、妥善地处理。

第四条　学校的举办者应当提供符合安全标准的校舍、场地、其他教育教学设施和生活设施。

教育行政部门应当加强学校安全工作，指导学校落实预防学生伤害事故的措施，指导、协助学校妥善处理学生伤害事故，维护学校正常的教育教学秩序。

第五条　学校应当对在校学生进行必要的安全教育和自护自救教育；应当按照规定，建立健全安全制度，采取相应的管理措施，预防和消除教育教学环境中存在的安全隐患；当发生伤害事故时，应当及时采取措施救助受伤害学生。

学校对学生进行安全教育、管理和保护，应当针对学生年龄、认知能力和法律行为能力的不同，采用相应的内容和预防措施。

第六条　学生应当遵守学校的规章制度和纪律；在不同的受教育阶段，应当根据自身的年龄、认知能力和法律行为能力，避免和消除相应的危险。

第七条　学校对未成年学生不承担监护职责，但法律有规定的或者学校依法接受委托承担相应监护职责的情形除外。

第二章　事故与责任

第八条　学生伤害事故的责任，应当根据相关当事人的行为与损害后果之间的因果关系依法确定。

因学校学生或者其他相关当事人的过错造成的学生伤害事故，相关当事人应当根据其行为过错程度的比例及其与损害后果之间的因果关系承担相应的责任。当事人的行为是损害后果发生的主要原因，应当承担主要责任；当事人的行为是损害后果发生的非主要原因，承担相应的责任。

第九条　因下列情形之一造成的学生伤害事故，学校应当依法承担相应的责任。

（一）学校的校舍、场地、其他公共设施，以及学校提供给学生使用的学具、教育教学和生活设施、设备不符合国家规定的标准，或者有明显不安全因素的；

（二）学校的安全保卫、消防、设施设备管理等安全管理制度有明显疏漏，或者管理混乱，存在重大安全隐患，而未及时采取措施的；

（三）学校向学生提供的药品、食品、饮用水等不符合国家或者行业的有关标准、要求的；

（四）学校组织学生参加教育教学活动或者校外活动，未对学生进行相应的安全教育，并未在可预见的范围内采取必要的安全措施的；

（五）学校知道教师或者其他工作人员患有不适宜担任教育教学工作的疾病，但未采取必要措施的；

（六）学校违反有关规定，组织或者安排未成年学生从事不宜未成年人参加的劳动、体育运动或者其他活动的；

（七）学生有特异体质或者特定疾病，不宜参加某种教育教学活动，学校知道或者应当知道，但未予以必要的注意的；

（八）学生在校期间突发疾病或者受到伤害，学校发现，但未根据实际情况及时采取相应措施，导致不良后果加重的；

（九）学校教师或者其他工作人员体罚或者变相体罚学生，或者在履行职责过程中违反工作要求、操作规程、职业道德或者其他有关规定的；

（十）学校教师或者其他工作人员在负有组织、管理未成年学生的职责期间，发现学生行为具有危险性，但未进行必要的管理、告诫或者制止的；

（十一）对未成年学生擅自离校等与学生人身安全直接相关的信息，学校发现或者知道，但未及时告知未成年学生的监护人，导致未成年学生因脱离监护人的保护而发生伤害的；

（十二）学校有未依法履行职责的其他情形的。

第十条　学生或者未成年学生监护人由于过错，有下列情形之一，造成学生伤害事故，应当依法承担相应的责任：

（一）学生违反法律法规的规定，违反社会公共行为准则、学校的规章制度或者纪律，实施按其年龄和认知能力应当知道具有危险或者可能危及他人的行为的；

（二）学生行为具有危险性，学校、教师已经告诫、纠正，但学生不听劝阻、拒不改正的；

（三）学生或者其监护人知道学生有特异体质，或者患有特定疾病，但未告知学校的；

（四）未成年学生的身体状况、行为、情绪等有异常情况，监护人知道或者已被学校告知，但未履行相应监护职责的；

（五）学生或者未成年学生监护人有其他过错的。

第十一条　学校安排学生参加活动，因提供场地、设备、交通工具、食品及其他消费与服务的经营者，或者学校以外的活动组织者的过错造成的学生伤害事故，有过错的当事人应当依法承担相应的责任。

第十二条 因下列情形之一造成的学生伤害事故，学校已履行了相应职责，行为并无不当的，无法律责任：

(一)地震、雷击、台风、洪水等不可抗的自然因素造成的；

(二)来自学校外部的突发性、偶发性侵害造成的；

(三)学生有特异体质、特定疾病或者异常心理状态，学校不知道或者难于知道的；

(四)学生自杀、自伤的；

(五)在对抗性或者具有风险性的体育竞赛活动中发生意外伤害的；

(六)其他意外因素造成的。

第十三条 下列情形下发生的造成学生人身损害后果的事故，学校行为并无不当的，不承担事故责任；事故责任应当按有关法律法规或者其他有关规定认定：

(一)在学生自行上学、放学、返校、离校途中发生的；

(二)在学生自行外出或者擅自离校期间发生的；

(三)在放学后、节假日或者假期等学校工作时间以外，学生自行滞留学校或者自行到校发生的；

(四)其他在学校管理职责范围外发生的。

第十四条 因学校教师或者其他工作人员与其职务无关的个人行为，或者因学生、教师及其他个人故意实施的违法犯罪行为，造成学生人身损害的，由致害人依法承担相应的责任。

第三章 事故处理程序

第十五条 发生学生伤害事故，学校应当及时救助受伤害学生，并应当及时告知未成年学生的监护人；有条件的，应当采取紧急救援等方式救助。

第十六条 发生学生伤害事故，情形严重的，学校应当及时向主管教育行政部门及有关部门报告；属于重大伤亡事故的，教育行政部门应当按照有关规定及时向同级人民政府和上一级教育行政部门报告。

第十七条 学校的主管教育行政部门应学校要求或者认为必要，可以指导、协助学校进行事故的处理工作，尽快恢复学校正常的教育教学秩序。

第十八条 发生学生伤害事故，学校与受伤害学生或者学生家长可以通过协商方式解决；双方自愿，可以书面请求主管教育行政部门进行调解。成年学生或者未成年学生的监护人也可以依法直接提起诉讼。

第十九条 教育行政部门收到调解申请，认为必要的，可以指定专门人员进行调解，并应当在受理申请之日起60日内完成调解。

第二十条 经教育行政部门调解，双方就事故处理达成一致意见的，应当在调解人员的见证下签订调解协议，结束调解；在调解期限内，双方不能达成一致意见，或者调解过程中一方提起诉讼，人民法院已经受理的，应当终止调解。

调解结束或者终止，教育行政部门应当书面通知当事人。

第二十一条 对经调解达成的协议，一方当事人不履行或者反悔的，双方可以依法提起诉讼。

第二十二条 事故处理结束，学校应当将事故处理结果书面报告主管的教育行政部门；重大伤亡事故的处理结果，学校主管的教育行政部门应当向同级人民政府和上一级教育行政部门报告。

第四章 事故损害的赔偿

第二十三条 对发生学生伤害事故负有责任的组织或者个人，应当按照法律法规的有关规定，承担相应的损害赔偿责任。

第二十四条 学生伤害事故赔偿的范围与标准，按照有关行政法规、地方性法规或者最高人民法院司法解释中的有关规定确定。

教育行政部门进行调解时，认为学校有责任的，可以依照有关法律法规及国家有关规定，提出相应的调解方案。

第二十五条 对受伤害学生的伤残程度存在争议的，可以委托当地具有相应鉴定资格的医院或者有关机构，依据国家规定的人体伤残标准进行鉴定。

第二十六条 学校对学生伤害事故负有责任的，根据责任大小，适当予以经济赔偿，但不承担解决户口、住房、就业等与救助受伤害学生、赔偿相应经济损失无直接关系的其他事项。

学校无责任的，如果有条件，可以根据实际情况，本着自愿和可能的原则，对受伤害学生给予适当的帮助。

第二十七条 因学校教师或者其他工作人员在履行职务中的故意或者重大过失造成的学生伤害事故，学校予以赔偿后，可以向有关责任人员追偿。

第二十八条 未成年学生对学生伤害事故负有责任的，由其监护人依法承担相应的赔偿责任。

学生的行为侵害学校教师及其他工作人员以及其他组织、个人的合法权益，造成损失的，成年学生或者未成年学生的监护人应当依法予以赔偿。

第二十九条 根据双方达成的协议、经调解形成的协议或者人民法院的生效判决，应当由学校负担的赔偿金，学校应当负责筹措；学校无力完全筹措的，由学校的主管部门或者举办者协助筹措。

第三十条 县级以上人民政府教育行政部门或者学校举办者有条件的，可以通过设立学生伤害赔偿准备金等多种形式，依法筹措伤害赔偿金。

第三十一条 学校有条件的，应当依据保险法的有关规定，参加学校责任保险。教育行政部门可以根据实际情况，鼓励中小学参加学校责任保险。

提倡学生自愿参加意外伤害保险。在尊重学生意愿的前提下，学校可以为学生参加意外伤害保险创造便利条件，但不得从中收取任何费用。

第五章 事故责任者的处理

第三十二条 发生学生伤害事故，学校负有责任且情节严重的，教育行政部门应当根据有关规定，对学校的直接负责的主管人员和其他直接责任人员，分别给予相应的行政处分；有关责任人的行为触犯刑律的，应当移送司法机关依法追究刑事责任。

第三十三条 学校管理混乱，存在重大安全隐患的，主管的教育行政部门或者其他有关部门应当责令其限期整顿；对情节严重或者拒不改正的，应当依据法律法规的有关规定，给予相应的行政处罚。

第三十四条 教育行政部门未履行相应职责，对学生伤害事故的发生负有责任的，由有关部门对直接负责的主管人员和其他直接责任人员分别给予相应的行政处分；有关责任人的行为触犯刑律的，应当移送司法机关依法追究刑事责任。

第三十五条 违反学校纪律，对造成学生的伤害事故负有责任的学生，学校可以给予相应的处分；触犯刑律的，由司法机关依法追究刑事责任。

第三十六条 受伤害学生的监护人、亲属或者其他有关人员，在事故处理过程中无理取闹，扰乱学校正常教育教学秩序，或者侵犯学校、学校教师或者其他工作人员的合法权益的，学校应当报告公安机关依法处理；造成损失的，可以依法要求赔偿。

第六章 附 则

第三十七条 本办法所称学校，是指国家或者社会力量举办的全日制的中小学(含特殊教育学校)、各类中等职业学校、高等学校。

本办法所称学生是指在上述学校中全日制就读的受教育者。

第三十八条 幼儿园发生的幼儿伤害事故，应当根据幼儿为完全无行为能力人的特点，参照本办法处理。

第三十九条 其他教育机构发生的学生伤害事故，参照本办法处理。

在学校注册的其他受教育者在学校管理范围内发生的伤害事故，参照本办法处理。

第四十条 本办法自 2002 年 9 月 1 日起实施，原国家教委、教育部颁布的与学生人身安全事故处理有关的规定，与本办法不符的，以本办法为准。

在本办法实施之前已处理完毕的学生伤害事故不再重新处理。

附录二　报警求助方法和注意事项

一、报警求助注意事项

(一)保护现场和证据

根据不同的案件确定被保护的现场范围、人证、物证,以便在出警人员到达时,能提供尽可能多的线索。当女性遭遇性侵犯案件时,切不可因为一时的疏忽而毁坏了重要的证据。

(二)保持联络畅通

使用固定电话报警求助,要在报警电话旁等候,以备接警人员回电话询问有关情况;使用移动电话报警求助,务必使手机保持待机状态。

二、报警求助方法

(一)报警求助电话

报警求助电话主要有公安报警"110"、火警"119"、交通事故"122"、急救中心"120"。

正确拨打求助电话的步骤:

1."110"匪警

当自身生命受到暴力威胁或财物受到不法侵犯时,当他人遇到危险需要帮助时,可拨打"110"或当地公安派出所电话报警。其步骤:

(1)拨通电话"110"后,应询问和确认对方是"110"报警台。

(2)尽量用简洁的语言说明情况。比如:事由、事发时间和具体(地点)位置、请求什么帮助、报警人的姓名和联系电话等。

(3)待警方记录完毕再挂断电话。

(4)如报警时处境危险,应注意隐蔽,确保安全。

2."119"火警

发现严重火情时可立即拨打电话"119"报警。其步骤:

(1)拨通电话"119"后,应询问和确认对方是"119"报警台。

(2)准确报出起火时间、详细具体的位置。

(3)简要说明起火的原因、燃烧的性质等情况。

(4)报警人的姓名和联系电话及方法。

(5)派人到岔路口迎接救火消防车。

3.“120”急救

遇到突发疾病、外伤大出血、骨折、昏迷等危急情况时可拨打电话“120”寻求急救。其步骤：

(1)拨通电话“120”后，应询问和确认对方是急救中心。

(2)准确告知病人或伤员的基本情况，如年龄、性别、病情或伤情特点。

(3)详细的急救地址和救护车最短行车路线的建议。

(4)报告人的联系电话和联系方法。

(5)应派人在路口迎接救护车。

4.“122”交通事故报警

遇到交通事故可拨打电话“122”报警。其步骤：

(1)拨通电话“122”后，应询问和确认对方是交通事故报警台。

(2)报告发生交通事故的时间、详细地址。

(3)说明人员受伤情况、肇事车辆的车牌号码和特征。

(4)报告人应在发生交通事故地等待交通事故出警车。

(5)实事求是和积极地配合交通警察处理事故。

(二)野外遇险求助报警

1. 呼喊求救

在距离人群较近的地方，遇险者可大声呼喊求救，直接喊“救命”，呼救时注意有间歇，以便听清对方回应。同时，要注意保护嗓子，防止嗓子受伤失音。

2. 烟火报警

如果没有现代通信工具，可以采用浓烟、火光作为求救信号。点火地点应尽量选择开阔、近水的地方。为使烟火效果更加明显，白天可在火堆上放些苔藓、青嫩植物、橡胶物品等使之产生浓烟；晚上可多放些干柴，使火烧旺。燃放三堆火焰是国际通行的求救信号，可燃物不易点燃时，可以利用油类、酒精或高度白酒等作为助燃物，但不可将助燃物直接倾倒于火堆上，要用一些布料在助燃物中浸泡，然后放在燃料堆上，先将助燃物移至安全地点后再点火，但在禁止使用明火地区，这种方法要慎用。

3. 反光信号求救

有阳光时，可以用反光信号求救。反光材料可以用镜子、金属罐头盒盖等，要对准远处的人或者建筑物窗口轻微晃动，动态的信号更能引起注意。

附录三　突发公共事件分类

一、自然灾害类

（一）水旱灾害；（二）气象灾害：包括台风、严寒、高温、雷电、灰霾、冰雹、大雾、大风、沙尘暴等；（三）火山、地震灾害；（四）地质灾害：包括山体崩塌、滑坡、泥石流等；（五）海洋灾害：包括风暴潮、海啸、赤潮等；（六）生物灾害；（七）森林火灾。

二、事故灾难类

（一）安全事故：主要包括民航、铁路、公路、水运等交通运输事故，工矿商贸企业、建设工程、公共场所及机关、事业单位发生的各类安全事故，造成重大影响和损失的供水、供电、供油、供气，通信、信息网络、特种设备等安全事故，火灾等安全事故；（二）环境污染和生态破坏事故。

三、公共卫生事件类

（一）公共卫生事件：主要包括传染病疫情、群体性不明原因疾病、食品安全和职业危害以及其他严重影响公众健康和生命安全的事件等；（二）动物疫情。

四、社会安全事件类

（一）群体性事件；（二）金融突发事件；（三）涉外突发事件；（四）影响市场稳定的突发事件；（五）恐怖袭击事件；（六）刑事案件。

附录四　常用安全标志图

禁止吸烟
禁止烟火
禁止带火种
禁止用水灭火
禁止放易燃物
禁止启动
禁止合闸
禁止转动
禁止触摸
禁止跨越
禁止攀登
禁止跳下
禁止入内
禁止停留
禁止通行
禁止靠近
禁止乘人
禁止堆放
禁止抛物
禁止戴手套
禁止穿化纤衣服
禁止穿带钉鞋
禁止饮用
注意安全
当心火灾
当心腐蚀
当心爆炸
当心中毒
当心感染
当心触电
当心电缆
当心机械伤人
当心伤手
当心扎脚
当心吊物
当心坑洞
当心烫伤
当心弧光
当心塌方
当心冒顶
当心瓦斯
当心电离辐射
当心裂变物质
当心激光
当心微波
当心车辆
当心火车

当心滑跌

当心坠落

当心绊倒

当心落物

必须戴
防护眼镜

必须戴
防毒面具

必须戴
防尘口罩

必须戴
护耳器

必须戴
安全帽

必须戴
防护帽

必须戴
防护手套

必须穿
防护鞋

必须系
安全带

必须穿
救生衣

必须穿
防护服

必须加锁

可动火区

避险处

紧急出口

紧急出口

滑动开门

滑动开门

推开

拉开

击碎板面

疏散
通道方向

疏散
通道方向

消防水泵
接合器

消防梯

灭火设备
或报警
装置的方向

灭火设备
或报警
装置的方向

消防手动
启动器

发声警报器

火警电话

灭火设备

灭火器

参考文献

[1]候光明.大学生安全知识[M].北京:机械工业出版社,2006.

[2]吴超.大学生安全文化[M].北京:机械工业出版社,2005.

[3]樊富珉.当代大学生心理健康教程[M].武汉:武汉大学出版社,2006.

[4]边玉芳.青少年心理危机干预[M].上海:华东师范大学出版社,2010.

[5]谢丽君,肖星.大学生心理健康教育教程[M].长春:东北师范大学出版社,2012.

[6]龙迪.心理危机的概念、类别、演变和结局[J].青年研究,1998(12):42-45.

[7]张光涛,李海红.大学生心理档案建设及危机干预研究[J].烟台教育学院学报,2005(2):66-69.

[8]陈秋燕.对建立学校心理危机管理机制的思考[J].西南民族大学学报,2005(1):48-50.

[9]林益彬.浅谈高校大学生心理危机干预及对策[J].吉林广播电视大学学报,2012(4):38-39.

[10]陈道明.现代社会背景下大学生心理危机干预及干预策略探析[J].教育探索,2006(6):82-83.

[11]安少华.试论转型时期大学生的心理危机及其对策[J].中国高教研究,2004(5):65-66.

[12]蔡哲,赵冬梅.大学生心理危机的干预与调解[J].河南师范大学学报(哲学社会科学版),2001,28(4):106-107.

[13]杨洪玲.大学生心理危机特点及干预机制探索[J].吉林省教育学院学报,2009(10):44-45.

[14]陶新华,周丽芳.试论以预防为重点开展高校危机干预工作[J].高校教育管理,2008,2(1):84-87.

[15]郭兰,龚育.重视危机　预防危机　超越危机——大学生心理危机预警系统的构建和运行.湖北社会科学,2008(1):175-177.

[16]林静.大学生心理危机干预应遵循的原则[J].科技资讯,2006(21):128-129.

[17]廖桂芳.大学生心理危机干预系统的建构[J].重庆交通大学学报,2007(3):89-93.

[18]张爱宁,徐光兴.大学生心理危机干预研究[J].教育探索,2008(2):132-133.

[19]郑友军.马加爵犯罪心理剖析[J].青少年犯罪问题,2004(3):28-30.

[20]中国大学生网:http://www.chinaue.com.

[21]中国法制网:http://www.ccpgov.com.

[22]交通警察网:http://www.zgjtzx.com/news/news.

[23]延安交警网:http://www.yajjzd.com/jwgk.

[24]《厦门日报》、《厦门晚报》2006—2013年度登载的有关资料、数据.